Birgit von Derschau

Der Tote im Teppich

Die spannendsten Fälle aus Kripo live

Das Neue Berlin

Inhalt

Vorwort

Gewaltverbrechen wie Mord, Totschlag und Vergewaltigung bewegen uns in besonderem Maße, weil sie Abgründe der menschlichen Seele zeigen und wohin Liebe und Verzweiflung, Habgier und Hass im äußersten Fall führen können. Brutale, kaltblütige und hinterhältige Straftaten erfüllen uns mit Abscheu und die meisten Menschen empfinden Schauder und Angst bei der Vorstellung, dergleichen könnte sie selbst treffen. Um so größer ist unser Interesse daran, dass Verbrecher ihrer Taten überführt werden und wir vor ihnen geschützt sind.

Für dieses Buch habe ich außergewöhnliche Kriminalfälle aus jüngster Zeit ausgewählt, bei denen die Täter zunächst nicht ermittelt werden konnten. Kriminalistisches Können und Beharrlichkeit haben zusammen mit modernsten naturwissenschaftlich-technischen Möglichkeiten schließlich zur Aufklärung der Verbrechen geführt. Bei den meisten Fällen war ich selbst einbezogen, weil die Ermittler meine Fernsehsendereihe »Kripo live« beim Mitteldeutschen Rundfunk als Fahndungsinstrument nutzten.

Die Familien der Opfer, aber auch die Täter müssen das Geschehene bewältigen und den Weg in ein neues Leben finden. Mit Rücksicht auf ihre Privatsphäre habe ich Namen und Handlungsorte anonymisiert oder verfremdet. Schicksale, Charaktere und Familienverhältnisse beschreibe ich mit literarischer Freiheit.

Mein Dank gilt allen Opferfamilien, Zeugen, Kriminalbeamten und Experten, die mich bei diesem Buch unterstützt haben.

Birgit von Derschau
Berlin, im Januar 2008

Das Weltforum

In einem Zugabteil wird die Leiche eines jungen Mannes gefunden, er ist durch zahlreiche Messerstiche grausam getötet worden. Nach ihren aufwendigen Ermittlungsarbeiten lautet die Einschätzung der Beamten: Eine Tat ohne erkennbares Motiv. Und tatsächlich: Nichts verband Täter und Opfer.

Sie hatten wieder mit der Folter begonnen. Johannes Völker wälzte sich auf die Seite. Es war nun schon die dritte Nacht, in der er nicht schlafen konnte. Sie setzten sein Bett unter Strom, sodass ihm ganz heiß wurde. Schlafentzug war eine ihrer Methoden. Sie wollten ihn vernichten.

Das Bett begann zu glühen.

Völker stieß die Decke von sich, sprang aus dem Bett. Er war dermaßen elektrisch aufgeladen, dass Funken über den Boden sprühten.

Der Raum lag stockdunkel, aber Völker wagte nicht, das Licht einzuschalten. Sie waren im Haus: Er spürte ihre Anwesenheit körperlich, und wenn er sich anstrengte, konnte er sie flüstern hören. In irgendeinem Nebenzimmer bereiteten sie ihren nächsten Angriff vor. Wahrscheinlich hatten sie auch irgendein Gerät, mit dem sie seine Gedanken abhören konnten, denn er hatte das deutliche Gefühl, dass man sein Denken belauschte. Manchmal, auf der Straße, im Laden, nahmen die Leute Bezug auf etwas, das er nur gedacht hatte. Vielleicht hatte er aber auch einen Chip im Kopf.

Völker schlich auf Zehenspitzen zum Fenster. Er hatte sämtliche Fenster im Haus mit schwarzer Folie abgeklebt, aber hier, in seinem Schlafzimmer, war die Folie an einer Ecke wieder abgelöst. Diese Ecke hob er an und lugte vorsichtig auf die Straße.

Er hatte es gewusst. Auf der Straße vor seinem Haus stand

ein schwarzer Van. Diesen Leichenwagen nahm er als ein Zeichen. Er bedeutete, dass sein baldiger Tod beschlossene Sache war.
Und dort, zwei Häuser bergauf, brannte Licht. In diesem Haus musste ihre Zentrale sein.
Völker wusste nicht, wie die Leute hießen, die das Haus bewohnten. Er kannte keinen seiner Nachbarn, lebte zurückgezogen und mied jede Verbindung zu anderen. Jeder konnte zum Feind gehören, konnte zu Völkers Überwachung eingesetzt sein, war vielleicht ein Killer. Trotzdem durfte er nicht aufgeben. Allen Feinden zum Trotz hatte er eine Mission zu erfüllen. Nur er allein war in der Lage, die Menschheit vor dem nahenden Untergang zu bewahren.
Johannes Völker machte nun doch Licht. Er schaltete aber nur die Nachttischleuchte ein und wartete auf Anweisungen.
Als das Weltforum vor etlichen Jahren beschlossen hatte, ihm die Rettung der Menschheit anzuvertrauen, war Völker sehr stolz gewesen. Er war ein Auserwählter, genoss allerhöchste Gnade. Allerdings war er sich damals nicht der Konsequenzen bewusst gewesen: Die illegale, im Untergrund tätige Staatssicherheit versuchte, ihm Einhalt zu gebieten. Auf Schritt und Tritt folgten ihm ihre Kommandos. Sie beobachteten ihn, folterten ihn mit Strom und Schlafentzug, hörten seine Gedanken ab. Doch er musste durchhalten. Bisher wusste er nur, dass die Wahl des Weltforums auf ihn gefallen war; über das, was er genau zu tun hatte, ließ man ihn noch im Unklaren. Man wollte einfach nicht, dass er an einen bestimmten Auftrag dachte, denn dann würde auch der Feind davon wissen.
Völkers Blick fiel auf das Radio, das ebenfalls auf dem Nachttisch stand. Es war ein kleines, tragbares Gerät, das er lange Zeit immer bei sich führte, wenn er unruhig durch sein Haus strich. Sobald er spürte, dass man Kontakt zu ihm aufnehmen wollte, hatte er den Stecker in eine Dose gestöpselt und es eingeschaltet. Mittlerweile aber gab es kaum noch funktionsfähige Steckdosen im

Haus, denn auf der Suche nach den Mikrofonen des Feindes hatte Völker die Wände aufgestemmt, Kabel aus der Wand gerissen, Glühlampen aus ihren Fassungen geschraubt, Steckdosen zerstört. Einmal hatte er einen starken elektrischen Schlag abbekommen. Ihm war aber nichts passiert, nur dass er sich hinterher seltsam klarsichtig gefühlt hatte. Völker kicherte. Offenbar hatte ihn die Stromtortur immun gegen einige Wirkungen der Elektrizität gemacht, ein Nebeneffekt, den der Feind sicher nicht beabsichtigt hatte. Nur die Hitze, diese grausame Hitze machte ihm zu schaffen.
Johannes Völker ging in seinem Schlafzimmer hin und her, von der Tür zum Fenster, vom Fenster zur Tür. Irgendwo im Haus wurde geflüstert, dann lachte jemand kurz auf. Völker ging auf und ab, auf und ab.

Kurz nach halb acht tritt Bernd Suhr aus der Tür seines Hauses, das hoch über dem Flecken Fichtengrund auf dem Hang eines Berges liegt. Die Wiesen, die sich hinab ins Tal erstrecken, sind mit Raureif überzuckert, und in der Kälte läuft dem 36-jährigen Computerexperten ein Schauder über den Rücken. In dem idyllischen Örtchen zu seinen Füßen steigt Rauch aus den Schornsteinen der Fachwerkhäuser. Bernd Suhr hebt den Kopf. Es wird noch schneien, da ist Suhr sicher.
Der schlanke blonde Mann kehrt in sein Haus zurück, um sich wetterfest anzuziehen. Dann holt er sein Fahrrad aus dem Schuppen und begibt sich auf den Weg zur Arbeit.
Jeden Tag, gleichgültig zu welcher Jahreszeit, fährt er mit dem Rad hinab ins Tal. Er kann das Fahrrad einfach rollen lassen, muss nur hin und wieder vor heiklen Kurven bremsen. Die Fahrt zurück zum Haus hingegen hat es in sich. Es geht nur bergauf, und Suhr muss sich mächtig in die Pedale stemmen. Aber er ist ein sportlicher Mensch, ein Wanderer und Bergsteiger, ein Mountainbiker. Ihm würde etwas fehlen, wäre er nicht Tag für Tag mit dem Fahrrad unterwegs.
Suhr arbeitet in einer Softwarefirma im Chemnitzer Orts-

teil Schönau und wartet dort die Computertechnik. An diesem 12. Januar 2001 hat er Spätschicht, ist aber bereits zu so früher Stunde auf den Beinen, weil er einen Termin beim Zahnarzt hat.
Von seinem Haus bis zum Bahnhof von Fichtengrund braucht er eine Viertelstunde. Wie immer kauft er sich eine Zeitung und geht mit seinem Fahrrad auf den Bahnsteig.

Das Weltforum hatte sich nicht gemeldet. Völker wagte es lange nicht, das Schlafzimmer zu verlassen, aber das Radio schwieg. Erst nach langem, zermürbendem Grübeln kam Johannes Völker dahinter, was dieses Schweigen zu bedeuten hatte: Eines der Überwachungs- und Terrorkommandos hatte einen Störsender installiert.
Nun hatte er eine Erklärung und diese brachte ihn noch mehr auf. Im Gegenteil, er fühlte sich plötzlich abgeschnitten von seinen Auftraggebern. Vielleicht fanden sie andere Wege zur Kontaktaufnahme, aber ganz sicher nicht mehr in seinem Haus. Das Haus befand sich jetzt unter vollständiger Kontrolle des Feindes. Heiß war es und stickig, es wurde immer heißer und immer stickiger. Von einer nahezu panischen Unruhe ergriffen, stürzte Völker in den Vorgarten. Ohne Anweisungen fühlte er sich völlig gelähmt.
Die kalte, frische Luft bewirkte, dass er etwas klarer denken konnte. Völker öffnete den Briefkasten und sah mit fliegenden Händen die Post nach verborgenen Botschaften durch. Drei Briefe hatte er bekommen. Ihn interessierten nur die Absender. Chemnitz, las er. Chemnitz, Chemnitz.
Johannes Völker warf die Post zurück, schnappte sich sein Fahrrad und radelte los. Er schaute sich ständig um, und seine Erwartungen wurden erfüllt. Einige der am Straßenrand abgestellten Autos hatten sonderbare Antennen: Der Störsender.
Völker fuhr zum Bahnhof von Holzenau, einem 5000-Seelen-Städtchen am Rande des Erzgebirges, das wegen seiner Fachwerkarchitektur und seiner alten Sandsteinkirche in jedem Reiseführer vorkam. Fachwerk und Kirche

interessierten Völker nicht im Geringsten, und selbst dass es zu schneien begann, nahm er kaum wahr. Er musste nur den nächsten Zug nach Chemnitz erreichen. In Chemnitz wartete eine Botschaft auf ihn.

»Was machst du am Wochenende, Bernd?« will Jan Kregel von seinem Kollegen und Freund Bernd Suhr wissen. Suhr zuckt mit den Schultern. Er ist gerade dabei, ein PC-Gehäuse zuzuschrauben. Ein Blick zum Fenster verrät ihm, dass bereits die Abenddämmerung eingesetzt hat.

»Hängt vom Wetter ab«, entgegnet er. »Entweder mache ich eine große Wanderung durchs Erzgebirge, oder ich fahre zum Bergsteigen nach Tschechien.«

»Dass du das aushältst – immer so allein auf deinem Berg.« Jan schüttelt den Kopf.

Bernd Suhr schweigt und zieht die Schrauben an. Als er das Haus oberhalb von Fichtengrund kaufte und mit eigenen Händen ausbaute, hatte er keineswegs vorgehabt, allein einzuziehen. Sein Traum war schon immer ein eigenes Haus fern der »Zivilisation« gewesen, und zunächst war er sich mit seiner langjährigen Freundin einig, doch als die Umzugswagen bestellt waren, hatte sie sich geweigert; sie brauche eben die Stadt. Bernd hat das als Trennung begriffen, und eine Trennung war es dann auch.

»Ich fühle mich nicht einsam«, sagt er nach einer Weile. »Mittlerweile kenne ich halb Fichtengrund. Durch den Wanderverein, den Bergsteigerchor, die Freiwillige Feuerwehr …«

»Vereinsmeierei!« Jan macht eine wegwerfende Handbewegung.

»Hab ich früher auch gedacht.« Bernd hat seine Arbeit beendet und wuchtet den PC vom Arbeitstisch. »Aber man fühlt sich irgendwie aufgehoben, wenn man Mitglied ist. Außerdem bewegen wir auch was für die Gemeinde.«

Jan Kregel lacht. »Ich sehe dich schon im Gemeinderat.«

Bernd hebt den Blick. »Warum nicht?« entgegnet er ernst.

Johannes Völker irrte durch die Innenstadt von Chemnitz und achtete auf Zeichen. Über dem Eingang einer Apotheke blinkte ein Schild mit dem Apothekensymbol, und er versuchte, den Rhythmus zu entschlüsseln. Das rötliche Licht der gefärbten Leuchtstoffröhren ging nämlich nicht einfach nur an und aus und an und aus, Völker glaubte, dass dies in unregelmäßigen Abständen geschah: Kurz, kurz, lang, kurz ... wie beim Morsealphabet. Das Werbeschild schickte ihm eine Botschaft. Es machte ihn rasend, dass er sie nicht verstand.

Fieberhaft versuchte er, sich an die Briefe zu erinnern. Während er sein Fahrrad durch die Fußgängerzone schob, war er mit nichts anderem beschäftigt.

»Passen Sie doch auf!« rief eine Frau. Völker erschrak. Er hatte mit dem Lenker ihren Mantel gestreift, und sie war zur Seite gesprungen. Völker drehte sich nach ihr um. ›Passen Sie doch auf!‹, hämmerte es in seinem Kopf. Das war die deutliche Aufforderung, sich aufmerksam umzuschauen. Völker blickte nach rechts, er schaute nach links. Ein großes Kaufhaus lockte mit strahlenden Schaufenstern und einem hellerleuchteten Eingang Kunden an.

Völker fiel ein, dass einer der Briefe den Absender dieses Kaufhauses getragen hatte. Er lehnte sein Fahrrad an einen Laternenpfahl, nahm den Stoffbeutel an sich, in dem er seine wichtigsten Utensilien verwahrte, und näherte sich dem Eingang, der aus drei nebeneinander angeordneten Glastüren bestand. Hinter diesen Türen befanden sich Scanner, die einen Alarm auslösten, wenn jemand mit unbezahlter Ware das Kaufhaus verlassen wollte.

Zögernd und mit klopfendem Herzen ging Völker auf die Türen zu. Er legte die rechte Hand auf einen der polierten Metallgriffe, zog die Tür langsam auf – und wich zurück. Es war ihm unmöglich, das Kaufhaus zu betreten. Die Scanner würden den Chip in seinem Kopf entdecken. Und vielleicht lasen sie auch seine Gedanken und übermittelten sie dem Feind.

In Panik rannte Völker zu seinem Fahrrad zurück, schwang sich auf den Sattel und raste die Fußgängerzone

entlang, wütende Rufe der Passanten in seinem Rücken, aber er wollte nur noch fort. Der Feind hatte ihn in eine Falle gelockt. Er verfälschte die Zeichen, um ihn in aller Öffentlichkeit töten zu können.
Außer Atem erreichte Völker den Hauptbahnhof und hetzte in der Halle zu den Anzeigetafeln. Es war Viertel nach neun, und der Zug nach Holzenau hatte den Bahnhof vor acht, neun Minuten verlassen. Fast zwei Stunden würde Völker auf den nächsten warten müssen. Verzweifelt schob er das Fahrrad zum Spätverkauf und holte sich dort zwei Büchsen Bier, trank sie auf einer Bank auf Bahnsteig 8 und schaute sich unablässig um. Jeder der Menschen, die so geschäftig taten oder einfach nur herumstanden und warteten, konnte ein Mörder sein. Sein Mörder.

Kurz nach zehn verlässt Bernd Suhr seinen Betrieb in Chemnitz-Schönau. Ein heftiger Schneeregen hat eingesetzt, der am Boden zu Eis gefriert. Am Tor des Gewerbegebietes verabschiedet er sich von Jan Kregel und anderen Kollegen, die zum Parkplatz gehen, während er sich zur Straßenbahnhaltestelle begibt. Immer wenn er Spätschicht hat, richtet er es so ein, dass er den letzten Zug nach Fichtengrund noch schafft, den Regionalzug 39669, der den Hauptbahnhof um 23.07 Uhr verlässt.
Der 12. Januar 2001 ist ein Freitag. Der sportliche junge Mann freut sich auf das Wochenende. Nur einen festen Termin gibt es: Am Sonntag wird der Bergsteigerchor in der Stadtkirche von Holzenau zur Messe singen. Ansonsten kann Suhr tun und lassen, was er will.
Die Straßenbahn biegt um die Ecke. Sie fährt in die Haltestelle ein, die Türen öffnen sich. Bernd Suhr besteigt den hinteren Wagen, und knapp zwanzig Minuten später ist er am Hauptbahnhof.

Johannes Völker hatte seine Unruhe auch mit dem Bier nicht dämpfen können. Mittlerweile stand der Zug nach Holzenau am Bahnsteig, und ein paar Leute waren eingestiegen. Neben dem Zug, der aus drei Doppelstockwagen bestand, unterhielten sich die Schaffnerin und zwei Männer in den blauen Uniformen des Wachschutzes. Völker traute ihnen nicht. Er war sicher, dass sie von ihm sprachen. Ständig richteten sie ihre Blicke auf ihn, dann steckten sie wieder die Köpfe zusammen und tuschelten. Johannes Völker presste den Stoffbeutel fest an seinen Leib.

Ein junger Mann mit Brille, Wollmütze, wetterfester Freizeitkleidung und einem Rucksack auf dem Rücken schob ein Fahrrad an den Waggons entlang bis zum ersten Wagen nach der Lok.

Sie imitierten ihn. Sie schickten ihm jemanden über den Weg, der ein Fahrrad dabei hatte wie er selbst. Der in den ersten Wagen nach der Lok stieg, so wie er es immer tat. Der den Rahmen genau an der Stelle anfasste, wo er ihn packte, um das Fahrrad in den Wagen zu heben.

Durch den Bahnhofslautsprecher wurde ein Zug angesagt. Völker lauschte aufmerksam. Vielleicht hatte das Weltforum einen anderen Weg als den über das Radio gefunden, um ihm eine Mitteilung zukommen zu lassen.

Es hatte. Nach der Ansage vernahm Völker ein Knistern und Rauschen, einen anschwellenden schrillen Ton, eine Fanfare.

›Sie imitieren dich‹, lautete die Botschaft.

Johannes Völker lebte in ständiger Angst. Er argwöhnte, dass die illegale Stasi zu früh von seiner Mission Kenntnis erhalten könnte: Er kannte zwar selbst nur ihre allgemeinen Inhalte, nämlich die Rettung der Menschheit, aber er musste befürchten, dass der Feind die entscheidende Botschaft abfing. Dass er sie vielleicht schon abgefangen hatte. Dass er sie in seinen Gedanken lesen würde, sobald sie denn endlich eintraf.

Seiner Gewohnheit entsprechend war auch Völker in den ersten Wagen eingestiegen. Wie üblich hatte er sich in die Ebene begeben, die sich auf halber Höhe zwischen Ober- und Unterdeck und vor der Tür zum nächsten Wagen befindet; im Notfall konnte er rasch den Waggon wechseln. Völker hatte mit dem Rücken zum Fenster auf einer der Sitzreihen Platz genommen und hielt krampfhaft seinen Beutel fest. Von seiner Position aus konnte er den jungen Mann im Oberdeck sitzen sehen. Der hatte den Platz am Gang eingenommen und kehrte Völker den Rücken zu.

Eines wusste die Untergrund-Stasi gewiß, denn anders waren die Manipulationen und das Foltern nicht zu erklären: Sie wusste, dass er ein Auserwählter war. Auch das machte ihm Angst, Todesangst sogar. Um seine Mission zu verhindern, hatten sie ein Killerkommando auf ihn angesetzt – dieser Überzeugung war er jetzt mehr denn je.

Johannes Völker hörte einen Pfiff, und Sekunden später fuhr der Zug an.

Nur ein Gedanke beherrschte Völker: ›Sie imitieren dich‹. Der gesichtslose Feind war zwar fast immer anwesend, er war sogar in seinen Kopf eingedrungen, aber jetzt hatte Johannes das Gefühl, dass er so nah war wie noch nie. Bisher hatte er in Nebenzimmern operiert, aus Nachbarhäusern, von Autos auf der Straße aus. Jetzt hockte er im Oberdeck. Und er hatte ein Gesicht bekommen: das Gesicht des Nachahmers.

Von der Fahrt nahm Völker nur wenig wahr. Sein Blick war starr auf jenen Teil der Rückenpartie des jungen Mannes gerichtet, den er sehen konnte: ein Stück der Schulter, einen Arm, der auf der Lehne lag, die rechte Taille. Völker bemerkte das Bremsen und Einfahren des Zuges in die Haltepunkte, und wenn er den Kopf umwandte, sah er die ausgestiegenen Fahrgäste, die dem Ausgang zustrebten. Der Zug leerte sich immer mehr.

Das war seine Gelegenheit. Der junge Mann im Oberdeck, der zweifellos zu den Feinden gehörte, war allein mit ihm im ersten Waggon.

Auf dem Bahnhof von Wassermühle vernahm er eine Ansage aus dem Lautsprecher. Er verstand kein Wort, aber er erkannte den Inhalt der an ihn gerichteten Botschaft

trotzdem; es war eine Aufforderung zum Befreiungsschlag.
Völker sprang auf. Aus dem Stoffbeutel nahm er das Fahrtenmesser, das er immer bei sich hatte, um sich gegen die Untergrundkommandos verteidigen zu können, und schlich hinauf ins Oberdeck.
Der Zug ruckte an.

Bernd Suhr schreckt auf und braucht einen Augenblick, um zu sich zu kommen und zu begreifen, wo er sich überhaupt befindet. Im Zug, wo denn sonst. Auf der Heimfahrt von der Arbeit. Auf der Heimfahrt ins Wochenende. Er muss eingeschlafen sein. Sogar geträumt hat er, aber er kann sich an den Traum nicht erinnern. Noch benommen vom Schlaf, beugt er sich vor, um einen Blick aus dem Fenster werfen zu können. Er sieht Straßenleuchten und das gelbliche Licht, das aus vereinzelten Häusern in die Vorgärten fällt. Nichts verrät ihm, wo er sich befindet, also schaut er auf die Armbanduhr. Es ist jetzt 23.57 Uhr – das bedeutet, dass der Zug gerade Wassermühle verlassen haben muss. Nur noch die Station Silbermühle liegt vor seinem Ziel Fichtengrund. Er wird wieder schläfrig.
Jemand kommt die Treppe herauf. Vermutlich ist es die Zugbegleiterin, und Suhr öffnet eine Außentasche seines Rucksacks, um die Monatskarte herauszuholen. Er spürt, dass die Zugbegleiterin bereits neben ihm steht, zieht die Monatskarte aus der Tasche und will sich mit einem Lächeln umwenden, als er einen heftigen Schlag in den Rücken verspürt. Vor ihm steht ein Mann.
Der Mann starrt ihn an. Bernds Lächeln vereist, als er in der Hand des Mannes ein blutiges Messer sieht.
»Nein!« Suhr springt auf und weicht zurück, bis er mit dem Rücken gegen das Fenster schlägt.
Der Unbekannte setzt zu einer neuen Attacke an. Suhr versucht sich zu wehren, mit seinen bloßen Händen greift er in die scharfe Klinge. Immer wieder stößt der andere zu.

Zugbegleiterin Patricia Soelzer entschloss sich an diesem Abend recht spät zu ihrem Kontrollgang durch die drei Waggons. Der Zug hat den Haltepunkt Silberberg verlassen und ist auf dem Weg nach Fichtengrund, der letzten Station vor dem Endbahnhof Holzenau. Dort soll er wenige Minuten nach Mitternacht eintreffen.

An dem Kontrollgang beteiligt sich auch Horst Reinhold, der Mitarbeiter des Sicherheitsdienstes. Der ehemalige Polizist ist bereits Rentner, bessert seine Einkünfte jedoch durch einen Nebenverdienst auf. Er verabredet mit Frau Soelzer, dass sie sich die Oberdecks vornimmt, er die Unterdecks.

Patricia Soelzer arbeitet seit fast 20 Jahren bei der Bahn, und seit einigen Jahren ist sie vor allem auf lokalen Strecken rund um Chemnitz im Dienst. An gravierende Zwischenfälle kann sie sich nicht erinnern. Natürlich hat sie schon einiges erlebt, angefangen von technischen Störungen und dem Diebstahl von Oberleitungen über tief verschneite oder überschwemmte Bahnstrecken bis hin zu ungeduldigen, aggressiven, betrunkenen und randalierenden Reisenden. Das gehört zu ihrem Beruf, und sie fühlt sich solchen Situationen gewachsen. Und dann sind ja auch noch die beiden Wachleute mit an Bord.

Zwei Minuten vor Mitternacht erreicht Patricia Soelzer den letzten Wagen. Zu kontrollieren hat sie bisher nichts gehabt, der Zug scheint leer zu sein. Das ist nichts Ungewöhnliches. Doch bereits an der Treppe zum Oberdeck stockt ihr der Atem. Sie sieht ein Paar dunkle Wanderstiefel und ein Hosenbein, die zwischen zwei Bänken hervorlugen. Sie könnten von einem Betrunkenen stammen, der vom Sitz gerutscht ist, doch die dunkle, glänzende Flüssigkeit auf dem Boden macht der Frau Angst. Nur zögernd steigt sie die Treppe hinauf. Ihr Herz klopft heftig. Dann schreit sie auf.

Zwischen den Sitzbänken liegt rücklings ein junger Mann, den sie schon häufig im Zug gesehen hat. Seine Kleidung, sein Gesicht, seine Hände sind blutverschmiert, und um ihn herum breitet sich eine große Blutlache aus. Frau Soelzer stürzt die Treppe wieder hinunter. Horst Reinhold, der ihren Schrei gehört hat, kommt ihr aus dem Unterdeck entgegen.

»Oben ... ein Mann ... vielleicht ist er tot«, stammelt sie. Horst Reinhold schaut nur ganz kurz nach. Trotz seiner Erfahrungen als Bahnpolizist ist auch er schockiert.

Die Zugbegleiterin fühlt sich wie gelähmt. Sie weiß aber, was sie zu tun hat, und verständigt über Bordfunk den Lokführer. Der wiederum ruft sofort den Notarzt und den Bundesgrenzschutz. Pünktlich läuft Regionalzug 39669 in den Bahnhof Fichtengrund ein.

Als der Notarzt zwanzig Minuten später dort eintrifft, haben der Lokführer, die Wachmänner und die Zugbegleiterin den Zug verlassen. Schweigend warten sie auf dem Bahnsteig. »Obwohl wir alle nahe beieinander standen«, wird Frau Soelzer später einem Kriminalbeamten sagen, »hatte ich nicht nur das Gefühl großer Hilflosigkeit, sondern auch von absoluter Einsamkeit. So etwas haben wir alle noch nicht erlebt. Später kann man darüber sprechen, aber nicht sofort.«

»Wir waren um 0.25 Uhr am Einsatzort«, berichtet der Arzt in einem Fernsehinterview für »Kripo live«. »Wir fanden einen Mann vor, bei dem ich nur noch den Tod feststellen konnte. Die Person war noch körperwarm, so dass der Tod maximal eine Stunde vorher eingetreten war.«

Patricia Soelzer muss an ihre Söhne denken, an den 15- und an den 17-jährigen. Wenn die beiden zur Disko oder zu Freunden nach Chemnitz fahren, benutzen sie, wenn sie nicht in der Stadt übernachten, für die Rücktour stets den letzten Zug. Den 39669, in dem jetzt ein toter junger Mann liegt. Die Zugbegleiterin spürt, wie ihr bei diesem Gedanken die Knie weich werden. Sie fürchtet, jeden Augenblick umzufallen, und sie kann sich nicht vorstellen, jemals wieder einen Zug zu betreten. Aber sie fällt nicht um, und drei Tage später ist sie wieder im Dienst, allerdings auf einer anderen Strecke: Die Züge von Chemnitz nach Holzenau erspart ihr die Einsatzleitung der Bahn noch eine Weile.

Das Wichtigste war, nicht aufzufallen. Wenn Völker sich falsch verhielt, war es vorbei.
Zwischen Wassermühle und Silberberg hatte er sich des gefährlichsten seiner Verfolger, des Imitators, entledigt, ihn einfach getötet, bevor dieser ihn umbringen konnte. Er hatte sich verteidigt und sein Leben gerettet, zumindest einen Aufschub erlangt.
Johannes Völker verließ am Bahnhof Silberberg den Zug, samt Stoffbeutel und Fahrrad. Als einziger Fahrgast stieg er in Silberberg aus. Der Bahnhof lag tief im Flusstal und es war neblig. Der Lokführer, so glaubte Völker zumindest, bemerkte ihn dennoch.
Er hatte gelächelt. Wissend gelächelt. Vielleicht gehörte er dem Weltforum an.
Johannes Völker trat heftig in die Pedale. Von Silberberg bis kurz vor Fichtental gab es parallel zum Fluss einen Weg für Landwirtschaftsfahrzeuge, den man auch mit dem Fahrrad benutzen konnte. Der Himmel war bedeckt, aber es schneite nicht. Eiseskälte schlug Völker entgegen.
Er hatte getötet.
Er hatte töten müssen.
Trotzdem quälte ihn das Bild, das er ständig im Kopf hatte: Der blutüberströmte junge Mann am Boden, das letzte Zucken seiner Beine, der Ausdruck von Nicht-Verstehen und Angst in seinem Gesicht.
Er hatte getötet. Mit Einverständnis des Weltforums, dessen war er sicher. Er hatte sich von seinen Verfolgern befreit. Nicht für immer, aber für eine Weile. Natürlich würde der Feind seine Spur wieder aufnehmen. Jetzt aber hatte er eine Atempause. Völker bedurfte dringend einer Instruktion.
Polizeifahrzeuge mit Blaulicht jagten auf der gegenüberliegenden Uferstraße in Richtung Fichtental. Völker radelte gemächlicher. Er durfte nicht auffallen. Um keinen Preis.

Beinahe zeitgleich mit dem Arzt und dem Rettungssanitäter treffen vier Beamte des Bundesgrenzschutzes am Bahnhof Fichtengrund ein. Nach einem kurzen Blick auf den

Mann im Oberdeck schlagen sie Alarm und fordern Verstärkung an; auch die Mordkommission wird verständigt. Zwei Polizeibeamte durchkämmen den Zug und bestätigen, dass er menschenleer ist – bis auf die Leiche. Von anderen Beamten werden derweil alle Haltepunkte auf der zurückgelegten Strecke und ihre Umgebung nach Verdächtigen abgesucht, doch das bleibt ergebnislos. Suchhunde werden angefordert, die noch in der Nacht in Wassermühle und Silberberg sowie an der Strecke eingesetzt werden, um nach dem Täter zu fahnden, ebenfalls ohne Erfolg. Niemand ist zu dieser späten Stunde in den kleinen Orten entlang des idyllischen Flusstals unterwegs.

Johannes Völker hatte den heikelsten Part seiner Flucht, den Flecken Fichtengrund, längst hinter sich. Er radelte noch immer auf dem asphaltierten Weg neben dem Fluss, aber er wusste, dass dieser etwa hundert Meter hinter dem Ort abrupt enden würde. Dann war guter Rat teuer.
Er konnte nicht umkehren. Er konnte auch nicht nach Hause fahren. Um nach Holzenau zu gelangen, musste er die Straße benutzen, und das wollte er nicht. Es war zu riskant. Außerdem rechnete er damit, dass der Feind ihn in seinem Haus längst erwartete.
Er hatte einen der Ihren getötet. Das konnten sie nicht auf sich beruhen lassen.
Das Fahrrad bockte. Völker schaffte es gerade noch, den Lenker herumzureißen und auf die Weide links neben der Sperrschranke zu holpern. Der Radweg war zu Ende.
Völker versuchte zu bremsen. Trotzdem prallte das Rad gegen eine Kuhtränke, und er stürzte. Der Boden war gefroren und hart.
Völker rappelte sich auf und starrte auf den Fluss. Auch wenn es dunkel war: Er brauchte sich nicht anzusehen, um zu wissen, dass seine Kleidung blutig war.
Johannes Völker machte eine paar Schritte. Der Fluss war nicht zugefroren – dazu brauchte es ein paar Minusgrade mehr. Völker atmete tief ein und aus, dann stieg er in das Wasser.

Er war noch dermaßen erregt, dass er die Kälte kaum spürte. Langsam watete er zur Flussmitte. Das Wasser reichte bis zum Bauchnabel, schließlich bis zur Brust. Noch immer fror er nicht. Sein Körper hatte offenbar die Hitze gespeichert, mit der der Feind ihn nachts peinigte.
Völker brauchte nur ein paar Minuten, um den Fluss zu durchqueren. Den Stoffbeutel hielt er dabei über den Kopf, damit er nicht nass würde. Am anderen Ufer angelangt, zog er das Fahrtenmesser heraus und schleuderte es ins Wasser. Nun war ihm doch kalt in seiner nassen Kleidung, die er jedoch unmöglich ablegen konnte. Sie musste an seinem Körper trocknen.
Johannes Völker rannte über eine Wiese und dann in den Wald.

Hauptkommissar Dietmar Zoller von der Mordkommission ist als einer der ersten Kriminalbeamten vor Ort, kurz darauf treffen auch die Spurensicherung und der diensthabende Rechtsmediziner in Fichtengrund ein.
»Bei der ersten Inaugenscheinnahme des Opfers wurde uns sofort klar, dass es mit außerordentlicher Brutalität getötet worden war«, sagt mir Zoller bei unserem Gespräch. »Hier hatte jemand mit großer Gewalt mehrmals zugestochen. Ein enormer Hass oder eine starke Wut schienen sich in dieser Tat entladen zu haben.«
Da es keinen Zweifel darüber gibt, dass der junge Mann im Zug getötet worden ist, werden die drei Doppelstockwagen auf Anweisung der Mordermittler auf ein Nebengleis rangiert. In dieser Nacht fährt kein Zug mehr von Fichtengrund nach Holzenau. Aber es gibt ohnehin keinen Fahrgast mehr.
Was bei der ersten Untersuchung am Tatort ebenfalls auffällt: das Opfer ist offensichtlich nicht beraubt worden. Es fehlen weder Geld noch Kreditkarte noch Papiere. So ist denn auch sofort klar, wer der junge Mann ist, der auf dem Boden des Oberdecks verblutete. Auch den Betriebsausweis finden die Kriminalisten beim Durchsuchen der Kleidung, und so können die Frauen und Männer der

Mordkommission umgehend mit den Ermittlungen im Umfeld des Opfers beginnen.
Der Betriebsausweis lässt vermuten, dass sich Bernd Suhr auf dem Weg von der Arbeit nach Hause befand, und diese Vermutung erhalten die Ermittler um Dietmar Zoller auch bestätigt, als sie in den frühen Morgenstunden die Firma aufsuchen. Bernd Suhrs Spätschicht endete für gewöhnlich um 22.00 Uhr, und die herbeigerufenen Kollegen bestätigen, dass er auch am Abend des 12. Januar das Betriebsgelände kurz nach zehn verließ und die Straßenbahn nehmen wollte. Da er vor 23.07 Uhr in den Regionalzug 39669 gestiegen sein muss, kommt eigentlich nur die nächstgelegene Straßenbahnhaltestelle Schönau in Frage. So hat er es immer gehalten. Von den Chemnitzer Verkehrsbetrieben erfahren die Ermittler, dass Suhr nur die Tram genommen haben kann, die Schönau um 22.31 Uhr verlässt und 19 Minuten später am Hauptbahnhof eintrifft. Am Hauptbahnhof hatte Bernd Suhr also exakt 17 Minuten Zeit, um seine Bahn zu erreichen. Da ist es unwahrscheinlich, dass er noch eine Verabredung hatte. Doch getroffen haben kann er seinen Mörder natürlich überall auf seinem Weg.
Die Kripo nimmt auch sofort Ermittlungen in Fichtengrund auf. Der Naturliebhaber Suhr wird zwar von allen als eher zurückhaltender Mensch beschrieben, der aber auch die Geselligkeit mochte und sich in dem Ort schnell eingelebt hatte. Die Bewohner des kleinen Ortes sind entsetzt, als man von seinem schrecklichen Tod erfährt. »Wir sind alle sehr schockiert und betroffen«, bekommen Reporter immer wieder zu hören. »Das kann man gar nicht begreifen, dass ausgerechnet diesem freundlichen, hilfsbereiten Mann so etwas passiert.«
Niemand kann sich vorstellen, dass jemand einen Grund hat, einen dermaßen beliebten Menschen zu töten, und dann noch auf so grausame Weise.
Wie grausam sein Tod war, zeigte auch die Obduktion. Insgesamt neunzehn Stich- und Schnittverletzungen listete der Rechtsmediziner in seinem Autopsieprotokoll auf, Ver-

letzungen, die beinahe alle Körperregionen oberhalb des Bauches betrafen: Sie fanden sich im Gesicht, am Hals, im Brust- und Rückenbereich, an den Händen und den Armen, zugefügt vermutlich durch ein großes, eventuell zweischneidiges Messer. Mehrere dieser Verletzungen waren tödlich, so die Stiche in die Lunge und vor allem der Stich ins Herz. Die Wunden an Händen und Armen wurden als Abwehrverletzungen bestimmt: Suhr musste sich vehement gewehrt und dabei mehrmals nach dem Messer gegriffen haben. Trotz dieser Gegenwehr hatte er keine Chance, denn der rasche Blutverlust hatte zur Folge, dass er schnell die Kraft und bald auch das Bewusstsein verlor.

Auch die Hinterhältigkeit der Tat erschütterte Kripo und Öffentlichkeit, denn nach Auswertung aller Spuren sah es danach aus, als sei das Opfer völlig überraschend angegriffen worden, vielleicht sogar im Schlaf. Trotzdem kam auch in Betracht, dass der junge Mann womöglich von Betrunkenen belästigt wurde und der Streit eskaliert war, so dass die Angreifer in rasende Wut gerieten. Oder es handelte sich um einen geplanten Mord. Dann hatte der Mörder seinem Opfer eventuell schon vor dem Werkstor aufgelauert, war ihm durch die Stadt gefolgt und hatte erst im Zug zugeschlagen. Bei einer geplanten Tat mussten die Beweggründe vor allem im persönlichen Bereich vermutet werden. Eifersucht oder Neid kamen hier in Frage. Aber Bernd Suhr hatte augenscheinlich keine Feinde.

»Obwohl Suhr nicht bestohlen wurde, schlossen wir auch Raub als Tatmotiv nicht aus«, berichtet Dietmar Zoller. »Möglich war ja immerhin, dass der Räuber gestört wurde und seine Bereicherungsabsicht aufgeben musste. Bevor er die Kleidung und den Rucksack seines Opfers durchstöbern konnte, sah er vielleicht die Zugbegleiterin oder einen der Bahnschutzmänner im Nebenwaggon. Aber Suhr hatte lediglich knapp zwanzig Euro dabei. Und seine Hausschlüssel natürlich. Sollte der Täter sein Opfer gekannt haben, dann hätte er sich Zugang zu seinem Haus verschaffen können. Aber sdort gab es keine Kostbarkeiten.«

»Das heißt, Sie waren mit einem Mord ohne erkennbares Motiv konfrontiert?«

»So ist es. Und solche Taten sind für gewöhnlich sehr schwer aufzuklären. Ich bin seit fast zwanzig Jahren bei der Mordkommission, und es gab immer wieder problematische Fälle. Bei einer Leichenliegezeit von mehreren Jahren beispielsweise kann man mitunter nicht einmal die Todesursache feststellen, geschweige denn, dass sich am Tat- oder Fundort noch irgendwelche Täterspuren finden lassen. Trotzdem konnten wir auch solche Fälle aufklären. Es geht immer um dieselben eindeutigen Fragen, deren Beantwortung allerdings Jahre in Anspruch nehmen kann: Wer hatte die Mittel und die Gelegenheit zu dem Verbrechen? Wer zog einen Nutzen daraus? Aber bei diesem Mord waren wir ratlos. Die Begehungsweise ließ ein Hassverbrechen vermuten. Bernd Suhr war aber ein Mensch, den offenkundig niemand hasste. Bernd Suhr führte ein absolut normales, unauffälliges Leben.«

Johannes Völker fror nun doch. Ein neuer Tag war angebrochen, und er hielt sich immer noch im Wald auf. Das war nichts Ungewöhnliches: Wenn er es in seinem Haus nicht mehr aushielt, hatte er schon des Öfteren mehrere Tage im Wald verbracht, aber noch nie im Winter. Die Kleidung an seinem Körper war noch immer klamm, und das Wasser der Flusses hatte keineswegs das gesamte Blut abgewaschen.

Völker kratzte Rinde von den Bäumen und aß sie. Für ein paar Minuten beruhigte sie seinen knurrenden Magen. Außerdem hatte er schrecklichen Durst.

Johannes Völker kannte sich gut aus in den Wäldern zwischen Holzenau und der tschechischen Grenze. Nun aber hatte er die Orientierung verloren und wusste nicht, wo er war. Und hier, praktisch im Nirgendwo, erreichten ihn auch keine Instruktionen.

Völker horchte auf. Da war ein Geräusch gewesen, irgendwo linker Hand. Eine Motorsäge. Natürlich, eine Motorsäge. Forstarbeiter, die Bäume fällten. Menschen.

Völker sprang auf. Er schlug sich durch das Unterholz, bis er nach endlosen Minuten einen Waldweg fand. Der Weg war uneben und feucht, und Völker ging auf die Knie, um Wasser aus einer der vielen Pfützen zu schlürfen.
Die Motorsäge kreischte. Sogar Stimmen waren zu hören, lautes Rufen. Völker hetzte den Weg entlang. Den Menschen würde er ausweichen, aber sie gaben ihm einen Anhaltspunkt.
An einer Wegscheide stand ein schwarzes Auto, ein Van. *Forstverwaltung Holzenau* war auf die Fahrertür geschrieben. Das war Tarnung. Der Feind war bereits in den Wald eingedrungen.
Dennoch atmete Völker auf. Die Wegscheide kannte er, und es gab sogar eine Orientierungstafel. Der linke Weg führte nach Holzenau, in die »Stadt mit kunsthistorisch bedeutsamem Ortskern«. Nach rechts hingegen waren die Ziele unbestimmt. »Ins Erzgebirge«, hatte der Heimatverein geschrieben. Und genau dorthin wollte Völker.

Das Team der Mordkommission konzentrierte seine Ermittlungen auf den Tattag und den Tatabend. Die Ermittler versuchten, Suhrs letzten Tag und seinen mutmaßlichen Heimweg zu rekonstruieren. In den Straßenbahnen der Linie 1, am Hauptbahnhof, in den Regionalzügen und an allen Haltepunkten der Strecke Chemnitz-Holzenau wurden Fahndungsblätter ausgehängt oder verteilt, eine Belohnung von 10000 Euro wurde ausgeschrieben für Hinweise, die zur Ergreifung des Täters führen. Die Kriminalisten gingen daran, alle Fahrgäste zu ermitteln, die am 12. Januar den letzten Zug nach Holzenau benutzt hatten. Zugbegleiterin Patricia Soelzer und die Männer vom Bahnsicherheitsdienst hatten ausgesagt, dass etwa zwanzig Personen am Hauptbahnhof Chemnitz eingestiegen seien. Da der Zugmord allgemein für Aufsehen sorgte und auch in den Medien ausführlich dargestellt worden war, meldeten sich in den zwei Tagen nach dem Verbrechen die gesuchten Mitfahrer. Das war zwar ein Erfolg für die kriminalistische Arbeit, aber alle konnten nur vage Angaben zu anderen Reisenden machten; niemand hatte so genau darauf geachtet, wer Abteil oder Wagen mit ihm teilte, zumal zu dieser späten Stunde. Die gesamte Fahrt, so jedenfalls aus Sicht der Zeugen, war wie immer ruhig und ohne Auffälligkeiten verlaufen. Der letzte der Zeugen hatte den Zug am Haltepunkt drei Stationen vor Fichtengrund verlassen. Von diesem Zeitpunkt an, so schien es, war Bernd Suhr mit seinem Mörder und dem Begleitpersonal allein im Zug.

Das Personal war selbstverständlich nach der ersten Vernehmung auf dem Bahnhof noch einmal, diesmal in der Polizeidienststelle, vernommen worden. Auch diese Befragungen erbrachte erst einmal kaum Anhaltspunkte, nur Horst Reinhold vom Sicherheitsdienst wollte im letzten Wagen einen Ausländer mit einem Fahrrad bemerkt haben, allerdings ohne näher auf ihn zu achten.

»Haben Sie diesen Ausländer schon einmal gesehen?« erkundigt sich Dietmar Zoller nachdrücklich.

»Ich glaube nicht«, entgegnet Reinhold.

»Und was für ein Ausländer war es?«

»Das kann ich nicht mit Bestimmtheit sagen«, meint Reinhold. »Vielleicht ein Türke?«

»Wie sehen denn Türken aus?«

»Na ja, schwarzhaarig.«

»Aber es gibt auch schwarzhaarige Deutsche.«

»Sicher.«

Von 1988 bis 1994 hatte Johannes Völker in Lohn und Brot bei einer Chemnitzer Werkzeugmaschinenfabrik gestanden und im dortigen physikalisch-technischen Labor gearbeitet. Allerdings hatte er sich von Anfang an nicht wohlgefühlt. Immerhin hatte er 1983 einen der begehrten Auslandsstudienplätze in der Sowjetunion erhalten und an der Lomonossow-Universität in Moskau Festkörperphysik studiert; im Labor, so fand er, war er nicht seinen Talenten entsprechend eingesetzt worden. Er fühlte sich zu Höherem berufen als zur Materialprüfung, doch alle seine Gesuche auf Versetzung in einen anderen Betriebsbereich wurden abgelehnt. Hinzu kam, dass die Kollegen anfingen, über ihn zu tuscheln. Er bemerkte es vor allem daran, dass eisiges Schweigen herrschte, sobald er einen Raum betrat. Die Kollegen senkten die Köpfe und wagten nicht, ihm in die Augen zu schauen, zweifellos, weil sie über ihn hergezogen waren. Sie steckten unter einer Decke mit seinen Nachbarn, seinen Freunden, von denen er sich zurückzog, seinen Angehörigen im fernen Wismar.

Obwohl ihm seine Arbeit keinen Spaß gemacht und er allen Kollegen misstraut hatte, verdiente Völker gut. Er konnte sich davon nicht nur ein Haus in Holzenau leisten, sondern auch ein zweites in Tschechien. Beide Häuser waren als Fluchtburgen gedacht, aber der Feind war zu clever, er stöberte Völker fast überall auf. Im Holzenauer Haus hatte er sich bereits eingenistet. Das Haus in Tschechien war beim letzten Besuch jedoch noch »sauber« gewesen. Er hatte es gründlich durchsucht, die Wände aufgebrochen und die Steckdosen zerstört, bis auf die eine, die er für das Radio benötigte. Zu diesem Haus war er unterwegs.

Die Werkzeugmaschinenfabrik ging 1994 pleite, Völker wurde arbeitslos. In gewisser Hinsicht war er froh, den ungeliebten Job los zu sein, aber die Arbeitslosigkeit machte sich finanziell schnell bemerkbar. Nur eine Zeitlang konnte Völker von seinen Ersparnissen leben, nach nicht einmal zwei Jahren waren sie aufgezehrt. Er erhielt Sozialhilfe und einen Zuschuss für das Haus in Holzenau, aber das Geld reichte nicht. Schließlich mied Völker auch die Ämter, hinter deren geschlossenen Türen ausschließlich über ihn gesprochen wurde. Wenn es finanziell ganz eng wurde, quälte er sich zum Sozial- und zum Wohnungsamt, oder er versorgte sich mit kleineren Diebstählen. Das Recht dazu glaubte er als Beauftragter des Weltforums zu haben. Polizei und Richter sahen das anders. Wegen Ladendiebstahls war Völker bereits zu Geld- und Bewährungsstrafen verurteilt worden.

Johannes Völker näherte sich von einer Anhöhe dem letzten Ort auf deutscher Seite, einem kleinen, verschlafenen Nest, von dem aus er schon mehrfach die Grenze überquert hatte. An der Durchgangsstraße gab es einen Laden, in dem Lebensmittel, Zigaretten und Zeitungen verkauft wurden. Bereits aus etlichen Metern Entfernung sah Völker die Schlagzeilen der Boulevardpresse. »Mord im Zug«, lauteten sie fast übereinstimmend.
Völker nahm eines der Blätter und ging zum Bezahlen in den Laden. Die Zeitung brachte einen kurzen Artikel und ein Foto des Opfers, das Völker erschütterte. Vor den Augen des Verkäufers wagte er nicht, den Artikel auch nur zu überfliegen, weil er sich beobachtet fühlte. Er ließ davon ab, sich ein paar Lebensmittel zu stehlen. Nach Verlassen des Geschäfts verspürte er eine große Erschöpfung. Mehrere Nächte hatte er nicht geschlafen. Sein Körper fühlte sich an wie aus Glas, so als könne er jeden Moment zerspringen. Trotzdem gelang es ihm, seinen Plan umzusetzen, und am späten Nachmittag des 13. Januar überschritt er illegal die kaum gesicherte Grenze nach Tschechien.

Bereits Stunden nach dem Verbrechen war der Zug 39669 von Fichtengrund zum Chemnitzer Hauptbahnhof geschleppt und dort auf einem Rangiergleis abgestellt worden. Nach der kriminaltechnischen Untersuchung wurde nun am Montag, dem 15. Januar, die nächtliche Fahrt noch einmal nachgestellt. Die bekannten Fahrgäste wurden gebeten, sich an der Rekonstruktion zu beteiligen, und alle folgten der Aufforderung. Nach exakten Zeitvorgaben wurden die einzelnen Haltepunkte aufgerufen, und die Zeugen verließen den Zug an jenen Stationen, an denen sie auch in der Mordnacht ausgestiegen waren – ohne dass sich die Wagen auch nur einen Meter fortbewegten. Die Beamten der Mordkommission erhofften sich von dieser Rekonstruktion nicht nur Aufschluss über den Verlauf der Fahrt, sie rechneten auch damit, dass sich der eine oder andere Zeuge an etwas erinnerte, das seinem Gedächtnis entfallen war. Leider erfüllte sich diese Hoffnung nicht. Die

Rekonstruktion der Bahnfahrt führte die Ermittlungen in keine neue Richtung.

»Ich muss sagen, dass die Zusammenarbeit mit der Bahn und ihrem Sicherheitsdienst hervorragend klappte«, erklärt mir Hauptkommissar Dietmar Zoller in seinem Büro. »Die Ermittlungen in diesem Bereich fielen vorwiegend in meine Verantwortung, und die Bahn stellte mir alles zur Verfügung, was ich anforderte, etwa die Videoaufzeichnungen der Überwachungskameras am Hauptbahnhof und von den einzelnen Haltepunkten. Diese Aufzeichnungen haben wir immer wieder ausgewertet, aber unser Täter schien Glück gehabt zu haben, wenn ich das so sagen darf. Irgendwie ist er durch das Netz der Überwachung hindurchgeschlüpft.«

Zoller fand den entscheidenden Hinweis, als er den für die Sicherheit der Bahnanlagen zuständigen Bundesgrenzschutz in Chemnitz aufsuchte. Mit den Beamten des BGS wertete er jedes protokollierte Vorkommnis aus, das es in den zurückliegenden Tagen und Wochen im Bereich des Hauptbahnhofes und auf allen Zügen der Strecke Chemnitz-Holzenau gegeben hatte. Dabei stieß er bereits am 16. Januar 2001 zum ersten Mal auf Johannes Völker, der zwei Tage vor dem Mord von den Bahnpolizisten bei einem Diebstahl ertappt worden war: Der arbeitslose Diplomphysiker hatte versucht, auf einem Fahrradstellplatz vor dem Hauptbahnhof ein Vorderrad zu stehlen. Von zwei Beamten auf frischer Tat festgenommen, wurde er in die Diensträume des BGS gebracht, durchsucht und kurz vernommen. Völker hatte einen Stoffbeutel bei sich, und er wurde aufgefordert, ihn zu entleeren. Neben einer Zeitung, ein paar Packungen mit Papiertaschentüchern, einer Fahrradlampe zum Anklemmen an den Lenker, einer Luftpumpe und einer leeren Bierbüchse war dabei etwas zum Vorschein gekommen, das Dietmar Zoller sofort elektrisierte: zwei Messer.

Da diese Messer nicht unter das Waffengesetz fielen, hatten die BGS-Beamten keine Veranlassung gesehen, sie zu beschlagnahmen oder auch nur zu fotografieren. Von Völ-

ker jedoch hatten sie eine Polaroidaufnahme gemacht, die Zoller sofort an sich nahm. Ob es sich bei Völker um den Täter handelte, war natürlich noch zu klären. Aber, und das war für Zoller entscheidend, der Mann wohnte in Holzenau. Er benutzte häufig den Zug nach Chemnitz und zurück, und einige Male war er ohne Fahrausweis erwischt worden.
Mehrfach versuchten Zoller und seine Mitarbeiter, Völker in seinem Haus aufzusuchen, aber natürlich trafen sie ihn nicht an. Noch war eine Fahndung wegen Mordverdachts in keiner Weise begründet, Zoller musste sich mit einer polizeilichen »Aufenthaltsfeststellung« begnügen.
Die Beamten des Bundesgrenzschutzes wurden mit dem Polaroidfoto Johannes Völkers vertraut gemacht. Tauchte dieser auf, war sofort die Kripo zu informieren.
Zoller bat den Mitarbeiter des Bahn-Sicherheitsdienstes Reinhold in die Dienststelle, vernahm ihn als Zeugen und führte mit ihm eine so genannte Wahllichtbildvorlage durch. »Ich legte ihm neun Fotos vor, darunter das Polaroid, das zwei Tage vor dem Mord entstand«, berichtet der Ermittler, »aber ich wurde schwer enttäuscht. Reinhold erkannte Völker, den er am Tatabend im Zug sah, auf diesem Foto nicht. Es ist ein bezeichnendes Beispiel dafür, wie zufällig doch die Wahrnehmungen von Zeugen sind. Dann geschah aber das Kuriose: Bald darauf rief Reinhold mich an. Er hatte den vermeintlichen Ausländer aus dem Zug auf einem Foto erkannt. Dieses hing wegen eines ganz anderen Delikts in einem Raum des Sicherheitsdienstes aus und war schon zwei Jahre alt. Bei dem alten Foto war er sich hundertprozentig sicher, dass dieser Mann der Ausländer mit dem Fahrrad war.« Zoller präsentiert mir mehrere Aufnahmen des Verdächtigen. »Sieht er wie ein Ausländer aus? Wie ein Türke gar? Überhaupt nicht, trotz der schwarzen Haare.« Ich pflichte meinem Gegenüber bei.

Eines aber stand nun fest: Völker saß im Zug. Jetzt war der dringende Tatverdacht zu begründen. »Wir haben einen Beschluss zur Durchsuchung der Wohn- und Nebenräume beantragt und uns in seinem Haus umgesehen. Eine wahre Rumpelkammer. Man spürte sofort, dass Völker sich selbst vernachlässigte. Und dann waren alle Fenster mit Folien verklebt und nahezu alle Wände aufgestemmt worden. Wir waren also darauf vorbereitet, dass wir es mit einem seltsamen Menschen zu tun hatten. Bei einer Monate zurückliegenden Kontrolle war Völker nachts schlafend auf einem Bahnhof aufgefallen. Er sagte den Beamten damals, er müsse hier ›die Lage peilen‹ und ›Menschen beobachten‹«, schildert der Kriminalhauptkommissar.

In dem Haus fand sich erst einmal nichts, das direkt mit dem Tötungsverbrechen in Zusammenhang gebracht werden konnte. Dennoch waren die Mitarbeiter der Mordkommission überzeugt, dass Völker ihr Mann war. Wenige Stunden später lag auch das DNA-Treffer-Ergebnis vor. Im Dezember 2000 hatte er auf der Polizeistation Holzenau den Diebstahl seines Fernsehgerätes angezeigt und als »Beweis« die bei ihm verbliebene Fernbedienung abgegeben. Sie lag noch in der Asservatenkammer des Reviers, und von ihr konnten DNA-Spuren gesichert werden, die mit der Fremd-DNA unter den Fingernägeln des Opfers übereinstimmten. Damit war zu beweisen, dass Völker als Täter in Frage kam.

Und wieder konnte Johannes Völker nicht schlafen. Auch in das kleine Haus in dem tschechischen Erzgebirgsdorf, in Völkers letztes Refugium, war der Feind eingedrungen und manipulierte mit Strom und glühender Hitze. Es waren Stimmen zu hören und manchmal Gelächter. Der Befreiungsschlag im Zug hatte nichts bewirkt. Im Gegenteil, Völker bekam nun auch noch ein schlechtes Gewissen. Immer wieder fiel sein Blick auf den Zeitungsartikel. Einen unbescholtenen und überall sehr beliebten jungen Mann nannte man ihn, und obwohl er es besser wusste: Völker war sich durchaus im Klaren, dass er einen Mord begangen hatte. Die Tat war aber notwendig gewesen, das stand fest.

Doch Völker fühlte sich nicht mehr nur kontrolliert und verfolgt, sondern auch schuldig. Nicht nur die Manipulationen des Feindkommandos, auch seine Selbstvorwürfe raubten ihm den Schlaf. Auch wenn der junge Mann zu den Verfolgern gehört hatte, überkam Völker manchmal etwas wie Mitleid, gepaart mit Selbstmitleid. Und keine Botschaft des Weltforums erreichte ihn aus dem alten Rundfunkempfänger, einem Röhrengerät, das er auf dem Flohmarkt der nächsten größeren Stadt gekauft hatte. Völker ließ es immer eingeschaltet. Irgendwann musste man sich doch bei ihm melden. Er war nicht mehr in der Lage, auch nur ein paar Minuten im Sessel zu sitzen, sofort wurde ihm wieder heiß, und er sprang auf, um seine Wanderung fortzusetzen. Nichts half ihm, und er fühlte sich rettungslos verloren.
Dann endlich, am Morgen des 16. Januar, hörte er das atmosphärische Knistern im Radio. Erleichtert hockte er sich neben den Empfänger. Eine unterkühlte und monotone Stimme teilte ihm mit, dass man seine Tat im Weltforum debattiert hätte und zu dem Schluss gelangt sei, dass man sie nicht billigen könne. Es sei notwendig, dass er die Tat und ihre Beweggründe der Welt erkläre. Das müsse man von ihm verlangen, um das Forum nicht in Misskredit zu bringen, schließlich habe man eine Mission im Interesse der Allgemeinheit zu erfüllen.
Johannes Völker war über diese Anweisung unendlich froh. Er wusste nun, was er zu tun hatte, suchte nach Papier und Kugelschreiber und verfasste einen ausführlichen Brief. Während er den Brief schrieb, wurde er ruhiger. Sich der Welt zu erklären, war wirklich eine ausgezeichnete Idee.

Verena Gulbis ist seit neun Jahren Chefsekretärin in der Chemnitzer Redaktion einer großen Boulevardzeitung. Dieses Blatt hatte wohl am ausführlichsten über den Zugmord berichtet und unlängst in der Überschrift eines Artikels die Frage gestellt: »Wurde der Computer-Spezialist Bernd S. Opfer eines Wahnsinnigen?«

Am Morgen des 18. Januar 2001 war Frau Gulbis wie immer damit beschäftigt, die Eingangspost zu öffnen. Einen großen Stapel Briefe hatte sie an der Pforte in Empfang genommen, und einer weckte ihre besondere Aufmerksamkeit. Der braungraue Umschlag enthielt die korrekte Anschrift der Zeitung, aber keinen Absender. Abgestempelt war er in Tschechien.
Es war nicht der erste anonyme Brief, den sie in den Händen hielt. Immer wieder trafen solche Schreiben in der Redaktion ein. Manche enthielten Drohungen oder Beschimpfungen, andere Denunziationen. Veröffentlicht wurden sie in der Regel nicht.
Mit dem Brieföffner schlitzte Frau Gulbis das Kuvert auf und zog einen auf ein weißes Blatt geschriebenen Brief heraus. Sie überflog die ersten Sätze – und wurde blass.
»Tathergang«, war der Brief überschrieben. »Der Mann wurde von mir im letzten Waggon zwischen Silberberg und Wassermühle erstochen«, schrieb der anonyme Absender. »Tödlicher Stich nach einiger Gegenwehr ins Herz. Das Messer wischte ich an den Sitzen ab. Dann rannte ich zu meinem Fahrrad und stieg aus. Der Lokführer hat mich gesehen. Es war Nebel.«
Frau Gulbis hatte ein Tatgeständnis in den Händen! Sofort suchte sie den Redaktionsleiter auf. Der beschloss, den Brief zumindest in Auszügen zu veröffentlichen; eine solche Sensation konnte er sich nicht entgehen lassen. Aber er stellte das Schreiben auch umgehend der Kriminalpolizei zur Verfügung. Die Ermittler verglichen die Schrift mit Aufzeichnungen aus dem Tagebuch von Johannes Völker, das in seinem Haus sichergestellt worden war, und nun wussten Zoller und seine Mannschaft mit allerletzter Sicherheit: Völker war der Zugmörder. Ein internationaler Haftbefehl wurde erlassen.
Aber er war nach wie vor verschwunden.

»Völker selbst hat dann dafür gesorgt, dass wir ihn dingfest machen konnten«, berichtet mir Dietmar Zoller. »Der Mann brauchte Hilfe, eigentlich medizinische Hilfe, aber das hat er bis auf den heutigen Tag nicht eingesehen. Doch er ist auch kein eiskalter Mörder, und in Tschechien hat er sich schließlich an einen Rechtsanwalt gewandt. Mit welchen Erwartungen kann ich nicht genau sagen. Er hat von dem Mord berichtet und wollte irgendwie Schutz, Beistand, vielleicht auch nur einen juristischen Rat. Dem Anwalt ist es unter einem Vorwand gelungen, sein Sprechzimmer zu verlassen und die tschechische Polizei zu verständigen. Den Kollegen lag ja unser Internationaler Haftbefehl vor. Völker wurde noch in der Kanzlei festgenommen, und schon bei der ersten Vernehmung gestand er seine Tat. Ich glaube, er war froh, sich alles von der Seele reden zu können.«

Bereits an dem Tag, als die Nachricht von der Festnahme bei Kripo und Staatsanwaltschaft eintraf, stellte der zuständige Staatsanwalt ein Auslieferungsersuchen. Der tschechische Ermittlungsrichter genehmigte die Auslieferung, und wenige Tage später konnten Zoller und zwei seiner Mitarbeiter den Zugmörder an der Grenze in Empfang nehmen.

»Völker wirkte heruntergekommen und völlig am Ende«, erzählt mir Zoller. »Er war unrasiert, sein Gesicht war gedunsen, die Haare fettig. Man sah sofort, dass es sich um einen kranken Menschen handelte. Wir haben ihn in die Dienststelle gefahren und mehrere Stunden lang vernommen, und er hat sein Geständnis wiederholt. Dann brachten Kollegen ihn in die Landesklinik für Psychiatrie.«

Dietmar Zoller hat Völker noch mehrmals in der Klinik aufgesucht, um abschließende Fragen zu klären. Er hat sich mit einem Mitarbeiter auf den Weg nach Wismar gemacht, um mit Völkers Eltern zu sprechen, die zu ihrem Sohn seit Jahren keinen Kontakt mehr hatten. Zoller sprach mit dem Psychiater Doktor Arnim und studierte dessen Gutachten. Die Frage, warum Johannes Völker den ihm völlig unbekannten Bernd Suhr getötet hatte, ließ ihn nicht los.

»Der psychiatrische Gutachter diagnostizierte eine chronische paranoide Schizophrenie«, erklärt Zoller. »Bei manchen Menschen kommt diese Krankheit schubweise und klingt dann bis auf eine langwierige Depression wieder ab. Völker lebte permanent in einer Wahnwelt. Er hatte akustische Halluzinationen, hörte Stimmen, fühlte sich verfolgt. Er muss unter diesem Wahn fürchterlich gelitten haben, aber für ihn war das alles real. Deswegen ist er auch nie zu einem Arzt gegangen. Aus seiner Sicht war er nicht krank. Außerdem waren die Ärzte Teil der gegen ihn gerichteten Verschwörung.«

Da der Gutachter nach ausführlicher Untersuchung von Völker zu dem Schluss gelangt, dass der Zugmörder nicht schuldfähig ist, wird gegen ihn kein Strafverfahren eröffnet, sondern ein Sicherungsverfahren. Die Strafverfolgungskammer unter dem Vorsitz von Richter Markowski hat darüber zu befinden, was mit Johannes Völker geschehen soll. Daran, dass er eine Gefahr für andere Menschen darstellt, hat die Kammer keinen Zweifel, aber zugleich haben die Richter zu berücksichtigen, dass sie es mit einem schwer kranken Menschen zu tun haben, der für seine Tat nicht juristisch zur Verantwortung gezogen werden kann. Die Richter verfügen daher seine Einweisung in die geschlossene Psychiatrie auf unbestimmte Zeit.

»Einmal jährlich wird sich das Gericht mit der Frage befassen, ob sich sein Gesundheitszustand gebessert hat«, erläutert Dietmar Zoller die Folgen dieses Beschlusses. »Da bei Völker aber die Krankheitseinsicht fehlt, wird er wohl weiterhin jegliche Therapie verweigern. Der Spruch der Kammer kann also bedeuten, dass er bis ans Lebensende in der Psychiatrie bleiben muss. Es hilft ja nichts: Die Gesellschaft ist vor solchen Menschen zu schützen. Er hat einen anderen getötet. Trotz des schlechten Gewissens, das sich irgendwann bei ihm regte, hätte sich eine solche Tat jederzeit wiederholen können. Und das darf man einfach nicht zulassen.«

Lebenspläne

Die große Liebe sollte es sein, einmal möchte die junge Frau auf der Sonnenseite des Lebens stehen – die Ernüchterung folgt bald. Und die Erkenntnis, dass sie das Kind, das in ihrem Bauch wächst, nicht will ...

Schon lange »stinkt« es die Rentnerin Anneliese Voigt im wahrsten Sinne des Wortes an, dass die Mieter ihres Wohnblocks den Trockenraum als Abstellkammer zweckentfremden. Man kann eigentlich gar keine Wäsche mehr aufhängen; tut man es trotzdem, nimmt sie dabei einen muffigen Geruch an. Anneliese Voigt will dem nicht länger tatenlos zusehen. Die 70-Jährige ist im ganzen Haus als resolut bekannt – und gefürchtet.

An einem Novembertag entschließt sie sich, den Trockenraum zu entrümpeln. Sie zieht ihre Kittelschürze an, bindet ein Kopftuch um und steigt hinab in den Keller.

Kopfschüttelnd beginnt sie mit ihrer Arbeit. Manche Menschen sind wirklich liederlich: Leere Bier- und Weinflaschen, ölverschmierte Fahrradteile und zerfledderte Zeitschriften befördert Anneliese in den Müll. Nachdem sie sich durch den gröbsten Unrat gekämpft hat, wendet sie sich einem kleinen Schrank zu. Der sieht eigentlich noch ganz gut aus. Doch als Frau Voigt näher hinsieht, entdeckt sie, dass das Holz zerkratzt ist und die Messingbeschläge fehlen.

Die Rentnerin öffnet den Schrank und stößt auf einen blauen Müllbeutel, aus dem es nach Humus riecht. Mutterboden kann Anneliese immer gut gebrauchen, sie ist eine leidenschaftliche Balkongärtnerin. Rasch bringt sie den Schatz in ihre Wohnung im dritten Stock.

Nach getaner Arbeit kocht sie sich Kaffee. Sie genehmigt sich eine Tasse, bevor sie ihre Entdeckung in Augenschein

nimmt. Anneliese Voigt öffnet den Müllbeutel und findet, dass es nun gar nicht mehr nach Humus riecht. Irgendwelche schmutzigen Textilien befinden sich in dem Beutel, verklebt mit einer schwärzlichen Masse. Mutterboden ist das nicht.
Mit einem Aufschrei lässt Anneliese den Beutel fallen. Was sie da im Keller gefunden hat, ist die Leiche eines Babys! Anneliese Voigt atmet schwer und starrt den Müllsack an. Dann reißt sie die Balkontür auf, ergreift das widerwärtige Bündel mit spitzen Fingern, schleudert es auf den Balkon, schließt die Tür wieder. Ermattet lässt sie sich in den Sessel fallen. In der ganzen Wohnung scheint sich dieser erdige Verwesungsgeruch ausgebreitet zu haben, aber sie kann unmöglich lüften. Zu diesem Zweck müsste sie die Balkontür öffnen, und diese Tür öffnet sie nie mehr.
Nach einer Weile, Frau Voigt ist ein wenig ruhiger geworden, wird ihr klar, dass sie etwas unternehmen muss. Sie gießt sich sogar noch einen Kaffee ein, aber als sie die Tasse zum Mund hebt, scheint auch der Kaffee nach dem Inhalt des Müllbeutels zu riechen. Angewidert stellt Anneliese die Tasse auf den Unterteller zurück. Das Bündel muss aus der Wohnung, aus dem Haus.
Frau Voigt rafft sich auf. Sie streift sich wieder die Haushaltshandschuhe über, geht mit wackligen Beinen auf den Balkon, ergreift den Müllbeutel und verlässt die Wohnung. Auf jedes Geräusch achtend steigt sie die Treppe hinunter, den Lift mag sie nicht benutzen: Nicht auszudenken, wenn sich die Türen im Erdgeschoss öffnen und jemand steht davor und sieht sie an. »Wie eine Diebin!« denkt Anneliese, als sie, plötzlich sehr schwerfällig, Stufe für Stufe nimmt. »Als hätte ich etwas zu verbergen!«
Niemand begegnet ihr, weder auf der Treppe noch im Hauseingang. Frau Voigt bringt den Beutel mit dem grässlichen Inhalt rasch zu den Mülltonnen. So schnell, wie ihr möglich ist, kehrt sie danach in ihre Wohnung zurück. Erleichtert atmet sie auf, aber diese Erleichterung

währt nicht lange. Sie hat eine Babyleiche gefunden. Es geht doch nicht, diese einfach zum Müll zu schaffen! Das wird ihr klar, als ihr Verstand wieder einsetzt.
Anneliese Voigt hat selbst drei Kinder, die mittlerweile längst erwachsen sind und eigene Kinder haben. Kurzentschlossen geht sie zum Telefon und wählt den Polizeinotruf.

Wangern ist ein Ort, der außer einer waldreichen Umgebung und einer Kurklinik nicht viel zu bieten hat. Neben einer wenig einladenden Altstadt gibt es am Stadtrand das obligatorische Neubaugebiet aus DDR-Zeiten, und eine Polizeistation gibt es auch. Von dort macht sich am Mittwoch, dem 24. November 2004, gegen 16.00 Uhr ein Streifenwagen auf den Weg in die Dresdner Straße 12.
Das Haus ist ein langgestreckter neungeschossiger Wohnblock mit drei Eingängen, der die bewaldeten Hügel im Hintergrund zu überragen scheint. Vor jedem Eingang gibt es einen mit einer Mauer umfriedeten Bereich für die Mülltonnen, und vor dem Mitteleingang hat sich dort eine kleine Menschentraube gebildet. Den beiden Polizeibeamten wird sofort klar, dass die Anruferin, eine gewisse Anneliese Voigt, schon den halben Block in Aufruhr versetzt hat. Die Menschen treten ein paar Schritte zurück, als die Polizisten aussteigen, und geben damit den Blick frei auf eine alte, nicht sehr große, aber sehr aufrecht wirkende Frau mit etwas zerknittertem Haar.
»Sie sind Frau Voigt und haben uns gerufen?« fragt Hauptwachtmeister Thiele.
Die alte Dame nickt. Dann deutet sie zu den Mülltonnen und sagt: »Als ich heute im Keller aufgeräumt habe ... Der blaue Müllsack da ... da ist was drin!«
Vorsichtig schaut Thiele im Müllbeutel nach. Er enthält genau das, was die Frau bereits bei ihrem Anruf mitgeteilt hat: die mumifizierten Überreste eines Säuglings. Man erkennt es erst auf den zweiten Blick, aber dann gibt es keinen Zweifel.
Der Hauptwachtmeister kehrt zum Wagen zurück und

verständigt die Zentrale. Dann sperren er und sein Kollege die Örtlichkeiten mit rot-weißem Flatterband ab.
Für Tötungsverbrechen in Wangern ist die Mordkommission Dresden zuständig, die auch sofort ausrückt. Mit dabei ist Hauptkommissar Frank Engel, der mich Jahre später zu einem Gespräch in seinem Dienstzimmer am Dresdner Carolaplatz empfängt. Seit beinahe fünfundzwanzig Jahren arbeitet er nun schon bei der Kripo, die längste Zeit davon als Mordermittler. Vor ihm türmt sich ein Aktenberg, und er klopft auf die oberste Mappe.
»Frau Voigt war die erste und wichtigste Zeugin. Während die Kriminaltechniker im Trockenraum und auch bei den Mülltonnen nach Spuren suchten und der Rechtsmediziner eine erste Leichenschau vornahm, wurde Frau Voigt ausgiebig vernommen. Hauptkommissar Engel schaute sich dann in dem Wohnblock um und stellte fest, dass alle drei Häuser durch den Kellergang miteinander verbunden sind, der Trockenraum also von jedem Bewohner des Häuserensembles erreicht werden konnte. Die Mieter wurden natürlich alle befragt, das gehört zur Routine, auch wenn noch nicht feststeht, ob es sich um eine Tötung oder eine Totgeburt handelt.«
»Bei unserem ersten Angriff haben wir ein totes Neugeborenes im Zustand starker Verwesung vorgefunden«, berichtet mir Hauptkommissar Engel. »Die Leiche war verpackt in einem textilen Material, das war schon bei der ersten Inaugenscheinnahme festzustellen. Beim Auspacken wurde festgestellt, dass es drei Berufskittel waren, die als Leichenverpackung Verwendung fanden. Das war schon mal eine erste Spur.«

Frühjahr 2003. Ilona Nebel gönnt sich zum ersten Mal seit langem wieder einen Urlaub. In einer Zeitung ist sie auf die Anzeige eines Reiseveranstalters aufmerksam geworden, der günstige Vorsaisonreisen an die Türkische Riviera anbietet, zwei Wochen in einer Viersterne-Hotelanlage mit Pool und Vollpension für wenig Geld. Ilona ist 27, hat eine 8-jährige Tochter von deren Vater sie sich kurz nach der

Geburt getrennt hat, und weil sie schon lange arbeitslos ist, wohnt sie wieder bei ihrer Mutter. Auch Renate Nebel ist von der Reiseofferte angetan, und Tochter Carla ist geradezu begeistert. Unverzüglich wird die Reise gebucht, und an einem kalten Tag Ende März fliegen die Drei in den sonnigen Süden.

Leider hält der Veranstalter kaum eines seiner Versprechen, aber wenigstens das mit der Vollpension. »In der Nähe von Antalya«, das bedeutet eine fast neunzigminütige Busfahrt vom Flughafen in ein Nest namens Colakli, im Pool ist noch gar kein Wasser, und das Meer ist zwar wirklich nur zweihundert Meter entfernt, aber damit ist die Luftlinie gemeint. Will man den Strand erreichen, muss man zunächst einen riesigen Militärkomplex umrunden. Aus den Fenstern der Kasernen rufen die jungen Soldaten den blonden Frauen bei jedem Spaziergang etwas Unverständliches, aber bestimmt Anzügliches hinterher. Ilonas Mutter ist daher ziemlich ungehalten, doch Ilona lässt sich den Urlaub nicht madig machen. Noch nie war sie am Mittelmeer. Während Renate Nebel in der Hotelanlage zurückbleibt, unternimmt sie oft lange Wanderungen am Strand. Carla begleitet sie, und der Kleinen sind vollmundige Ankündigungen in Prospekten vollkommen gleichgültig; sie findet die Türkei einfach »megacool«.

Bei einem dieser Spaziergänge treffen Ilona und ihre Tochter auf Orhan.

Am 25. November 2004 wird der tote Säugling aus Wangern im Gerichtsmedizinischen Institut Dresden obduziert. Die beiden Rechtsmediziner, die die Sektion vornehmen, kommen zu dem Schluss, dass es sich bei dem Kind um ein reifes, lebensfähiges weibliches Neugeborenes handelt, an dem sich noch die Nabelschnur mit Resten der Plazenta befindet; der Mutterkuchen ist fäulnisbedingt geschrumpft. Das Kind ist nicht abgenabelt und auch nicht weiter versorgt worden – das steht eindeutig fest. Die Todesursache kann aber aufgrund des Zustandes der kleinen

Leiche nicht mehr festgestellt werden. Niemand vermag zu sagen, ob das Kind lebte, als es zur Welt gebracht wurde, ob es gestorben ist, weil es nicht versorgt wurde, oder ob es eine Totgeburt war.
Aus dem Muskelgewebe kann immerhin Material für eine erfolgreiche DNA-Bestimmung gewonnen werden, was der Kripo immer einen hervorragenden Ermittlungsansatz bietet. Und da ein Tötungsverbrechen zumindest nicht ausgeschlossen werden kann, bleibt die Mordkommission Dresden am Ball.
»Wir hatten jetzt zwei Ermittlungsansätze«, erklärt Frank Engel, »die Berufskittel und die DNA des Kindes. Damit verfügten wir über ein Ausschließungskriterium, um mit einer Vergleichsprobe die Kindesmutter identifizieren zu können.«
Die Kriminalisten konzentrierten ihre Ermittlungen von Anfang an auf den Wohnblock Dresdner Straße. Sie konnten davon ausgehen, dass es nicht sehr wahrscheinlich war, dass ein Ortsfremder den toten Säugling im Trockenraum versteckt hatte. Mit Speichelproben hofften sie, den Eltern oder wenigstens der Mutter auf die Spur zu kommen. Zuerst einmal mussten sie den Personenkreis eingrenzen, der für diese Probe unbedingt herangezogen werden sollte. Da die Rechtsmediziner die Liegezeit der kleinen Leiche nicht genau bestimmen konnten und daher einen weiten Zeitraum von mehreren Wochen bis zu einigen Monaten annahmen, wollten die Ermittler um Frank Engel auch alle Frauen einbeziehen, die in der fraglichen Zeit aus der Dresdner Straße fortgezogen waren.
»Uns interessierten alle gebärfähigen Frauen im Alter von vierzehn bis fünfzig Jahren«, berichtet mir Engel, der nicht einmal in die Akten schauen muss, so gut erinnert er sich an den Fall. »Manchmal wird der Kreis auch um ältere Jahrgänge erweitert, aber das konnten wir je nach Ergebnis immer noch tun.«
Die Abgabe der Speichelprobe war freiwillig. Aushänge in allen drei Aufgängen informierten die Mieterinnen darüber, was die Ermittler planten und zu welchen Zeiten Mit-

arbeiter der Schutz- und der Kriminalpolizei durch die Häuser gehen würden. Alle angetroffenen Frauen erwiesen sich als kooperativ – im Trockenkeller war ein totes Baby gefunden worden, da verstand es sich für sie von selbst, dass sie bei diesem Test mitwirkten. Nachdem jede der Frauen über die rechtlichen Konsequenzen der Speichelprobe aufgeklärt und noch einmal auf die Freiwilligkeit hingewiesen worden war, konnte es also losgehen.

Am Strand von Colakli standen beinahe unendlich lange Reihen von weißen Liegen, auf denen sich Ende März aber kaum jemand sonnte. Orhan, ein 23-jähriger schlanker Türke, saß auf einer der Strandliegen. Als er Ilona Nebel mit ihrer Tochter nahe am Wasser entlangschlendern sah, sprang er auf und ging lächelnd auf sie zu.
»Ihr seid aus Deutschland?« fragte er sofort.
Ilona fiel aus allen Wolken und war zunächst sprachlos, bevor ihr bewusst wurde, dass die Türkische Riviera von deutschen Urlaubern dominiert wurde und beinahe jeder Einheimische die Sprache der Gäste beherrschte. Allerdings machte sie nicht nur sein gutes Deutsch sprachlos, sondern auch der Blick aus seinen großen braunen Augen, die sie keinen Moment losließen.
»Ja, aus Dresden«, erwiderte Ilona. Das entsprach zwar nicht der Wahrheit, aber sie nahm an, dass er Wangern nicht kennen würde, und wollte langatmige Erklärungen vermeiden. Dresden kannte er jedenfalls und nannte es eine sehr schöne Stadt. Und Ilona nannte er eine sehr schöne Frau, Carla ein ausgesprochen hübsches, wohlerzogenes Mädel.
»Soll ich euch die Ruinen von Side zeigen?« wollte der junge Türke mit dem kräftigen, dunklen Haar wissen. »Ich fahre euch mit meinem Wagen hin.«
Ilona nickte nur wortlos. Seit der Trennung von Carlas Vater hatte es in ihrem Leben keinen Mann mehr gegeben, und Orhan, wie er sich schließlich vorstellte, war wirklich äußerst charmant. So fuhr er Mutter und Tochter also nach Side, zeigte ihnen die antike Ruinenstätte und

redete fast ununterbrochen, allerdings nicht über Geschichte, sondern über sich. Das tat er aber nicht etwa aus Eitelkeit, er hatte einfach viel zu erzählen, und Ilona war fasziniert. Carla übrigens auch. Vielleicht von dem Mann, auf jeden Fall aber von dem Eis und den kandierten Nüssen, die er ihr kaufte.

Orhan stammte aus einer wohlhabenden Familie in Istanbul. Nach Colakli hatte es ihn verschlagen, weil hier Verwandte von ihm lebten. (Oder Bekannte? Freunde? Geschäftspartner? Ilona schwirrte der Kopf.) Er würde bald nach Istanbul zurückkehren müssen, eigentlich sofort, aber für Ilona und ihr reizendes Töchterchen würde er einen Tag länger bleiben.

»Vielleicht wollt ihr noch etwas anderes sehen?« fragte er sie. »Die Festung von Alanya? Den Taurus? Oder Istanbul? Kommt doch mit. Meine Eltern haben dort eine Villa, da ist genug Platz.«

Ja, Ilona hätte all das gern gesehen. Sie wäre auch gern mit nach Istanbul gekommen, die Stadt auf zwei Kontinenten, von der man so viel Aufregendes hörte. Die junge Mutter aus Wangern war bezaubert von dem Mann, der sie mit Komplimenten überhäufte. Alles an ihm, seine Sprechweise, seine Bewegungen, seine Gesten und seine Blicke wirkten so leidenschaftlich, ganz anders als bei den kühlen deutschen Männern.

Doch Ilona wusste, dass sie nicht einfach die Koffer packen, die Hotelanlage verlassen und Orhan folgen konnte. Ihre Mutter wäre entsetzt; davon einmal abgesehen, dass sie auf einer Liste des Reiseveranstalters stand und es bestimmt enorme Schwierigkeiten geben würde, wenn sie am Abreisetag nicht in den Bus zum Flughafen stieg. Der Gedanke, ihr eher tristes Leben in Wangern hinter sich zu lassen und in einer exotischen Riesenstadt neu anzufangen, hatte natürlich etwas Verführerisches, ebenso wie er beängstigend war. Sie beherrschte die Sprache nicht. Carla musste zur Schule gehen. Die Tochter hatte ihre Freundinnen in Wangern. Es war eine Menge zu bedenken.

»Wann fliegt ihr denn zurück?« fragte Orhan. Er schien sehr enttäuscht zu sein.
»In drei Tagen«, antwortete Carla an Ilonas statt.
»Dann bleibe ich solange, bis ihr abreist«, versprach Orhan. Ilona war überglücklich.

Die Polizeibeamten haben im Wohnblock Dresdner Straße fast alle Speichelproben eingeholt. Mehrere Tage haben sie dafür gebraucht, denn vor allem Frauen, die berufstätig sind, wurden nicht immer zu den vorgegebenen Zeiten angetroffen. Am frühen Abend des 5. Dezember 2004 stehen noch zwei Wohnungen auf dem Programm.
Polizeimeisterin Striglitz und Polizeiobermeister Carsten läuten kurz nach 17.00 Uhr an Wohnung 05.01, zum zweiten Mal an diesem Tag. Auf dem Messingschild neben der Klingel steht der Name: R. Nebel. Darunter klebt ein von Hand geschriebener und mit Tesafilm befestigter Zettel mit der Aufschrift: Ilona & Carla. Und auf der Fußmatte steht ein Kinderstiefel, der die Beamten zum Lächeln bringt: Es ist ein blankgeputzter Stiefel für den Nikolaus. Als Striglitz und Carsten gegen vier zum ersten Mal hier geläutet haben, waren nur die Tochter der Wohnungsinhaberin und deren Freund anwesend, Renate Nebel aber noch nicht. Die Tochter bat die Polizisten, zu einem späteren Zeitpunkt noch einmal wiederzukommen, dann wäre auch die Mutter da. Und so war es dann auch: Jetzt konnten die Beamten sowohl der Mutter als auch der Tochter eine Speichelprobe abnehmen.
Die Polizisten erklären das Prozedere, dann streifen sie sich Handschuhe über und reichen den beiden Frauen die Röhrchen mit dem Wattebausch. Renate und Ilona werden aufgefordert, mit dem Wattebausch links und rechts an der Mundinnenseite entlangzufahren, um Zellen von der Mundschleimhaut abzuheben. Dass die Frauen es selbst tun sollen, dient ebenso wie die Handschuhe der Beamten dem Ziel, eine Verunreinigung der Probe zu verhindern: Schon eine Schleimhautzelle allein kann das ganze Ergebnis verfälschen.

Doch alles verläuft unter den aufmerksamen Blicken der Beamten und auch des Freundes von Ilona. Die Polizisten beschriften die Röhrchen, stecken sie in ihren Aktenkoffer, wünschen einen guten Abend und verlassen die Wohnung. Etwa eine halbe Stunde später sind sie auch in der Wohnung 07.02. mit der Arbeit fertig. Alle Speichelproben liegen nun vor. Im Rechtsmedizinischen Institut kann die Auswertung des Tests beginnen.

Ein solcher Test nimmt einige Zeit in Anspruch. Indessen gehen die Ermittlungen weiter.

»Wir hatten umfangreiche Parallelermittlungen wegen der drei Berufskittel eingeleitet, die als Leichenverpackung dienten«, erklärt mir Frank Engel. »Bei diesen Leinenkitteln handelte es sich eindeutig um Frauenbekleidung. Sie waren ursprünglich weiß gewesen und gehörten in den medizinischen Bereich. Die Knöpfe wiesen einen starken Abschliff auf, waren also vermutlich sehr häufig in einer Maschine gewaschen worden. Das Auffälligste an ihnen waren jedoch die handgestickten Initialen auf der Brusttasche, zwei Buchstaben und eine römische Ziffer. Von den Buchstaben nahmen wir an, dass es sich um die Abkürzung eines Namens handeln könnte, bei der Ziffer vielleicht um eine Abteilung, eine Station oder einen bestimmten Bereich. Damit hatten wir eine Menge Material in der Hand.«

Trotzdem brauchte es längere Zeit, bis die Ermittler schließlich die Herkunft der Kittel klären konnten. Sie suchten die Kurklinik und das Krankenhaus in Wangern auf, ebenso alle Krankenhäuser, Pflegeheime und ähnlichen Einrichtungen in der weiteren Umgebung. Etwa zeitgleich folgten zwei Frauen aus Wangern dem Zeugenaufruf der Polizei und berichteten übereinstimmend, bei einer weitläufigen Bekannten Anzeichen einer Schwangerschaft bemerkt zu haben. Als man sie darauf angesprochen habe, habe sie diese aber heftigst verneint. Der Name der Frau: Ilona Nebel. Ihr erlernter Beruf: Krankenschwester.

»Als wir dann auch noch erfuhren, dass sie in der Dresdner Straße 12 wohnt, schrillten die Alarmglocken«, sagt Engel. Der Mann von der Mordkommission schlägt nun doch einen Band der umfangreichen Akte auf. »Der erste Hinweis kam am 9.12., der zweite vier Tage später. Wir benutzten sie aber nicht gleich, wollten erst das Ergebnis der DNA-Analyse abwarten und natürlich auch sehen, was unsere Suche nach der Herkunft der Kittel erbrachte.«

Der 15. Dezember 2004 war ein Montag. Der Kriminalkommissar Hajo Ludwig war mit einem Beamten der Schutzpolizei Wangern auf dem Weg zur Salute-Klinik in Annendorf, einer 500-Seelen-Gemeinde sechzig Kilometer südöstlich von Wangern. Obwohl der Ort so klein ist, gab es tatsächlich so etwas wie einen Weihnachtsmarkt auf dem Dorfplatz neben der Kirche.

Die Salute-Klinik hat sich auf die Behandlung von Lungenkrankheiten spezialisiert und befindet sich außerhalb des Ortes in einem Wald. Die Klinik, die es schon seit vielen Jahrzehnten gibt, gliederte sich in drei Abteilungen, die die römischen Ziffern I, II und III trugen. Da in die Kittel neben den Buchstaben HS eine III eingestickt worden war, begannen Ludwig und sein Begleiter in Abteilung III. Sie legten Fotos von den Kitteln und eine Vergrößerung der Stickerei allen Mitarbeitern der Station vor – und trafen ins Schwarze. Die Oberschwester, Hanka Szymanski, eine Frau von fast sechzig Jahren, erkannte die Stickerei als ihre Arbeit.

Vor fünf Jahren, als die Salute-Gruppe die Klinik übernommen hatte, war auch eine neue Arbeitsbekleidung mit dem Logo der Firma eingeführt worden, und die Oberschwester hatte die alten Kittel weggegeben; sie erinnerte sich allerdings nicht mehr, an wen.

»Wir haben sofort Personalermittlungen eingeleitet.« Frank Engel lehnt sich zurück und verschränkt die Arme vor der Brust. »Die Frage schien ganz einfach zu sein: Wer hat vor zirka fünf Jahren in der Klinik gearbeitet? Eine Antwort erhielten wir erst im neuen Jahr.«

Renate Nebel musste ihrer Tochter jedes Wort aus der Nase ziehen, aber dann schlug sie die Hände über dem Kopf zusammen: Ihre Tochter hatte sich verliebt. Natürlich, Ilona war erwachsen und konnte mit ihrem Leben machen, was sie wollte, aber auf Carla sollte sie doch Rücksicht nehmen. Wenn sie sich wenigstens in einen Deutschen verliebt hätte. Aber nein, es musste ausgerechnet ein Türke sein, noch dazu einer aus Istanbul, der vier Jahre jünger war als sie. Da stimmte doch etwas nicht.
»Du bist doch nur neidisch«, warf Ilona ihrer Mutter, die auch seit Jahren ohne Mann lebte, an den Kopf. Renate fühlte sich getroffen, aber sie wollte auf diesem Niveau nicht weiterdiskutieren.
»Und was soll daraus werden?« fragte sie ruhig. »Wie stellst du dir das vor? Willst du zu ihm nach Istanbul ziehen? Was wird dann aus Carla?«
»Sie kann mitkommen, meint Orhan.«
»Ja, natürlich.« Renate Nebel machte eine wegwerfende Handbewegung. »Was Orhan meint, ist Gesetz. Orhan vorn, Orhan hinten, Orhan oben und unten! Ihr sprecht doch kein Wort Türkisch. Wie soll Carla denn da zur Schule gehen?«
Auch Ilona hatte sich das längst gefragt, schon vor drei Wochen, als sie noch im Urlaub waren. Sie wollte auch nichts überstürzen, aber sie war nun einmal verliebt, und das war ihr seit Ewigkeiten nicht mehr passiert. Außerdem hatte sie hier in Wangern keine Perspektive. Seit fast sechs Jahren war sie ohne Arbeit. In der Türkei würde sie von vorn beginnen können. Und wenn ihr das nicht auf Anhieb gelang, Orhans Familie hatte Geld, wie er immer wieder betonte. Sie würde auch für Ilona und Clara sorgen können. Ilona wollte den Gültekins keineswegs auf der Tasche liegen, sie brauchte nur Hilfe für die Übergangszeit. Irgendwann würde sie schon auf eigenen Beinen stehen: Orhan hatte ihr erklärt, dass gut ausgebildete Krankenschwestern in der Türkei dringend gebraucht würden.
»Orhan weiß auch eine Lösung für Carla«, hielt sie ihrer Mutter entgegen.

Die wusste er tatsächlich. Ende April flog Ilona Nebel wieder in die Türkei und ließ Carla in der Obhut der Großmutter. Vorerst. Wenn alles geklärt war, konnte sie ja nachkommen.

Orhan war charmant wie immer. Er verwöhnte sie, lud sie zum Essen ein, bestand darauf, dass er die Rechnungen beglich. Nur einmal erlaubte er ihr, Geld am Automaten zu ziehen, weil sie sich im Großen Basar etwas kaufen wollte. Das war aber das einzige Mal, ansonsten bezahlte er.

Eines Tages bat er sie, ihn vom Tor der Marmara-Universität abzuholen, wo er Betriebswirtschaft studierte. Gemeinsam schlenderten sie durch die Stadt, gingen dann zu dem kleinen Familienhotel, in dem Ilona untergekommen war. Orhan tuschelte kurz mit dem Mann am Empfangstresen, dann kam er mit einem strahlenden Lächeln auf sie zu.

»Ich kann mit auf dein Zimmer kommen«, hauchte er ihr zärtlich ins Ohr. Ilona hatte sich nichts sehnlicher gewünscht.

Das frischverliebte Paar schmiedete große Pläne. Orhan bat Ilona inständig, ihn zu heiraten und mit Clara in die Villa der Eltern zu ziehen. Der Schulbesuch sei kein Problem, es gäbe eine deutsche Schule, wo sie auch Türkisch lernen könne. Und Arbeit? Orhan lachte. Ilona müsse nicht arbeiten und würde trotzdem immer genug Geld haben.

Sie erbat sich Bedenkzeit und flog zurück nach Deutschland, wo ihre Mutter ihr unüberlegte Schritte auszureden versuchte. Insgeheim hatte sich Ilona jedoch längst entschieden. Dann erhielt sie einen Anruf aus der Türkei.

Orhans Stimme klang ganz anders als sonst, kleinlaut, ja fast ängstlich. Er werde erpresst, klagte Orhan, weil er nicht beim Militär gewesen sei. Alles sei ganz schrecklich, und wenn er den Erpressern nicht sofort 3000 Euro zahle, dann würde man ihm etwas antun.

Der junge Mann hatte leichtes Spiel mit Ilona, er musste nur noch seine Kontonummer durchgeben. Ilona fragte sich nicht einmal, warum nicht seine reiche Familie für diese Lappalie aufkam, sondern überwies anstandslos den Betrag, der für sie keine Kleinigkeit war.

Im Mai stellte sie dann fest, dass ihre Regelblutung ausblieb.

Hauptkommissar Engel verbrachte den Jahreswechsel 2004/2005 mit seiner Familie im Riesengebirge. Am 2. Januar erschien er erholt wieder zum Dienst am Carolaplatz. Kurz nach zehn wurde ihm eine Besucherin gemeldet, eine Hanka Szymanski aus Annendorf. Frank Engel holte sie höchstpersönlich von der Pforte ab. Er spürte, dass die Lösung im Fall Wangern unmittelbar bevorstand.
»Der Frau war etwas Entscheidendes eingefallen«, erzählt er mir. »Sie erinnerte sich an eine junge Krankenschwester, die 2003 für kurze Zeit auf ihrer Station gearbeitet und die möglicherweise die Kittel mitgenommen hatte. Der Job war ihr als eine Art Praktikum vom Arbeitsamt vermittelt worden – deshalb erschien sie auch nicht in den Personalakten. Ich fuhr sofort mit Frau Szymanski raus nach Annendorf. Es ist erstaunlich, wie lange manche Krankenhäuser ihre alten Dienstpläne aufbewahren. Und da fanden wir sie dann: Ilona Nebel.«
In rascher Folge kam nun ein Mosaikstein zum anderen. Die Rechtsmediziner legten ihre DNA-Gutachten vor, und es gab einen Treffer.
Da DNA-Proben anonymisiert zur Untersuchung eingereicht werden, erhielt Frank Engel nur ein Kürzel: Vergleichsmaterial VM 17 bewies ein verwandtschaftliches Verhältnis zwischen der Frau, die Probe 17 abgegeben hatte, und dem toten Mädchen. Engel musste nur in seinen Unterlagen nachsehen, um VM 17 zu identifizieren. Er rechnete fest damit, auf Ilona Nebel zu stoßen, aber er irrte sich.
Probe 17 stammte von Ilonas Mutter.
»Das war schon ein Schock«, räumt mein Gegenüber ein. »Renate Nebel war zweifelsfrei mit dem Opfer verwandt. Ich schaute mir dann die Ergebnisse von VM 18 an, also von Ilona. Die hatte ein vollkommen anderes DNA-Muster. Das konnte eigentlich nur bedeuten, dass Ilona eine angenommene Tochter war. Nun geriet Renate

Nebel in Verdacht, aber da einiges gegen Ilona sprach, gab ich noch mal eine gründlichere DNA-Analyse in Auftrag. Und nun wird es ganz verrückt: Probe 18 stammte von einem Mann.«

»Wie kann das sein?« möchte ich wissen, ebenso überrascht, wie Frank Engel es vor Jahren gewesen sein muss.

»Das haben wir uns auch gefragt. Hatten die beiden Beamten gepfuscht? Oder war die Probe manipuliert worden? Striglitz und Carsten waren aber nicht nur überzeugt, eine große äußere Ähnlichkeit zwischen Mutter und Tochter Nebel bemerkt zu haben, sie gaben auch vor, sauber gearbeitet zu haben. Allerdings berichteten sie uns auch, dass der Freund der jungen Nebel beim Erheben der Probe anwesend war, wovon wir vorher nichts wussten. Es hätte ja auch keine Rolle gespielt, aber jetzt spielte es eine. Wir luden also Ilona und den Freund zur zeugenschaftlichen Vernehmung vor und vernahmen sie getrennt.«

Während Kommissar Schütze sich mit dem 25-jährigen Mario Kulik befasste, war das zweite Vernehmungszimmer für Hauptkommissar Engel, einen weiteren Beamten und Ilona Nebel reserviert. Über mehrere Stunden ging es hin und her, aber schließlich sagten Mario und Ilona übereinstimmend aus, dass sie vor Abgabe der Speichelprobe noch einen intensiven Zungenkuss ausgetauscht hätten.

»Haben Sie das geglaubt?« frage ich.

»Ehrlich gesagt, nein. Aber wir haben die Zungenkussgeschichte erst einmal hintangestellt. Ilona Nebel war auf jeden Fall tatverdächtig, also hat der Ermittlungsrichter eine Blutprobe angeordnet. Damit hatte sie keine Chance mehr.«

Noch ein drittes Mal flog Ilona Nebel nach Istanbul, um die letzten Dinge für ihre Übersiedlung zu klären. Orhan holte sie am Atatürk International Airport ab, dankte ihr wort- und gestenreich für ihre finanzielle Hilfe und versprach, sie umgehend zurückzuzahlen. Über die Erpressung selbst wollte er nicht reden. Wieder stieg Ilona in dem familiengeführten Hotel in Eminönü ab, doch diesmal gab es ein Problem: Als der Mann am Empfang ihre Kreditkarte durch den Kartenleser zog, erhielt er eine negative Rückmeldung. Orhan aber beruhigte sie: Solche technischen Schwierigkeiten gäbe es in der Türkei öfter. Großzügig bezahlte er das Zimmerchen, und dann war alles wie immer. Manchmal holte Ilona ihn von der Uni ab, sie bummelten durch die Gassen diesseits und jenseits des Goldenen Horns, Orhan lud sie zum Essen ein oder in eine der angesagten Glitzerdiskotheken irgendwo in den schicken Vierteln der Bosporusstadt. In seiner Nähe fühlte sich Ilona jung, und sie war glücklich.

Endlich aber wollte sie ihre künftigen Schwiegereltern kennenlernen, und die große Villa natürlich auch. Dort dann, auf der Terrasse mit Meerblick, würde sie Orhan sagen, dass sie ein Kind von ihm erwarte. Und dass sie ihn heiraten wolle, mit allen Konsequenzen.

Orhans Miene wurde jedoch jedes Mal finster, wenn sie ihn um diesen Besuch bat. Er suchte Ausflüchte: Einmal war sein Vater erkrankt und bedurfte der Ruhe, einmal war das Haus voller Gäste, dann wieder wurde es gerade renoviert. Schließlich hielt Ilona es nicht länger aus. Bei einem Abendessen berichtete sie von ihrer Schwangerschaft.

Und dann ging alles plötzlich sehr rasch. Orhan, der immer wieder versicherte, dass er sich wie wahnsinnig auf das Kind - sein Kind - freue, holte sie vom Hotel mit seinem neuen Wagen ab. Es ging durch endlose Vorstädte, dann sogar ein Stück über Land, um am Ende wieder in einer tristen Vorstadt zu landen. Die Häuser sahen alle aus, als seien sie ohne Baugenehmigung errichtet worden und würden jeden Augenblick wie Kartenhäuser zusammenstürzen. Ilona stockte der Atem: Hier sollte es eine Villa mit zehn Zimmern geben, direkt am Meer gelegen und mit einem Grundstück, so groß wie ein Sportplatz? Hier gab es nichts dergleichen, sondern nur Armut, Schmutz, Bauschutt. Kein Grün, nicht einmal richtige Straßen und vor allem: kein Meer.

Die junge Frau, die all ihre Hoffnungen an Orhan geknüpft hatte, war den Tränen nahe, als er sie in eines dieser fürchterlichen Häuser bat. Sie schluckte heftig, als sie die Enge bemerkte, in der seine Eltern mit vier jüngeren Geschwistern lebten. Es waren keine unfreundlichen Leute, das nicht, aber sie begriffen nicht im Geringsten, was Ilona hier eigentlich wollte. Natürlich waren sie gastfreundlich, denn das verlangen Tradition und Kultur. Orhans Mutter kochte sogar ein Essen.

Bei der Mahlzeit, die Ilona, Orhans Mutter und zwei der jüngeren Schwestern getrennt von den Männern einnahmen, wurde kein Wort gesprochen. Ab und zu warf die Mutter Ilona einen verstohlenen Blick zu, und Ilona fragte sich, ob sie eigentlich wusste, dass ihr die zukünftige Schwiegertochter gegenübersaß.

Auch die endlose Rückfahrt in die Altstadt von Istanbul verlief schweigend; der sonst so redselige Orhan schaute angestrengt geradeaus, Ilona zerbiss sich die Lippen. Sie wollte ihn zur Rede stellen, aber irgendwie wagte sie es nicht. Als er vor dem Hotel beinahe schüchtern fragte, ob er mit aufs Zimmer kommen könne, willigte sie zu ihrer eigenen Überraschung ein. Aber sie liebte ihn – trotz seiner Lügen, für die sie schon nach Erklärungen, ja nach Entschuldigungen suchte: Vielleicht war ihm die Armut seiner Familie einfach peinlich gewesen, also hatte er Reichtum und Villa erfunden.

Im Halbschlaf bemerkte Ilona, dass Orhan sich aus dem Zimmer stahl. Bevor sie ihn ansprechen konnte, war er fort. Irritiert fragte sie sich, was das nun wieder zu bedeuten habe, aber keine Viertelstunde später war er zurück und lächelte charmant wie eh und je. Er habe doch dem Mann am Empfang noch etwas zustecken müssen, raunte er ihr zu.

Am nächsten Morgen ging Orhan wie gewohnt zur Uni. Ilona befand sich gerade im Bad, als an die Zimmertür geklopft wurde. Sie warf sich einen Bademantel über und öffnete. Vor ihr stand der etwas blasse Rezeptionist und deutete auf drei Männer in seinem Rücken. Zwei dieser

Männer trugen marineblaue Uniformen mit der Aufschrift Polis auf der Brust, der dritte war ein Zivilist. Er ließ Ilona über den Rezeptionisten, der Deutsch sprach, bestellen, sie möge sich ankleiden und folgen. Ilona verstand überhaupt nicht, was vorging. Erst auf dem Kommissariat wurde es ihr auf grausame Weise klargemacht.

Der Zivilist, ein Offizier der Kriminalpolizei, wie sich herausstellte, führte Ilona in einen äußerst nüchternen kleinen Raum, dessen einziger Schmuck ein Bild von Kemal Atatürk war. Eine Dolmetscherin kam hinzu, und Ilona wurde zu Orhan befragt. Alles wollte der türkische Kriminalist wissen: Wo sie sich kennengelernt hätten? Was sie gemeinsam unternommen hätten? Was Orhan ihr erzählt hätte?

Irgendwann wagte Ilona die vorsichtige Frage, warum der Beamte sich dafür so sehr interessiere. Man habe Orhan nach dem Verlassen des Hotels festgenommen, wurde ihr erklärt. Er sei ein seit langem gesuchter Dieb, Hochstapler und Betrüger, gegen den drei Haftbefehle vorlägen.

Nach zwei Stunden war Ilona entlassen. Der Polizeioffizier bedachte sie zum Abschied noch mit einem mitleidigen Blick, den sie lange nicht vergessen konnte.

Tränenblind flog Ilona Nebel nach Hause zurück, zurück ins heimatliche Wangern. Nicht nur ihr Traum war zerbrochen, sondern Ilona selbst.

Daheim erwartete sie ein Brief ihrer Bank. In diesem Brief bat man sie, wegen der Überziehung ihres Kontos umgehend in der kontoführenden Filiale vorzusprechen. Ilona wurde es schwarz vor Augen. Plötzlich begriff sie alles. Deshalb also hatte Orhan ihr einmal erlaubt, vor dem Einkauf im Großen Basar Geld abzuheben; er hatte dabei die Bewegung ihrer Finger auf dem Tastenfeld beobachtet. Nachdem er mit ihr geschlafen hatte, hatte er die Karte an sich genommen und sich am Geldautomaten von ihrem Konto bedient, mehr als einmal, wie sie in der Bank erfuhr, wo man ihr vorwarf, leichtfertig mit der PIN umgegangen zu sein. Ihre gesamten Ersparnisse ihn Höhe von 6000 Euro hatte er abgehoben, dazu das Konto um weitere 2500

Euro überzogen, bis auch der Dispo ausgeschöpft war – um sie dann von ihrem eigenen Geld einzuladen. Ilona Nebel hatte nicht nur kein Geld mehr, sie hatte Schulden. Und im Leib trug sie Orhans Kind.

Die Blutprobe war eindeutig. Ilona Nebel war die Mutter des toten Säuglings aus dem Trockenraum. Die Kriminalisten der Mordkommission hätten zufrieden sein können, doch sie waren es längst noch nicht. Immer noch stand die Frage im Raum, wie männliches Erbgut in Probe 18 hatte gelangen können.

»Diese Frage mag nach Erbsenzählerei klingen, da wir Ilona ja beweisen konnten, dass sie die Mutter war«, erläutert mir Frank Engel, »aber wir mussten klären, inwieweit die Probe manipuliert worden war, weil das Rückschlüsse auf die Täterin und die Tat zulässt. Wenn man nichts Kriminelles getan hat, muss man auch nicht manipulieren, verstehen Sie? Darüber hinaus interessierten wir uns auch für eine mögliche Mittäterschaft des Freundes Mario Kulik.«

»Sie haben also überprüft, ob so eine DNA-Mischspur überhaupt durch einen Zungenkuss erzeugt werden kann?« erkundige ich mich.

Frank Engel nickt.

»Und wie haben Sie das gemacht?«

Engel schmunzelt. »Durch einen Kusstest«, entgegnet er.

Mit diesem Test wurde das Rechtsmedizinische Institut betraut, das zuerst einen Katalog erarbeitete, wie die Testteilnehmer überhaupt vorzugehen hatten. Kriterien wurden erarbeitet, es wurde quasi ein Kusstest-Standard entwickelt.

Doktor Hannah Brinkmann von der Rechtsmedizin wirkt sehr ernst, doch in ihren Augen sieht man schon einen gewissen Schalk, als sie mir erklärt: »So etwas haben wir noch nie durchgeführt. Unsere Aufgabe bestand darin, experimentell festzustellen, ob man Speichelproben fälschen kann. Wir haben sieben Medizinstudenten gebeten, mit ihren Partnern zu Hause einen entsprechenden Test durchzuführen. Vorgegeben war ein intensiver Zungenkuss von zwei Minuten Dauer. Danach musste jeder Proband einen Abstrich von der Mundschleimhaut machen, und wir haben die Proben dann nach allen Regeln der Kunst untersucht.« Das Ergebnis war über jeden Zweifel erhaben: »Durch einen Zungenkuss allein kann eine DNA-Probe nicht verfälscht werden.«

»Aufgrund dieses Resultats mussten wir davon ausgehen, dass die Aussage offensichtlich eine Schutzbehauptung darstellte«, ergänzt Frank Engel. »Die Manipulation musste auf einem anderen Wege vorgenommen worden sein.«

Erneut wird das Paar zu einer Vernehmung vorgeladen. Ilona Nebel und Mario Kulik werden mit den Testergebnissen konfrontiert. Zuerst bricht der junge Mann, dann bricht auch Ilona zusammen. Stockend berichten sie den Kriminalisten, auf welch unappetitliche Weise sie versucht haben, die Probe zu verfälschen:

Die Aushänge im Hausflur hatten Ilona Nebel in höchste Aufregung versetzt; sie wusste, dass man ihr die Verwandtschaft mit dem toten Säugling würde nachweisen können. In ihrer Not vertraute sie sich Freund Mario an und bat ihn flehentlich um Hilfe. Wie Mario über das dachte, was Ilona ihm unter dem Siegel der Verschwiegenheit beichtete, muss offen bleiben. Er hat sich nie dazu geäußert. Auf jeden Fall liebte er Ilona so sehr, dass er einwilligte, ihr bei der Manipulation behilflich zu sein.

Als die Beamten Striglitz und Carsten am 5. Dezember zum ersten Mal an der Wohnung 05.01 klingelten, wusste Ilona, was das Stündlein geschlagen hatte. Mit dem Hinweis darauf, dass ihre Mutter noch nicht da sei, bat sie die Polizisten, gegen 17.00 Uhr wiederzukommen. Kurz vor fünf, die inzwischen heimgekehrte Renate Nebel duschte gerade, präparierte das Pärchen dann in der Küche ein Glas. Mario gab eine größere Menge von seinem Speichel in dieses Glas, das zugedeckt und im Küchenschrank versteckt wurde. Wenig später erschienen Striglitz und Carsten. Mario lenkte die Beamten ab, indem er sie in ein Ge-

spräch über ihre Ermittlungen verwickelte, und diese Gelegenheit nutzte Ilona, um rasch in die Küche zu schlüpfen. Dort nahm sie einen Schluck aus dem vorbereiteten Glas, behielt den Speichel ihres Freundes unter der Zunge, kehrte ins Wohnzimmer zurück und machte den Test. Sie versuchte, den Wattebausch nur unter der Zunge zu drehen und nicht mit der Wangeninnenseite in Berührung zu bringen, aber wie sich später herausstellte, gelang dies nicht so ganz. Ein paar Schleimhautzellen von ihr gerieten doch mit an den Wattebausch. Aber immerhin wurde die Probe auf diese Weise so manipuliert, dass im Ergebnis eine zwanzigfache männliche Dominanz vorlag.
Ilona Nebel stand nun also als mutmaßliche Täterin fest. Sie legte auch ein Geständnis ab und berichtete den Ermittlern, was sich am Abend des 21. Januar 2004 zugetragen hatte.

Nach ihrer Rückkehr aus der Türkei und ihrem nervlichen Zusammenbruch wurde Ilona sehr bald klar, dass sie Orhans Kind nicht wollte. Sie hatte keine innere Bindung mehr an das, was da in ihrem Bauch heranwuchs und irgendwann auf die Welt drängen würde. Vor allem auch aus Angst vor ihrer Mutter, die ihre Beziehung zu Orhan von Anfang an abgelehnt hatte, und ebenso aus Furcht vor den Reaktionen ihrer Umgebung verbarg sie die Schwangerschaft, indem sie weite Mäntel trug und in den letzten Wochen das Haus gar nicht mehr verließ; da sie arbeitslos war, fiel das nicht weiter auf. Manchmal gelang es ihr für Augenblicke, ihre anderen Umstände zu vergessen, aber im Prinzip kreisten ihre Gedanken ständig um die Frage, was sie tun würde, wenn es denn soweit wäre.
»Sie hat sich auf die Entbindung in keiner Weise vorbereitet«, berichtet Peter Rupprecht. »Keine Mütterberatung, kein Arztbesuch, weder Spielzeug noch Babykleidung. Ich meine, das lässt tief blicken.«
Am Abend des 21. Februar, einem Samstag, setzte dann eine erste Welle heftiger Wehen ein. Ilona krümmte sich vor Schmerzen, aber niemand bemerkte es, denn ihre

Tochter war mit der Großmutter übers Wochenende zu Verwandten an die Ostseeküste gefahren. So war sie allein in der Wohnung.

Ilona unterdrückte jede Schmerzäußerung bis auf ein leises Stöhnen und Wimmern. Es ging auf Mitternacht zu, die Wehen wurden immer stärker. Ilona lag rücklings auf dem Boden, stopfte sich ein Kissen in den Mund, ihre Finger krallten sich in den Teppich. Sie presste und presste ...

Über das, was dann geschah, gibt es verschiedene Varianten. Ilona wird immer bei ihrer Behauptung bleiben, das Kind sei tot zur Welt gekommen. Frank Engel sieht das anders: »Neun Monate hatte sie Zeit, sich zu überlegen, was sie mit dem Kind macht. Sie hat jede Vorbereitung unterlassen, und auf eine Totgeburt konnte sie schließlich nicht spekulieren. Ich gehe davon aus, dass sie das Kind erstickt hat. Als eine Möglichkeit: Sie musste nur ein Kissen auf das Neugeborene legen.«

Nach der Selbstentbindung jedenfalls, ob nun eines toten oder eines lebenden Kindes, will Ilona in Panik geraten sein. Sie habe sich im Bad rasch gesäubert, dann habe sie die angebliche Totgeburt in drei hektisch aus dem Wäscheschrank gezerrte Kittel gewickelt und unter das Bett geschoben. Am nächsten Morgen dann, nachdem die Mutter zur Arbeit gegangen war, habe sie den in die Kittel gewickelten kleinen Leichnam in einen blauen Müllsack gestopft, das Bündel die Treppe hinuntergetragen und im Trockenkeller in der Kommode verborgen, wo es zehn Monate lang unentdeckt blieb.

»Ich wollte es einfach von mir weghaben«, erklärt Ilona bei der polizeilichen Vernehmung und auch vor Gericht.

Mir will nicht in den Kopf, dass niemand die Schwangerschaft bemerkt hat.

»Ihre Mutter Renate hat ausgesagt, ihr sei durchaus aufgefallen, dass Ilonas Körperumfang zunahm«, sagt Engel dazu. »Sie meinte aber, Ilona sei völlig abgezehrt von ihrem dritten Türkeiaufenthalt zurückgekommen. Also nahm sie an, das bessere und reichlichere Essen habe die Gewichtszunahme verursacht.«

»Und Ilonas Tochter? Ihr kann doch nicht entgangen sein, was mit ihrer Mama los war. Wenn die beiden gekuschelt haben ...«
»Vielleicht wird in dieser Familie nicht gekuschelt«, meint Engel knapp.
Zehn lange Monate ist Ilona Nebel, wenn sie das Haus verließ, keine fünfzehn Meter an dem toten Baby vorbeigegangen. Sie hat fünf Stockwerke über ihm gewohnt, dort ihren Alltag verrichtet, gegessen und geschlafen. Sie hat ihren neuen Freund Mario kennengelernt und sich in ihn verliebt. In diesen zehn Monaten hatte sie jeden Tag die Gelegenheit, das tote Neugeborene fortzuschaffen, an einen sichereren, vor Entdeckung besser geschützten Ort. Das hat sie aber nicht getan. Ich frage Frank Engel, warum nicht.
»Sie hat in einer Vernehmung mal gesagt: ›Ich wusste immer, dass es da unten lag, ich wusste, dass ich es wegmachen müsste. Aber die Trockenraumtür war für mich wie eine Mauer. Ich konnte einfach nicht hineingehen‹. Das gehört zu den wenigen Dingen, die ich ihr vorbehaltlos glaube.«

Ein Jahr nach dem Auffinden des toten Säuglings wird Ilona Nebel vor Gericht gestellt. Die Anklage lautet auf Tötung durch Unterlassen. Das Gericht folgt der Auffassung der Staatsanwaltschaft, dass Ilona ihr Kind lebend zur Welt gebracht hat und es starb, weil es von der Mutter nicht versorgt wurde. Wahrscheinlich hatte noch nicht einmal die Atmung eingesetzt, und das hilflose Wesen war an Sauerstoffmangel gestorben, schnell zwar, aber doch grausam.
Ilona Nebel wird zu zwei Jahren Freiheitsentzug verurteilt, die zur Bewährung ausgesetzt werden. Kurz nach dem Prozess heiratet sie ihren Freund Mario, und ein Jahr später bringt Ilona Kulik ein gesundes Kind zur Welt. Ein Kind, das sie haben wollte und das daher leben durfte ...

Der traurigste Ort des Friedhofs Wangern befindet sich in einer abgelegenen Ecke, so weit vom Eingang entfernt wie möglich. Hier liegen die Kindergräber. Jedes dieser Gräber erzählt eine Leidensgeschichte. Ich betrachte die Steine, die Lebensdaten: Keines der Kinder wurde älter als zwei.
Manche der kleinen Grabstätten sind mit Spielzeugen und Plüschtieren überhäuft, andere, ältere überzieht der Efeu.
Das Grab von Ilonas ungewollter Tochter finde ich erst, als ich mir in der Friedhofsverwaltung die Nummer hole. Hier gibt es keinen Stein, kein Plüschtier, keine ewigen Lichter. Oder doch - ein verschimmelter Teddy lugt aus dem wuchernden Immergrün hervor.
Von Amts wegen hat der tote Säugling aus der Dresdner Straße 12 vor der Beisetzung den Namen Melanie bekommen. Melanie ruht in Grab elf, und irgendwie hat es etwas Tröstliches zu sehen, dass doch jemand um sie getrauert hat.

Der Tote im Teppich

Erst mit Hilfe eines bislang nur in Amerika praktizierten Verfahrens gelingt es der Polizei, die Identität eines Mordopfers aufzudecken. Die Spur zu den Tätern des Jahre zurückliegenden Verbrechens ist damit gefunden.

Der Altweibersommer des Jahres 1994 zeigte sich von seiner besten Seite. Über dem riesigen Gelände eines ausgekohlten Braunkohletagebaues südlich von Leipzig wölbte sich ein nahezu wolkenloser Himmel. Am Grubenhang war über die Jahre ein Wäldchen gewachsen, das wegen der Absturzgefahr jedoch niemand betreten sollte. Viele aus der Umgebung hielten sich nicht an das Verbot und nutzten den Hang als illegalen Müllabladeplatz. Ortsansässigen war bekannt, dass in diesem Wäldchen viele Pilze wuchsen.
Am Nachmittag des 4. September durchstreifte Sabine Kupsch aus Zwenkau mit ihrem Hund die Gegend oberhalb der Grube. Dreierlei wollte sie miteinander verbinden: Die Sonne genießen, Pilze sammeln und ihren Labrador-Rüden ausführen. Da sie die guten Pilzstellen kannte, füllte sich ihr Korb rasch. Unterdessen streifte der Hund durchs Unterholz. Sie musste nicht auf ihn achten, er beschäftigte sich allein, erschnüffelte Tierfährten und stöberte herum. Heute faszinierte ihn etwas ganz besonders. Von weitem konnte seine Herrin nicht verstehen, was er an dem alten zusammengerollten Teppich fand, der schon lange dort liegen musste, halb mit Laub und Erdreich bedeckt. Hugo zerrte mit der Schnauze daran und bellte seine Herrin herbei. Frau Kupsch erschrak fürchterlich, als sie sah, was da aus dem Teppich ragte. Es war der Oberschenkelknochen eines Menschen, daran gab es für die studierte Medizinerin keinen Zweifel. Sofort machte sie sich auf den Rückweg in ihr Dorf.

Im Frühjahr 1999 fährt Irina Westphal mit ihrem fast einjährigen Sohn Kevin zur medizinischen Fakultät der Otto-von-Guericke-Universität in Magdeburg. In der Kinderklinik erwarten den Jungen spezielle Tests und Untersuchungen, denn Kevin kann sich weder aufrichten noch ein Wort sprechen. Sein Kinderarzt überwies ihn in die Uniklinik. Irina Westphal ist sehr aufgeregt. Sie befürchtet, dass sich eine schwere gesundheitliche Schädigung ihres Kindes herausstellt. Und sie ahnt, dass sie selbst daran Schuld trägt.
Die gebürtige Leipzigerin hat eine wilde Jugend hinter sich. Schon als Vierzehnjährige begann sie mit dem Trinken. Zehn Jahre ihres Lebens verbrachte sie mit dem Alkohol und sackte dabei in ein Milieu ab, das ihr heute Angst machen würde. Sie hat mit Trinkern, Dieben und Einbrechern zusammengelebt, und auch sie selber ging stehlen, um über den nächsten Tag zu kommen. Erst als sie Max kennenlernte, wurde alles anders. Bis über beide Ohren verliebte sie sich. Max hielt immer zu ihr, auch während der schrecklichen Monate des Entzugs. Kevin ist ihr gemeinsames Kind. Hoffentlich können die Ärzte ihn heilen, dachte sie.
Irina Westphal hat sich immer nach einem normalen Leben gesehnt, nach einer Familie, nach Geborgenheit. Seit ihrem Umzug von Leipzig nach Magdeburg und seit ihrer Hochzeit mit Max ist sie beinahe glücklich. Aber eben nur beinahe: Es gibt immer wieder Nächte, in denen sie von Albträumen heimgesucht wird. Denn Irina Westphal ist eine Mörderin.

In ihr Dorf zurückgekehrt, verständigte Sabine Kupsch die Polizei. Die ersten Beamten, die sich den Fund ansahen, waren eine Streifenwagenbesatzung aus der nächstgelegenen Polizeistation in Borna sowie zwei Mitarbeiter des Kriminaldauerdienstes (KDD) aus Leipzig. Die beiden Kriminalbeamten nahmen den Ort nur in Augenschein und erkannten, dass hier eine Fremdeinwirkung vorliegen musste. Die Leiche war in eine textile Auslegeware eingewickelt, und man hatte auch versucht, sie im Erdreich zu vergraben. Da der Boden an dieser Stelle sehr hart ist, war das nur zum Teil gelungen. Mehr als eine kleine Erdaufschüttung mit leichtem Pflanzenbewuchs gab es nicht. Diese war von Wildtieren aufgewühlt worden.

Die Fundsituation war also eindeutig: Die tote Person war keinesfalls eines natürlichen Todes gestorben. Die Mitarbeiter des KDD verständigten die Mordkommission der Polizeidirektion Leipzig. Mehrere Mordermittler und zwei Kriminaltechniker rückten am Fundort an. Vorsichtig wurde der mit Klebeband fixierte Teppichboden aufgerollt.

»Die Leiche war bereits stark verwest, und ihr Gesicht war nicht mehr zu erkennen«, erklärt mir Marcel Lohmann, der als junger Kriminaloberkommissar an den Ermittlungen beteiligt gewesen ist, in seinem Büro in der Leipziger Polizeidirektion. »Dazu hatte nicht nur die Fäulnis beigetragen, sondern auch Tierfraß. Außerdem sah man sofort, dass die Leiche lange dort gelegen haben musste.«

Gründlich suchten Polizisten das Terrain ringsum ab, aber wie nach der langen Liegezeit nicht anders zu erwarten, fanden sich keine verwertbaren Spuren mehr – auch keine mögliche Tatwaffe.

»Eines stand fest: Der Fundort war nicht der Tatort, andernfalls hätte sich der Täter wohl kaum die Mühe gemacht, den Leichnam zu verpacken«, meint Marcel Lohmann.

Die menschlichen Überreste vom Tagebaurand wurden in die Rechtsmedizin gebracht und dort untersucht. Dabei konnte trotz des schlechten Zustands des Leichnams eine solche Menge charakteristischer Details festgestellt werden, dass die Kripo auf eine rasche Identifizierung hoffte. Es handelte sich um eine männliche Person von sehr kräftigem Körperbau, die etwa 185 Zentimeter groß und zirka 90 bis 100 Kilogramm schwer gewesen sein musste. Durch den Gebissstatus und durch Knochenvergleich konnte das Lebensalter der Person mit 22 bis 35 Jahren bestimmt werden. Bei diesen Methoden macht man sich den Umstand zunutze, dass sich sowohl die Zähne als auch die Skelettknochen bei Kindern und Jugendlichen durch das Wachs-

tum, beim Erwachsenen durch Alterung und Abnutzung verändern. Diese Umbauprozesse wurden von der gerichtlichen Medizin jahrzehntelang erforscht. Die Altersbestimmung am Skelett bei Kindern und Jugendlichen ist wesentlich einfacher als bei Erwachsenen; deshalb erscheint das Altersraster 22 bis 35 dem Leser möglicherweise als etwas grob.
Der Tote hatte dunkelblondes bis dunkelbraunes Haar und eine ausgeprägt längsovale Kopfform.
»Die Liegezeit im Erdreich betrug zwischen ein und zwei Jahren«, sagt Professor Wienhold vom rechtsmedizinischen Institut. »Die wahrscheinliche Todesursache war ein Kopfschuss.«
»Was uns natürlich sofort an eine Hinrichtung denken ließ«, fügt Marcel Lohmann hinzu.

Irina Westphal streicht Kevin, der auf ihrem Schoß liegt, sanft über die Wangen. Der Kleine lächelt, wenigstens das kann er. Seit einer geschlagenen Stunde warten sie nun schon auf den Arzt, der Kevin untersuchen soll. Der lange Krankenhausflur, die immer wieder vorbeihuschenden Männer und Frauen in weißen Kitteln ängstigen Irina, beruhigen sie zugleich aber auch. Während Kevin immer wieder die Augen zufallen, schweifen ihre Gedanken wie so oft zum Sommer 1990.
Damals hatte sie Klaus kennengelernt, Klaus den Großen, wie man ihn in den Kneipen um den Lindenauer Markt im Leipziger Westen nannte. In diesem Viertel mit seinen verfallenden Fassaden und billigen Mietwohnungen war Irina untergekommen, nachdem ihr Vater sie vor die Tür gesetzt hatte. Wer nicht arbeiten wolle und kein Geld nach Hause bringe, so hatte er gemeint, der habe an seinem Tisch nichts zu suchen.
Heute versteht Irina ihn. Sie arbeitet jetzt im Lager eines Supermarktes, sorgt gemeinsam mit ihrem Ehemann für die kleine Familie. Ihrem Vater hat sie längst verziehen und dieser ihr ebenso.
Bei Klaus, der einige Jahre älter war als sie, fand sie

seinerzeit Verständnis, Zuwendung – und immer eine Flasche Schnaps. Sie lehnte sich an seine breite Schulter, während er Reden darüber schwang, wie man zu Geld kommen könne, haufenweise.
»Ich will ein großes Rad drehen«, so sagte er immer. »Und ich glaube, dass die Zeiten dafür günstig sind.«

»Ein besonders individuelles Merkmal des unbekannten Toten ist eine schwere Verletzung am linken Bein«, erläuterte Professor Weinhold in meiner Sendung »Kripo live«. Das war am 2. Oktober 1994. Das Verbrechen wurde in einem Filmbeitrag ausführlich dargestellt, aber der entscheidende Hinweis ließ auf sich warten. »Am linken Unterschenkel hatte das Opfer einen Drehbruch erlitten, eine Verletzung, wie sie häufig bei Ski- oder Fußballunfällen auftritt. Während das Wadenbein ohne Operation verheilt war, musste das Schienbein operativ versorgt werden: Der Knochen wurde mit einer Metallplatte geschient, die mit sieben Schrauben befestigt worden war. Es hatte sich neues Knochengewebe um die Platte gebildet, der Knochen war also um die Platte herumgewachsen.«
Daher kam der Rechtsmediziner zu dem Schluss, dass die Fraktur mindestens zwei Jahre vor dem Mord behandelt worden sein musste. Noch wahrscheinlicher schien allerdings eine Operation zu DDR-Zeiten, weil zum vermuteten Zeitpunkt in den alten Bundesländern derartigen Operationen nicht mehr ausgeführt wurden. Außerdem war eine Metallplatte aus DDR-Produktion verwendet worden. Mit Hilfe einer eingestanzten Nummer war der Hersteller ausfindig zu machen, eine Fabrik für medizinische Hilfsmittel in Thüringen. Zum Leidwesen der Ermittler war diese Nummer aber keine Seriennummer, so dass es nicht gelang, die Schiene individuell zuzuordnen.
Doch nicht nur Größe, Gewicht, Gestalt, mutmaßliches Alter und der Unterschenkelbruch boten Möglichkeiten zur Identifizierung. Bei der Untersuchung des Toten wurden auch Gegenstände gefunden, die wichtige Hinweise

liefern konnten. Zum einem war dies eine Armbanduhr mit einem goldfarbenen Gliederarmband, zum zweiten eine Halskette aus 333er Gold mit einem Anhänger in Gestalt des Tierkreiszeichens Löwe.
Weitere Anhaltspunkte, wenn auch nur schwache, boten die gesicherten Reste der Kleidung, die im Polizeilabor untersucht wurden. Allein schon die Feststellung, dass der Tote vollständig bekleidet war, ließ erste Schlüsse auf den Tatablauf zu und auch auf den oder die Täter: Sie gingen nämlich überlegt und umsichtig vor, als sie aus Hose und Hemd die Etiketten heraustrennten. Ein Fehler war ihnen aber doch unterlaufen: das Etikett im Innenfutter der Jacke hatten sie übersehen.
»Wir haben alle Vermisstenfälle der zurückliegenden Jahre überprüft, bei denen die Beschreibung der verschwundenen Person in etwa unserem Toten im Teppich entsprach«, berichtet mir Kriminalhauptkommissar Lohmann, »zuerst auf Leipzig beschränkt, dann zogen wir den Kreis immer größer. Doch nirgendwo wurde ein Mann vermisst, der dem Ermordeten entsprach. Das muss nicht bedeuten, dass ihn nicht jemand vermisst hat«, meint Lohmann als mittlerweile sehr erfahrener Ermittler. »Mehrere Varianten waren denkbar. Es konnte ja sein, dass unser Opfer ein unstetes und ruheloses Leben geführt hat, dass er mal hier und mal dort war und sich bei etwaigen Angehörigen nur sehr selten meldete, so dass die sich erst nach Jahren nach seinem Verbleib erkundigen würden. Oder der Tote wurde tatsächlich irgendwo vermisst, aber niemand erstattete Anzeige bei der Polizei. Wir wussten ja nichts über das Umfeld, aus dem der Mann stammte. Manchmal kann man ausgehend von der Kleidung oder dem Obduktionsergebnis zumindest ein paar Mutmaßungen anstellen: Ein Mann im Armani-Anzug stammt sicher aus einer anderen sozialen Schicht als ein Mann im ausgebeulten Trainingsanzug, und eine Leberzirrhose lässt die Überlegung zu, dass man sich im Alkoholikermilieu umschauen sollte. Bei unserer Leiche gestaltete es sich schwierig. Die Kleidung war gewöhn-

lich, nichts bot konkrete Anhaltspunkte. Wo sollten wir ansetzen?« bekräftigt Marcel Lohmann seine Darstellung. »Wir mussten die Frage klären: Wer ist unser Mann?«

Die Mordkommission verfolgte wie üblich mehrere Ansätze, um in Erfahrung zu bringen, wer das Opfer war. Ihr wichtigster Ausgangspunkt war der komplizierte Beinbruch. Große Hoffnung beruhte darauf, dass sich der Chirurg erinnern würde, der die Operation zwischen 1988 und spätestens 1992 durchgeführt hatte und dass noch Krankenunterlagen existierten. Mit einer genauen Beschreibung des Toten und der Operation wandten sich die Ermittler über Fachzeitschriften an Ärzte und medizinisches Personal. Beim Fahndungsaufruf in »Kripo live« gingen wir außerdem davon aus, dass Verwandte und Freunde des Opfers von der schweren Verletzung und ihrer Behandlung wussten.

Die Hoffnungen erfüllten sich nicht. Der Leichnam im Teppich blieb weiterhin ein Unbekannter.

»Es gibt immer so viele Möglichkeiten«, sagt Lohmann, als wir beide über diesen Fall nachdenken. »Der Chirurg konnte gestorben sein. Vielleicht war er auch ins Ausland verzogen, vielleicht hatte er einfach den Artikel nicht gelesen. Oder er erinnerte sich zwar, wollte aber mit der Polizei nichts zu tun haben. So kann es auch anderen Zeugen ergangen sein.«

Während Irina wartet, gehen ihre Gedanken zurück zu jener Zeit, die sie so gern vergessen möchte. Klaus hatte durch Gelegenheitsarbeiten immer etwas Geld in der Tasche, manchmal fuhr er Kohlen aus. Kam er mit Kohlenruß bedeckt von der Arbeit, nannte Irina ihn ihren Schwarzen Mann. Und dann machten sie sich auf den Weg zu ihrer tägliche Kneipenrunde.

»Ich bin ein Löwe, ich kann zubeißen«, sagte Klaus eines Tages und deutete auf ein Teppichgeschäft, das erst kürzlich eröffnet worden war. Zwei Vietnamesen waren die Inhaber.

»Und wen willst du beißen?« fragte Irina, die schon zu viel getrunken hatte und den Laden nur verschwommen wahrnahm.
»Was denkst du? Bringen die ihr Geld abends zur Bank? Bestimmt nicht, das verstecken sie irgendwo. Und ihre Teppiche können auch wir verkloppen. Ich habe mit Ralf gesprochen und der kennt Leute, die sie uns abnehmen.«
»Ralf?« Irina musste erst einmal überlegen, wer das war. »Meinst du diesen tätowierten Typen, der drei Jahre gesessen hat?«
»Genau.« Klaus tippt Irina an die Nasenspitze. »Bist ein helles Mädel.«
»Aber ich kapier nicht, was du vorhast«, sagte Irina.
»Wir machen übermorgen bei den Schlitzaugen einen Bruch«, entgegnete Klaus. »Ralf hat schon einen Wagen besorgt. Wir räumen alles aus und dabei finden wir garantiert auch ihr Geldversteck.«
Das große Rad, das Klaus drehen wollte, erwies sich als ein Rädchen. Geld war bei den Vietnamesen nicht zu holen gewesen, aber die Teppiche hatte ihnen ein Hehler abgenommen. Sie besaßen keinen beträchtlichen Wert. Eine Kneipenwoche, dann war wieder Ebbe im Portemonnaie.
»Ich bin ein Löwe, also beiße ich«, sagte Klaus nach vier Glas Bier und ebenso vielen Schnäpsen. »Ihr werdet euch noch umgucken, wenn ich das Riesenrad drehe!«
Ralf hob bloß die Augenbrauen. Dieter, ein weiterer Kumpan, schwieg und starrte in sein Bierglas. »Was redest du immer für ein Blech!« schimpfte Irina.
»Wart's mal ab. Ich habe einen Haufen Ideen.«
»Ja, klar. Morgen steigen wir in einen Juwelierladen ein. Da werden wir richtig reich.« Irina machte eine abwehrende Handbewegung.
»Hey, Mädel, sag mir, wer der Boss ist?« wollte der betrunkene Klaus wissen. Irina schwieg.
»Hey, du Weibsbild, wer ist hier der Chef? Wer hat die Ideen?«
Immer hatte die 18-Jährige ihren Klaus verteidigt, jetzt

klangen seine Worte, denen sie lange geglaubt hatte, wie leeres Gerede. Großes Rad, Superideen, viel Geld, Karibikurlaub und Cabriolet – alles Lüge.
Dem ersten gemeinsamen Einbruch folgten weitere, immer in kleine Läden. Mitgezählt hatte sie nicht, aber dabei war sie immer.
Ihre Aufgabe bestand im Schmiere stehen. Sie sollte pfeifen, wenn die Polizei kam. Sie konnte gar nicht pfeifen.
»Frau Westphal?«
Die junge Mutter schreckt hoch. Ein Arzt mit grauen Schläfen und randloser Brille lächelt sie an. »Kommen Sie dann bitte?«
Der Doktor streichelt Kevin. Der Junge strahlt.

»Ist ein Mordfall aufgeklärt, stellt sich der Weg zum Täter meistens logisch und geradlinig dar. Unbeachtet bleiben dann die Irrwege der Ermittler, die Wochen des Auf-der-Stelle-Tretens, das mühselige Verfolgen von Spuren, die ins Leere führten.« Bei einem sehr starken, echten »Kriminalistenkaffee« spricht Marcel Lohmann diesen Gedanken aus. Wochen gingen ins Land. Alle Versuche, den Toten zu identifizieren, scheiterten. Dabei ließen die Kriminalbeamten nichts unversucht. Vielleicht konnte ihnen die bei dem Mann gesicherte Armbanduhr helfen oder das Jackenetikett. Die Kriminalisten der Mordkommission schrieben den Hersteller an. Die Antwort fiel ernüchternd aus: Das Sakko existierte in einer so großen Stückzahl, dass es unmöglich war, den Weg eines bestimmten Exemplars bis zum Opfer zu verfolgen.
»Und die Uhr?« frage ich den Kriminalisten. »Ebenfalls Massenware«, winkt er ab, »genauso wie die Halskette.« Es half nicht weiter, dass Lohmann und seine Kollegen die Hersteller aller Kleidungsstücke, der Armbanduhr und der Halskette in mühsamer Kleinarbeit herausfanden.
»Wie sah es denn eigentlich mit einer DNA-Untersuchung aus?« möchte ich wissen.
»Die DNA des Opfers war sofort gesichert worden«, erklärt er mir. »Aber 1994 waren die Methoden der Erbgut-

analyse noch nicht so weit fortgeschritten und so verfeinert wie heute. Vor allem aber gab es noch keine Abgleichdateien. Also einmal angenommen, das Opfer wäre polizeibekannt gewesen – es gab noch keine DNA-Dateien, die uns bei der Identifizierung hätten helfen können.«
Schließlich ging das Jahr 1994 zu Ende, ohne dass die Kriminalisten eine heiße Spur fanden. Auch die folgenden Jahre verstrichen: Andere Tötungsdelikte beschäftigten die Leipziger Mordkommission, aber der Fall mit dem unbekannten Toten vom Tagebaurand wurde nie ganz zu den Akten gelegt. Wie jeder ungeklärte Mord war er im Kopf der Ermittler präsent. Solange der Tote jedoch weder ein Gesicht noch einen Namen hatte, blieb der Fall unlösbar.

In den 1990er Jahren gab es in Deutschland nur eine Universität, die sich auf die Weichteilrekonstruktion an Totenschädeln verstand. Diese Methode war ursprünglich von Anthropologen entwickelt worden, um die Gesichter von aus historischen Grabstätten geborgenen Toten zumindest annähernd wiederherstellen zu können. Bald entdeckte auch die Kriminalistik diese Methode und wandte sie bei der Identifizierung unbekannter Toter an.
Insbesondere in den USA war die Forensic Sculpture, wie sie dort genannt wird, perfektioniert worden, wobei die Spezialisten eingestehen, dass sie auch ihre Tücken hat. Bei der Weichteilrekonstruktion verbündet sich die Wissenschaft mit der Kunst. Niemand kann garantieren, dass das Ergebnis zu hundert Prozent den tatsächlichen Gegebenheiten entspricht, aber man erhält Näherungswerte, die sowohl auf anatomischem Wissen als auch auf Erfahrung beruhen. In der Fachliteratur wird die Erfolgsrate mit etwa siebzig Prozent angegeben.
Ausgangspunkt der Rekonstruktion ist die Architektur des Schädels. Zuerst wird anhand der vorliegenden Knochenreste das Geschlecht des unbekannten Toten sowie sein ungefähres Alter bestimmt, was in unserem Fall bereits in der Leipziger Rechtsmedizin erfolgt war. Diese Informationen sind insofern wichtig, als die Stärke der Weichteile eines

Gesichts maßgeblich von Geschlecht und Alter bestimmt wird. Der mit der Gesichtsrekonstruktion befasste Forensiker schaut nach individuellen Merkmalen wie beispielsweise Zeichen von Krankheiten oder Wunden, welche die Gestalt eines Gesichtes beeinflussen und damit individualisieren können. Außerdem fließt das gesamte am Tat- oder Fundort sowie am Leichnam oder seinen Überresten gesicherte Material in die Rekonstruktion ein: Von diesen Merkmalen aus kann der Fachmann entscheiden, ob der Tote dick oder schlank war, muskulös oder weniger muskulös – all das hat Einfluss auf die Weichteile des Gesichts. Ausgerüstet mit diesen Informationen beginnt der Forensiker mit der Gesichtsrekonstruktion, indem er schmale Zylinder oder Klötzchen von der ungefähren, bereits vorausbestimmten Dicke der Weichteile zuerst einmal auf die besonders charakteristischen Schädelpartien klebt, wie es etwa die Wangenknochen sind – *Landmarks* werden sie in der amerikanischen Literatur genannt. Von diesen »Landmarken« ausgehend wird dann die ungefähre Kontur des Gesichts bestimmt, mit gewissen Einschränkungen, was die nicht oder wenig knochengebundenen Merkmale eines Gesichts betrifft, etwa die Ohren. In mehreren Schichten werden die charakteristischen Merkmale mit einer Tonmasse verbunden, woraus dann das mutmaßliche Gesicht modelliert wird. Eine gewisse künstlerische Freiheit, wenn man das denn so nennen kann, ist immer mit im Spiel. Um sie weitgehend auszuschließen, arbeitet die amerikanische Bundespolizei FBI mittlerweile nicht mehr vorrangig mit der Weichteilrekonstruktion von Hand, sondern hat ein Computerprogramm entwickelt, in das alle Erkenntnisse und Erfahrungen der Forensic Sculpture eingeflossen sind. Nach einem 3D-Scanning des Schädels werden die Weichteile nunmehr virtuell rekonstruiert. Auch diese Methode ist nicht perfekt, aber sie basiert auf einem Pool von Basisinformationen, die in gewisser Weise gesetzmäßig sind und daher den Spielraum für eine individuelle Interpretation des Materials einengen.

Nachdem alle Versuche, dem Toten vom Braunkohletagebau einen Namen und eine Biografie zu geben, gescheitert waren, erwogen auch die Leipziger Mordermittler, sich der Weichteilrekonstruktion zu bedienen. Allerdings verlangte die Universität für diese Arbeit damals nicht nur enorm viel Geld, weit schwerer wog ihr Monopol: Viele Forscher anderer Hochschulen und wissenschaftlicher Einrichtungen waren ihre Kunden. Es hätte Monate, wenn nicht Jahre gedauert, bis sich die Spezialisten den Schädel aus Leipzig hätten vornehmen können. Die Kriminalbeamten, gewohnt, sich in Geduld zu fassen und auch nach etlichen Jahren nicht aufzugeben, waren noch unschlüssig, ob sie diese Möglichkeit nun nutzen sollten oder nicht. Eine Entscheidung mussten sie dann jedoch nicht fällen, denn der Zufall kam ihnen zur Hilfe.
Vier Jahre nach dem Auffinden der Leiche – also im Jahre 1998 – erhielt Lohmann, mittlerweile Kriminalhauptkommissar, eine Einladung zu einer Sommerparty. Zu seinem weitläufigen Bekanntenkreis zählte auch der Vizekonsul des Leipziger Generalkonsultats der USA, und dieser hatte zu dem sommerlichen Empfang eingeladen. Beim Bier kamen die beiden Männer ins Gespräch, und wer schon einmal einen leibhaftigen Mordermittler unter seinen Gästen hat, der interessiert sich auch für dessen Arbeit. Irgendwann kam das Gespräch auf den nicht identifizierten Toten und die Weichteilrekonstruktion, bei der, wie Lohmann wusste, dass FBI eine der weltweit führenden Institutionen war. Der Oberkommissar hatte das Thema ohne Hintergedanken angeschnitten und war selbst überrascht, als der Vizekonsul sich erbot, mit der amerikanischen Bundespolizei Kontakt aufzunehmen und sich dafür einzusetzen, dass das Gesicht des Toten von den Fachleuten in Quantico rekonstruiert wird. *No problem!* – das bekam Lohmann an diesem Abend mehrmals zu hören. Bekanntlich sagen Amerikaner das schnell ...
Es war tatsächlich kein Problem.

Lohmann traf sich mit dem federführenden Staatsanwalt, denn ohne dessen Segen war eine Weichteilrekonstruktion in den USA nicht denkbar. Der Staatsanwalt war von dieser neuen und unerwarteten Möglichkeit begeistert und stimmte sofort zu. Und auch beim FBI gab es grünes Licht: Zum ersten Mal in der Geschichte sollten die amerikanischen Spezialisten einem Toten aus Deutschland ein Gesicht geben, und das empfanden sie offenbar als eine so ungewöhnliche Aufgabe, dass sich die Verantwortlichen sogar erboten, die Rekonstruktion kostenlos durchzuführen.

Und so ging der steril verpackte Schädel des Mordopfers vom Zwenkauer Tagebau auf große Reise. Und er reiste nicht nur First Class, er reiste mit der Diplomatenpost.

Nach drei Monaten lag das Ergebnis vor. Am Ende des Jahre 1998 hatten die Leipziger Mordermittler vier Fotos von Passbildqualität in den Händen, von denen sie hofften, dass sie ihnen endlich weiterhelfen würden.

Da in die Rekonstruktion des Gesichts des Opfers nur sehr wenig Haare einfließen konnten, hatten die FBI-Spezialisten in Bezug auf die Frisur vier verschiedene Vorschläge gemacht, darunter auch die Anfang bis Mitte der 90er Jahre in bestimmten Kreisen höchst moderne so genannte Vokuhila-Frisur, bei der man über der Stirn eine kurzen Pony trug, während das Haar am Hinterkopf bis weit in den Nacken wachsen durfte.

Mit diesen vier Bildern bewaffnet stürzten sich die Leipziger Kriminalisten auf ihre Lichtbilddatenbank. Sie verglichen die Fotos aller erkennungsdienstlich behandelten Straftäter aus dem Bereich der Polizeidirektion mit den Resultaten des FBI, eine Arbeit, die mehrere Tage in Anspruch nahm. Die Beamten mussten sich jedes ihrer Fotos vornehmen, um am Ende festzustellen, dass der Tote zumindest innerhalb des Zuständigkeitsbereiches der Polizeidirektion nicht erkennungsdienstlich behandelt worden war. Mit anderen Worten: Es gab nur einen negativen Befund. Die Ermittler der Mordkommission konnten zwar jede Menge Personen als Opfer ausschließen, aber sie wussten immer noch nicht, wer der unbekannte Tote war.

Irina Westphal hält die Hand ihres kleinen Sohnes, während der Arzt etliche Elektroden an seinem Kopf befestigt. Kevin ist tapfer. Er weint nicht, sondern scheint eher erstaunt zu sein, soweit man das bei ihm sagen kann. Irinas Gedanken gehen wieder zurück zu Klaus, zu Ralf und den anderen, die irgendwann Anfang 1991 zu ihrer Bande stießen. Geändert hatte sich noch immer nichts. Sie alle lebten nach wie vor im Viertel um den Lindenauer Markt. Klaus führte das große Wort und je mehr Schnaps und Bier flossen, desto gigantischer wurden seine Pläne. Ständig sprach er vom Großen Coup, aber es reichte nur zu Einbrüchen in Imbissbuden, die seinerzeit wie Pilze aus der Erde schossen, in Tante-Emma-Läden und Kaufhallen, neuerdings auch in Wohnungen. Irina spürte, dass Klaus immer unzufriedener wurde. Vor den anderen gab er das nicht zu erkennen, ihr aber offenbarte er sich gelegentlich.
»Ich arbeite einfach nicht mit den richtigen Leuten zusammen«, sagte er dann. »Schau sie dir doch an. Können kaum lesen und schreiben, nur saufen. Diese kleinen Lichter sind doch unter meinem Niveau.«
Irina erschrak, wenn sie ihn so arrogant reden hörte. Ihr wurde zunehmend klar, dass Klaus auch sie zu den kleinen Lichtern zählte. Eigentlich war er nur noch aus Gewohnheit mit ihr zusammen, sobald sich eine bessere Partie fand, würde er sie bestimmt verlassen. Vor diesem Moment grauste ihr. Auch wenn die Beutezüge nicht viel einbrachten, leben konnte man von dem Geld. Ohne Klaus fürchtete sie, noch weiter abzugleiten.

Bevor die Mordkommission andere Polizeibehörden aus Sachsen und den umliegenden Bundesländern einbezog, wandte sie sich erneut an die Öffentlichkeit. Die Bilder, die das FBI geliefert hatte, wurden in der örtlichen Presse publiziert. Im Frühjahr 1999 war Marcel Lohmann mein

Studiogast in »Kripo live«. Wir rollten den Fall nochmals auf und zeigten die Rekonstruktionsfotos einem breiten Publikum. Diese Sendung erreichte allein im Sendegebiet des Mitteldeutschen Rundfunks weit über eine Million Zuschauer.

Endlich stellte sich der Erfolg ein: Ein Straftäter, der in einer Leipziger Haftanstalt seine Freiheitsstrafe absaß, erkannte das Opfer. Er wandte sich an die Justizbeamten und war bereit, vor der Polizei eine Aussage zu machen.

Der Tote vom Rand des Zwenkauer Braunkohletagebaus hieß Klaus Hanke, stammte aus Chemnitz, lebte seit Ende der 80er Jahre in Leipzig und war zum mutmaßlichen Tatzeitpunkt – also 1992 oder 1993 – Anfang Dreißig.

Obwohl nie erkennungsdienstlich erfasst, war Klaus Hanke der Leipziger Polizei trotzdem kein Unbekannter. Zu Lebzeiten galt er als ein Mensch, der sich nicht dazu entschließen konnte, einer geregelten Arbeit nachzugehen, und es lag nahe, dass er seinen Lebensunterhalt mit Mitteln bestritt, die nicht legal erworben waren. Wenn die Kriminalisten der Mordkommission etwas über sein Umfeld in Erfahrung bringen wollten, mussten sie sich im kriminellen Milieu der sächsischen Großstadt umschauen, allerdings nicht in dem vom Ende, sondern vom Anfang der 90er Jahre.

Den Kriminalisten war bekannt, wo Hanke zum vermuteten Zeitpunkt seines Todes gewohnt hatte, und sie bekamen auch schnell heraus, mit wem er damals hauptsächlich Umgang pflegte.

Die meisten dieser Männer und Frauen lebten zur Überraschung, aber auch zur Freude der Ermittler noch in Leipzig.

»Die Freunde, mit denen Hanke sich umgab, besaßen ein gestörtes Verhältnis zu geregelter Arbeit«, meint Marcel Lohmann. »Ihr Bildungsstand war gering, ihre Zeit verbrachten sie mit exzessivem Trinken und mit Straftaten. Einige hatten bereits eine beachtliche kriminelle Vergangenheit und waren schon zu DDR-Zeiten als Jugendliche auffällig geworden. Hanke galt in diesen Kreisen als intelligent und clever, und verglichen mit seinen Kumpanen war er das wohl auch. Er muss es genossen haben, wenn sie zu ihm aufschauten.«

Im Winter von 1991 auf 1992 wurde Klaus immer unleidlicher. Zunehmend behandelte er die anderen von oben herab, auch Irina. Nichts konnten sie ihm recht machen, an allem nörgelte er herum. Es gab ständig Streit in der Gruppe und die Auseinandersetzungen wurden immer heftiger. So war es auch an jenem Tag im Februar 1992, der für Klaus Hanke der letzte seines Lebens werden sollte.

Irina Westphal sitzt wieder auf dem Krankenhausflur und wartet mit ihrem Kind auf dem Schoß. Kevin spielt mit ihren Fingern. Heute schämt sie sich für das, was sie als junge Frau getan hat. Ein quälend schlechtes Gewissen hat sie wegen der Geschehnisse in der Nacht des 21. Februar 1992. Obwohl diese Ereignisse Jahre zurückliegen, lässt die Erinnerung sie nicht los. Manchmal, wenn die Gedanken unerträglich werden, wünscht sie sich sogar, dass die Polizei käme, aber zugleich hat sie große Angst davor.

Klaus war immer der Planer der Gruppe gewesen und sogar Ralf, der selbst schon Erfahrung mit Einbrüchen hatte, folgte ihm bedingungslos. Doch je mehr Klaus den Chef herauskehrte, desto stärker machte sich Widerstand gegen seine herrische Art breit. Irina erkannte ihn nicht wieder: Das war nicht der Mann, in den sie sich verliebt hatte. Dieser Mann war ein richtiges Ekel.

Die Beute aus den Raubzügen und Einbrüchen war immer nach einem genauen Schlüssel unter allen Beteiligten verteilt worden, doch eines Tages begann Klaus, diesen Verteilungsplan in Frage zu stellen. Plötzlich beanspruchte er einen höheren Anteil. »Ich mache die ganze Kopfarbeit«, sagte er einmal, »also muss ich auch mehr bekommen. Auch in einem Unternehmen kriegt der Chef mehr als die Angestellten.« Die anderen regten sich darüber auf, als Angestellte bezeichnet zu werden. Schließlich waren sie Kumpels, die durch dick und dünn gingen. Sie nannten ihren Anführer ein »arrogantes Schwein« und gebrauchten noch stärkere Schimpfworte. Klaus lachte nur herablassend, was die anderen noch mehr aufbrachte. Angela, Ralf, Dieter, Enrico und auch Irina wurden immer wütender.

Klaus beharrte auf seinen Forderungen. »Entweder bekomme ich einen höheren Anteil, oder ich suche mir andere Leute mit mehr Hirn«, sagte er.

Ralf platzte der Kragen. Er zog seine Pistole, die er sich besorgt hatte und mit der er gern angab. Klaus nahm einen Schluck aus der Schnapsflasche und grinste bloß. »Ohne mich seid ihr doch nichts«, sagte er.

»Frau Westphal?« Der Arzt ist in die Tür getreten und winkt Irina ins Behandlungszimmer. Er blickt so ernst, dass ihr Herz rast. Sie möchte nicht, dass Kevin krank ist. Sie liebt ihren Sohn. Sie liebt ihren Mann.

Der Doktor schließt die Tür. »Hirnorganisch konnten wir erst einmal nichts feststellen«, sagt er. Irina nickt. Ihr Hals ist ganz ausgetrocknet. Sie weiß nicht, ob das eine gute oder schlechte Nachricht ist.

Wieder im Februar, sieben Jahre nach der Tat, gilt die ganze Aufmerksamkeit der Mordermittler jener Bande, die damals Hankes Lebensmittelpunkt gewesen ist. »Es lag nahe, dass die Truppe etwas mit dem Mord zu tun hatte. Wir griffen zu einer List und veröffentlichten noch einmal ein Fahndungsaufruf in der Lokalpresse, der ein ganz bestimmtes Ziel verfolgte, und deshalb spielten die Kriminalisten die entsprechenden Artikel auch jenen ehemaligen Mittätern zu, die noch in Leipzig lebten. Gleichzeitig beantragten sie beim Amtsgericht die Erlaubnis, die mutmaßlichen Täter mit verschiedenen Mitteln zu überwachen. Ihre Hoffnung: Nach der Lektüre würden sie sich entweder telefonisch verständigen oder sogar treffen.

Diese Hoffnung schlug fehl. Da die Ermittler jedoch sicher waren, dass sie es mit den Mördern zu tun hatten oder dass zumindest einer der Ex-Kumpane der Täter war, entschied man sich, sie festzunehmen und zur Vernehmung vorzuführen. Bis auf eine der Frauen hatte keiner der fünf das kriminelle Milieu verlassen: Diese eine Frau jedoch war kurz nach der Tat aus Leipzig nach Sachsen-Anhalt gezogen, hatte dort eine Familie gegründet und Arbeit gefunden.

Während Irina mit der Straßenbahn heimfährt, grübelt sie darüber nach, was *hirnorganisch* wohl heißen mochte. War das Gehirn denn ein Organ? Kevin schläft. Die Untersuchungen hatten ihn erschöpft. Im Schlaf seufzt er. Irina streichelt seinen flaumigen rötlichen Haarschopf. Dann müssen sie aussteigen.
Sie schiebt den Kinderwagen die Straße entlang und ihr Blick fällt auf die Schnapsflaschen in den Auslagen eines Lottoladens. Auch sie hat der Besuch in der Kinderklinik angestrengt, ebenso wie die Sorge um Kevin und das für sie unverständliche Untersuchungsergebnis. Ein Schluck Klarer würde sie sofort beruhigen. Doch nein, sie darf nicht. Das kann sie Max und Kevin nicht antun. Sie weiß genau, dass es bei einem Schluck nicht bleiben würde.
Ihre Familie wohnt in einem Mietshaus am Rande der Magdeburger Altstadt im dritten Stock. Irina schiebt den Kinderwagen in den Hausflur, befestigt ihn mit einem Fahrradschloss am Treppengeländer, nimmt behutsam ihren schlafenden Jungen in die Arme und trägt ihn die Treppe hinauf.
Mit dem Ellbogen betätigt sie die Klingel neben der Wohnungstür, an der ein von ihr selbst gefertigtes Namensschild hängt, ein großes rotes Herz. Darauf steht der Schriftzug *Kevin, Max & Irina Westphal.*
Max öffnet ihr. Er sieht besorgt aus.
»Du hast Besuch«, sagt er. Dann nimmt er ihr den Jungen ab.
»Besuch?« Irinas Puls beschleunigt sich.
»Ein Mann und eine Frau von der Kriminalpolizei.«
»In Ordnung«, sagt Irina und ist überrascht, dass sie so gefasst bleibt. »Bitte bring Kevin ins Bett.«

Jeden einzelnen der Verdächtigen hatten die Vernehmungsspezialisten der Mordkommission gründlich befragt. Und schließlich erhielten sie die Geständnisse. Nun wurde auch Irina festgenommen und befragt.
»Bei Irina Westphal hatte ich tatsächlich den Eindruck, dass sie reinen Tisch machen wollte und es sie geradezu erleichterte, sich alles von der Seele zu reden«, schildert mir Marcel Lohmann nicht ohne menschliche Anteilnahme.

An jenem Winterabend des Jahres 1992 waren Hanke und seine Kumpane wieder einmal in Leipzig unterwegs gewesen. Sie brachen in eines jener Geschäfte für Wohnraumtextilien ein, die es damals an beinahe jeder zweiten Ecke gab. Die Bande hatte diverse Teppiche, Auslegeware und Gardinenstoffe gestohlen, in ihren gebraucht erworbenen Kastenwagen verfrachtet und zu der Wohnung in Lindenau gebracht, die ihnen als Lager für das Diebesgut diente. Natürlich musste der Beutezug gefeiert werden, also flossen wie so oft Bier und Schnaps in Strömen. Schon recht betrunken, begann Klaus Hanke wieder zu stänkern. Er verlangte abermals einen höheren Anteil am Erlös der Beute, und diesmal drohte er sogar, der Polizei einen Tipp zu geben, eine etwas absurde Drohung, denn damit hätte er sich selbst mit angezeigt. Dennoch fiel die Drohung bei seinen Mittätern auf fruchtbaren Boden; auch sie waren schließlich nicht mehr nüchtern. Die ganze Gruppe war beisammen, vier Männer und zwei Frauen.
Wieder stritten sie, aber Hanke war es leid, mit den anderen die immer gleichen Debatten zu führen, also zog er sich nach heftigen Wortwechseln in einen Nebenraum zurück. In diesem Raum lagen ein paar Matratzen und Wolldecken auf dem Boden, die als Schlafstätten für den Fall dienten, dass man nach einer ausgiebigen Zechtour nicht mehr nach Hause kam. Hanke legte sich auf eine der Matratzen und schlief sofort ein.
Seine Widersacher schliefen nicht.

»Es soll eine der beiden Frauen gewesen sein, von denen die anderen angestachelt wurden«, erzählt mir Hauptkommissar Lohmann. »Nicht Hankes Freundin. Die andere Frau mit dem Vornamen Angela meinte, Hanke müsse unbedingt daran gehindert werden, zur Polizei zu gehen. Einer der drei Männer besaß eine Pistole, eine Makarow, und das wusste die ganze Bande. Es war damals kein Kunststück, sich im Milieu eine Pistole zu besorgen«, erklärt Kriminalhauptkommissar Lohmann. »Vor allem eine vom Typ Makarow. Das war ja die Standardwaffe sowohl der sowjetischen Armee wie auch der Sicherheitsorgane der DDR, und etliche davon waren in den illegalen Waffenhandel gelangt. Vermutlich ist die Pistole über irgendeinen Kneipentisch gegangen. Die Makarow war also da, und man war sich schnell einig, den unbequemen Hanke zu erschießen. Es wurde nicht lange gefackelt, denn allen erschien es als die beste Lösung, und die Freundin machte da keine Ausnahme.«

Bis zu diesem Punkt decken sich die Geständnisse der Tatbeteiligten, doch dann weichen sie voneinander ab. Es gibt zwei Varianten:

Bei der ersten Variante, die vor allem vom Haupttäter – dem Mann mit der Makarow – vor den Polizeibeamten ausgebreitet wurde, waren alle fünf Beteiligten in den Schlafraum gegangen, um bei der Hinrichtung dabei zu sein. Häusler habe dann die Mündung der Makarow auf den Kopf des schlafenden Opfers aufgesetzt und fünf Schüsse abgegeben. Klaus Hanke hatte nicht die geringste Chance.

Nach der zweiten Variante, den Ermittlern von Angela Priebe, von Irina und den beiden anderen Männern präsentiert, hatten zwar alle fünf den Tod von Hanke beschlossen, aber Häusler sei dann allein in das Nebenzimmer gegangen und habe die tödlichen Schüsse abgegeben. »Natürlich erhofften sie sich von ihrer Version eine mildere Strafe«, meint Lohmann.

Was tatsächlich in jener Nacht geschah, konnte von den

Kriminalisten nie vollständig geklärt werden. Fest steht jedenfalls, dass Hanke unmittelbar nach dem Mord in ein Stück von der gestohlenen Auslegeware eingewickelt und mit Klebeband verschnürt worden war. Mittlerweile hatte der neue Tag begonnen, und zwischen den Tätern entbrannte ein Streit darüber, ob das Opfer sofort oder erst später abtransportiert werden solle. Da zuviel Alkohol konsumiert worden war, einigten sie sich, lieber erst einmal auszunüchtern und den Transport auf die kommende Nacht zu verschieben.

Am nächsten Abend versammelte sich das Mörderquintett abermals in der Wohnung und wartete bis in die späte Nacht. Als in allen Wohnungen die Lichter erloschen und die Straße vor dem Haus menschenleer war, trugen Häusler und die anderen Männer den Leichnam die Treppe hinab zu dem Kastenwagen. Angela hatte ihn direkt vor der Haustür geparkt. Sie wartete mit geöffneter Tür zur Ladefläche, reibungslos wurde die Teppichrolle mit dem toten Mann darin verladen. Alle stiegen ein und fuhren durch die nächtliche Stadt. Schon zuvor hatten sie überlegt, welcher Ort am besten geeignet war, die Leiche verschwinden zu lassen. Es musste ein unwegsamer Ort sein, an dem der Tote nicht so rasch oder womöglich nie gefunden wurde und wo in dieser Nacht nicht damit zu rechnen war, dass jemand sie beobachtete. Die Wahl fiel auf den ausgekohlten Braunkohletagebau: Einige der Bandenmitglieder hatten schon einmal – wie viele andere Neugierige auch – einen Ausflug in diese Mondlandschaft unternommen.

Die Mörder machten ihre Rechnung jedoch ohne ihren Gebrauchtwagen. Bevor sie überhaupt die Ortsausfahrt zur Bundesstraße nach Süden erreichten, blieb das altersschwache Fahrzeug liegen.

Blut und Wasser schwitzten Irina, Ralf, Angela, Dieter und Enrico, als sie mit einer Leiche im Wagen plötzlich auf einer nächtlichen Ausfallstraße standen und der Motor nicht mehr ansprang. Jeden Augenblick konnte eine Polizeistreife auftauchen und Interesse an den Nöten des

Quintetts bekunden, vielleicht sogar Interesse für die Ladefläche. Immerhin war der Kastenwagen bei den Einbrüchen als Transportmittel benutzt worden. Viel zu spät fiel ihnen nun ein, dass es besser gewesen wäre, sich ein anderes Fahrzeug zu beschaffen.

»Aus ihrer Sicht betrachtet hatten sie aber Glück«, meint mein Gesprächspartner. »Keine Streife zeigte sich, und nach bestimmt ziemlich angstvollen Minuten konnte Häusler den Wagen wieder in Betrieb setzen.«

Nach Mitternacht erreichte die Bande ihr Ziel. Sie versuchten, für Hanke ein Grab zu schaufeln, aber der gefrorene Boden war zu hart und sie gaben nach einer knappen halben Stunde auf. Nur wenige Zentimeter tief war die Grube, in die sie den Leichnam schließlich legten. Sie warfen Erdreich darüber, stampften es fest, eilten zurück zu dem Kastenwagen, dessen Motor sie nicht einmal abgeschaltet hatten, weil sie befürchteten, er würde nie wieder anspringen. Sie fuhren zurück nach Lindenau und ließen das noch übrige Diebesgut in diversen Mülltonnen verschwinden. Als der Morgen graute, hatten sie alle Spuren beseitigt.

Die Bande, die mehrere Jahre lang in Leipzig ihr Unwesen getrieben hatte, trennte sich für immer.

Erst vor Gericht trafen sich die Mörder wieder. Indizien und Beweise vom Tatort in der Wohnung lagen nicht vor. Wie so viele Häuser in Leipzig wurde auch das Haus in Lindenau mittlerweile von Grund auf saniert; der Fußboden war ausgewechselt, Wände herausgerissen oder versetzt. Hier konnte selbst der aufmerksamste Kriminaltechniker nichts mehr finden.

Alle fünf wurden vor dem Landgericht Leipzig des Mordes angeklagt. Sie alle blieben vor Gericht bei ihren jeweiligen Tatversionen, und da die Tat nicht zweifelsfrei zugeordnet werden konnte, entgingen sie der Höchststrafe, die in diesem Fall lebenslänglich bedeutet hätte. Es wurden Freiheitsstrafen zwischen acht und vierzehn Jahren ausgesprochen.

Mehr als siebeneinhalb Jahre nach dem Verbrechen konnte die Mordkommission die Akten schließen und ins Archiv verfügen.

Irina Westphal weint, als sie nach Monaten in der Untersuchungshaft zum ersten Mal wieder Max und Kevin sieht. Max hat eine Besuchserlaubnis beantragt und sie als Ehemann auch erhalten.

»Verachtest du mich nun?« will Irina von ihrem Mann wissen. »Ich war jung damals ... und so dumm, verknallt in diesen Klaus, der mir den Himmel auf Erden versprochen hat.«

»Und krank warst du auch«, erwidert Max.

»Krank?«

»Alkoholabhängig.« Max streicht ihr über die Stirn. Seine Frau nickt. Sie kann nicht sprechen.

»Wir stehen das durch«, sagt Max und schaut auf Kevin. »Er hat nicht mehr viel Zeit zum Leben, sagen die Ärzte.« Verzweifelt sucht Irina nach Worten. »Aber ... Er ist doch unser Sohn!«

Max legt seinen Arm fest um das Kind. Kevin ist völlig apathisch. »Vielleicht hat er später einen Bruder. In acht oder neun Jahren.« Max sieht Irina eindringlich an. »Ich bin nur ein Haushandwerker, der glücklicherweise noch seine Arbeit hat. Ein großes Rad werden wir nie drehen. Bist du denn mit einem kleinen zufrieden?«

»Ja, ein Rädchen genügt«, sagt die junge Frau und weint hemmungslos.

»Wird Irina Westphal es schaffen?« frage ich Marcel Lohmann.

Er hebt die Schultern. »Ich bin weder ein Psychologe noch ein Hellseher«, antwortet er. »Wenn Sie mich persönlich fragen: Ein Konflikt in der Ehe und alles kann von vorn losgehen. Wir haben es oft mit Menschen zu tun, die keinen Halt im Leben finden und keinen Halt in sich selbst.«

Das Chamäleon

In Deutschland liegt das Geld auf der Straße, hier wird er sein Glück machen, denkt ein illegal eingereister Ukrainer. Die Realität sieht anders aus, aber er hält fest an seinem Traum vom Geld und muss seiner Familie Erfolg beweisen. Und bald ist er bereit, für ein paar Euro Erlös aus dem Verkauf gestohlener Pfandflaschen zu töten.

Kurz nach halb sieben beginnt die Arbeit für die drei Bauarbeiter Reinhard Köster, Ulrich Matulla und Johannes Brinkmann. Der 13. Januar 2003 ist ein Montag, und die Männer betreten fröstelnd einen Hinterhof. Hier sind sie mit der Sanierung des Gartenhauses beschäftigt, und der Hof selbst bekommt ein neues Pflaster.
Der 37-jährige Reinhard Köster blickt sich auf dem Hof um. Die Morgendämmerung hat gerade eingesetzt, und so kann er einen Mann erkennen, der zwei Kästen mit Leergut auf die Mauer zum Nachbargrundstück wuchtet. Dort befindet sich der Hof eines kleinen Lebensmittelmarktes.
»Was macht der Typ denn da?« wendet sich Köster an seine beiden älteren Kollegen; Matulla ist Ende Vierzig, Brinkmann beinahe ebenso alt.
»Sieht so aus, als würde er leere Flaschen klauen.«
Matulla schüttelt den Kopf.
»Manche Leute stehlen wirklich alles, was nicht niet- und nagelfest ist«, sagt Johannes Brinkmann.
»Er wirkt aber gar nicht so ungepflegt wie jemand, der Leergut mitgehen lässt«, meint Köster.
Der unbekannte Mann, der eine hüftlange helle Lederjacke, Jeans, Sportschuhe, Basecap und eine Brille trägt, ist nun auf die Mauer geklettert. Als wären die Arbeiter nicht anwesend, springt er herunter, zerrt die Leergutkästen von der Mauerkrone und trägt sie zu einem Fahrrad.

»He, du, was machst du denn da?« ruft Köster ihm zu. Der Mann reagiert nicht, er setzt sein Werk einfach fort. Er deponiert die Kästen neben dem Fahrrad, steigt noch einmal über die Mauer und kehrt mit zwei weiteren Kästen zurück.

»Hast du nicht gehört?« Reinhard Köster kann nicht begreifen, dass der Dieb ihn einfach ignoriert. »Komm«, wendet er sich an Matulla, »den greifen wir uns. Und du, Johannes, hast du dein Handy dabei?«

»Immer«, sagt Brinkmann und zieht es aus der Hosentasche. »Ich rufe die Polizei.«

Köster und Matulla gehen auf den Mann zu. »Du bist das also, der hier immer die Flaschen klaut«, sagt Köster. Es hat sich unter den Bauarbeitern herumgesprochen, dass es in der Vergangenheit immer wieder Pfandgutdiebstähle aus dem Lager des kleinen Markts gegeben hat, in dem die Männer sich in den Pausen manchmal zu essen und zu trinken kaufen, und die Inhaberin beklagt sich darüber, dass so oft Leergut von ihrem Hof verschwindet. Sie muss die Kästen jedoch dort abstellen, weil noch vor Ladenöffnung ein Wagen vom Getränkegroßmarkt kommt und das Leergut abholt. Der kleine Laden macht nicht gerade große Umsätze, so dass der Schaden schmerzhaft ist für die Betreiberin.

»Du bleibst hier, bis die Polizei kommt!« Köster baut sich vor dem Mann auf, Matulla steht neben ihm. Er blickt sich zu Brinkmann um, der telefoniert und sich daher abseits hält.

»Nichts machen, nichts bleiben«, sagt der Unbekannte in gebrochenem Deutsch – er muss ein Ausländer sein, Köster vermutet einen Russen. Der schert sich nicht um die Aufforderung, sondern umrundet Köster und Matulla, geht zum Fahrrad und will das Grundstück verlassen.

»Hiergeblieben, Freundchen!« Reinhard Köster und Ulrich Matulla packen beherzt zu. Doch der Fremde wehrt sich. Es kommt zu einem Handgemenge. Dabei verliert er Brille und Basecap. Plötzlich vereisen Kösters Gesichtszüge, und er schreckt zurück: Der Dieb hält eine Pistole in der Hand.

Bevor die drei Bauarbeiter überhaupt begreifen, was geschieht, hat er bereits einen Schuss abgefeuert, der Köster in den Bauch trifft. Der bricht sofort mit einem lauten Schrei zusammen, während es Matulla gelingt, auf die Waffe zu schlagen, die nun auf ihn gerichtet ist. Der Unbekannte hält sie aber so fest umklammert, dass sie nicht zu Boden fällt. Ein zweiter Schuss löst sich, und ein heftiger Schmerz fährt Matulla ins Knie. Ihm wird schwarz vor Augen, und auch er kann sich nicht auf den Beinen halten.

Der Fremde richtet die Waffe nun auf Brinkmann, der sein Telefonat gerade beendet hat. Mit einem raschen Hechtsprung kann Brinkmann sich hinter einen Kastenwagen retten, den jemand auf dem Hof abgestellt hat. Sein Herz klopft wie wild vor Angst, doch der Schütze lässt von ihm ab und flüchtet über die Mauer auf das Nachbargrundstück. Fahrrad und Leergutkästen lässt er stehen.

Nach einer Weile wagt sich Johannes Brinkmann hinter dem Wagen hervor. Er rennt zu seinen Kollegen und muss feststellen, dass Köster das Bewusstsein verloren hat, während Matulla vor Schmerz laut stöhnt. Kösters Hemd ist blutdurchtränkt, und auch an Matullas Knie zeigt sich ein großer Blutfleck. Brinkmann greift abermals zum Telefon und verständigt den Notarzt. Wenig später trifft eine Polizeistreife ein, kurz darauf auch der Arzt. Reinhard Köster schwebt in Lebensgefahr. Er und Matulla werden sofort ins Krankenhaus gefahren.

»Da ist eine an sich nichtige Sache eskaliert«, erklärt mir Norbert Düren von der Mordkommission, die die Ermittlungen in diesem Fall durchgeführt hat. »Der Täter wollte vermeiden, dass er gestellt wird. Gut, das kann man in gewisser Weise noch verstehen, aber er hat in Kauf genommen, die beiden Arbeiter zu töten. So ein Bauchschuss ist schließlich keine Bagatelle, und auch bei Matulla hat er auf den Bauch gezielt. Hätte dieser die Waffe nicht ablenken können, wer weiß, was ihm passiert wäre.«

Die Kripo hatte sofort eine Sonderkommission gebildet. Sie musste davon ausgehen, dass der Täter die Schusswaffe

weiterhin mit sich führte und hochaggressiv reagierte. Möglicherweise war er auch in andere kriminelle Aktivitäten verwickelt.
Aufgrund der Zeugenaussagen wurde ein Phantombild angefertigt und in der Presse und auch in der Sendung »Kripo live« veröffentlicht.
»Es war wichtig, den Mann so schnell wie möglich aus dem Verkehr zu ziehen«, sagt Norbert Düren. »Wir mussten davon ausgehen, dass er in der nächsten für ihn bedrohlichen Situation abermals von der Waffe Gebrauch machte und es dann wirklich einen Toten geben würde.«
»Reinhard Köster hat also überlebt?« vergewissere ich mich.
Norbert Düren nickt. »Es sah zunächst nicht gut für ihn aus. Die Ärzte haben um sein Leben gekämpft und konnten es durch die Notoperation auch retten. Ihm musste ein Teil des Darms entfernt werden. Sein Leben bleibt also beeinträchtigt. Auch Matulla musste mehrmals operiert werden, konnte noch Monate später nur unter Mühen gehen.«

Anton Gerassimow musste erst einmal zur Ruhe kommen; ihm saß der Schreck in den Gliedern. Er hatte seine Pistole immer dabei und war sich sicher, dass er sie einsetzen würde, wenn er in eine gefährliche Lage kam. Dass er es an diesem Morgen tatsächlich getan hatte, wollte er vor sich selbst rechtfertigen. Die beiden Arbeiter hätten sich ihm nicht in den Weg stellen dürfen! Er musste unter allen Umständen einer Konfrontation mit der Polizei aus dem Weg gehen!
Mehr als das Gefängnis fürchtete der 31-jährige Ukrainer die Abschiebung in die Heimat. Dort hatte der Ingenieur seit Jahren keine Arbeit gefunden, musste aber eine Familie mit drei Kindern ernähren; das älteste Mädchen war neun, das jüngste vier, und der Sohn zählte sechs Jahre. Gerassimows Frau schlug sich mit Gelegenheitsarbeiten durch, aber das Geld reichte nie. Deshalb war der Ukrainer illegal nach Deutschland gekommen, in das reiche Land, in dem das Geld angeblich auf der Straße lag.

Gerassimow schlenderte zu dem Haus, in dem er wohnte, eine seit Jahren leerstehende und zum Abbruch bestimmte Villa. Die meisten Fensterscheiben waren zerbrochen, in manchen Räumen hatte man die Dielung herausgerissen, es war kalt und feucht, aber Gerassimow war hart im Nehmen, und eine andere Unterkunft gab es für ihn nicht. Auch hatte er beim Militär gelernt, sich auf widrigste Umstände einzustellen.

Natürlich lag in Deutschland das Geld nicht auf der Straße; Anton Gerassimow hatte es auch nicht wirklich erwartet. Eine Zeitlang jobbte der Ukrainer schwarz auf dem Bau. Er verdiente mit Hilfsarbeiten mehr, als ein Ingenieur in seiner Heimat verdienen konnte, aber bald verlor er diese Arbeit. Er bemühte sich noch eine Zeitlang, auf anderen Baustellen einen Job als Bauhelfer zu finden, jedoch vergeblich.

Gerassimow musste sich nach einer anderen Einkommensquelle umsehen, denn auf keinen Fall wollte er als armer Mann in die Ukraine zurückkehren. Im Gegenteil, er hatte seiner Familie und sich selbst ein Leben in Wohlstand versprochen. Dieses Versprechen wollte er einhalten, und wenn nicht durch ehrliche Arbeit, dann eben durch Einbruch und Diebstahl.

Anton Gerassimow war über Tschechien nach Deutschland eingereist und hatte im Milieu einen falschen Pass gekauft; den Tipp hatte er von einem weitläufigen Bekannten in Charkow erhalten, der sich mit diesen Dingen auskannte. Der Prager »Geschäftsmann« brüstete sich auch damit, Waffen beschaffen zu können, und so fuhr Gerassimow eines Novembertages noch einmal nach Prag. Und tatsächlich konnte er eine Pistole erwerben, die er nun bei jedem seiner Raubzüge mit sich führte.

Nach viereinhalb Monaten in Deutschland hatte er eine gewisse Perfektion erlangt, und er arbeitete in großem Stil. Das Diebesgut hortete er in der verkommenen Villa und fuhr hin und wieder über die tschechische Grenze, wo er Abnehmer fand, die nicht nach der Herkunft der Antiquitäten, Laptops und anderen Dinge fragten. Auch als

Flaschendieb betätigte sich Gerassimow gelegentlich, und das brachte durchaus auch etwas ein. Der Mann war nicht wählerisch. Hauptsache, er brachte genügend zusammen. Einen Großteil des Geldes schickte er tatsächlich nach Hause, ohne dass seine Angehörigen erfuhren, woher es stammte.

Der Einbrecher hockte sich in einem zugigen Zimmer im ersten Stock der Villa auf eine alte, wenig einladende Matratze und schlug eine Steppdecke um seinem Körper aufzuwärmen. Er zog die Pistole aus dem Hosenbund und betrachtete sie fast zärtlich. Er überlegte, was er mit ihr machen sollte, ob vergraben, ins Wasser werfen oder doch behalten. Heute Morgen hatte er sich mit ihr den Weg freigeschossen. Was, wenn er wieder in eine solche Situation käme? Vielleicht war es doch richtig, sich nicht von ihr zu trennen.

Mit dem blauen 28er Fahrrad, der goldfarbenen Brille und dem Basecap, die der unbekannte Schütze am Tatort zurückgelassen hatte, besaßen die Ermittler der Mordkommission Anhaltspunkte für die Fahndung. Die Bestimmung der Brillenstärke legte die Vermutung nahe, dass der Mann stark kurzsichtig war und daher ständig eine Sehhilfe trug. Das Basecap hatte ebenfalls charakteristische Merkmale: Es war von einem wie eine Tarnfarbe wirkenden Graugrün, war in England hergestellt, das Logo auf dem Mützenschirm war nachträglich aufgenäht worden. Wer den Mann gesehen hatte, würde ihn anhand dieser Merkmale vermutlich identifizieren können.

Norbert Düren ist ein Spezialist für Brillen. Er veröffentlichte eine Abbildung sowie die technischen Parameter der Brille in einer Fachzeitschrift für Optiker. Die wurden gebeten, in ihren Werkstattunterlagen nachzusehen, ob sie eine solche Sehhilfe hergestellt hatten. Diese bundesweit vertriebene Zeitschrift erreicht so gut wie jeden Optiker und konnte möglicherweise eine wirkungsvolle Fahndungshilfe sein.

»Optikerbrillen sind oftmals sehr individuell gefertigt –

können fast wie ein Ausweis sein. Wir haben auch schon aus Gläser- oder Gestellfragmenten ganze Brillen rekonstruiert. Außerdem befand sich in unserem Fall ein so genanntes Punzzeichen an einem der Bügel«, berichtet Norbert Düren, setzt seine eigene Brille ab und deutet auf ein kleines eingestanztes Symbol, eine Raute. »Bestimmte Hersteller kennzeichnen damit ihre Produkte. Mir selbst war das Zeichen unbekannt, also habe ich verschiedene Optiker aufgesucht und ihnen die Brille vorgelegt. Niemand von ihnen konnte mit der Punzierung etwas anfangen. Vermutlich, so hieß es, stamme die Brille aus dem Ausland. Das passte natürlich zu dem osteuropäischen Akzent des Täters, aber Osteuropa ist groß. Es gelang uns nicht, die Herkunft der Brille zu ermitteln.«

Auch die Öffentlichkeitsfahndung läuft ins Leere. Es melden sich zwar Zeugen, die den Mann auf dem Phantombild kennen wollen, aber einer näheren Überprüfung halten ihre Aussagen nicht stand. Der Schütze bleibt unauffindbar.

Die Ermittlungen im Umfeld des Tatortes bringen ebenfalls keine verwertbaren Resultate. Es gibt dort eine ganze Reihe von Abrisshäusern, in denen Ausländer unter menschenunwürdigen Bedingungen leben. Die meisten von ihnen sind Illegale. Sie werden festgenommen, aber die Gegenüberstellung mit den allmählich genesenden Opfern zeigt, dass keiner von ihnen für die Tat verantwortlich ist. Die meisten werden ausgewiesen. Die Ermittlungen treten bald auf der Stelle.

»Es war fatal«, resümiert Norbert Düren. »Wir haben einen großen Aufwand mit der Fahndung betrieben. Dass irgendwo aus nichtigem Anlass auf zwei Menschen geschossen wurde, zeigte uns die Gefährlichkeit des Täters, und genau dieses hat auch die Leute schockiert. Wir haben das Fahndungsplakat in Tatortnähe an den Fenstern von Geschäften ausgehängt, wir haben es auf der Straße verteilen lassen – nichts. Über den Ermittlungen schwebte ständig die Frage: Wann wird er wieder schießen?«

Anton Gerassimow zählte sein Geld. Fast vierhundert Euro hatte er beiseite gelegt, von denen er dreihundertfünfzig in einen besonderen, vom mehrmaligen Benutzen schon etwas fleckig gewordenen Umschlag steckte. Er zog ein Formular der *Western Union* aus der Jackentasche und füllte es aus: mit dem falschen Namen, der in seinem Pass stand, aber mit dem richtigen Empfänger, seiner Mutter in Charkow. Diese, eine resolute Frau, verwaltete das Geld für ihn. Sie teilte eine gewisse Summe seiner Ehefrau zu, damit sie die Familie durchbringen konnte, aber einen Teil legte sie nur für ihn zurück.

Bevor Gerassimow das Haus verließ, um sich zur nächsten *Western Union*-Filiale zu begeben, nahm er eine Plastikschüssel und ging in den Park der Villa zum Gartenteich.

Er musste eine dünne Eisschicht durchstoßen, um an das Wasser zu gelangen, in das er die Schüssel tauchte. Zurück in seinem Zimmer rasierte er sich gründlich vor einem Taschenspiegel. Gerassimow legte allergrößten Wert auf ein anständiges Äußeres, schließlich war er kein gewöhnlicher Krimineller, er war Ingenieur.

Nachdem er die Rasur beendet hatte, setzte er sich eine Perücke auf. Nun war er nicht mehr schwarzhaarig, wie er von Natur aus war, sondern mittelblond. Außerdem trug er sein Haar kurz, doch mit der Perücke hatte er jetzt längeres Haar. Niemand, so hoffte er, würde ihn erkennen, doch um sicher zu gehen, zog er obendrein noch mehrere Lagen Kleidung an, um sich ständig verwandeln zu können.

Auf der Straße musste er die Augen zusammenkneifen, trotzdem blieben die Gegenstände verschwommen. Dass er seine Brille verloren hatte, war schlecht. Er hatte nur die eine und war auf sie angewiesen. Ihm würde also nichts übrig bleiben, als sich eine neue zu beschaffen.

Gerassimow erledigte den Geldtransfer und setzte seinen Weg fort, denn das Problem mit der Brille duldete keinen Aufschub.

Das Optikergeschäft von Armin Kurz ist ein Traditionsladen, der seit mehreren Generationen besteht. An einer Ausfallstraße gelegen, mutet es ein wenig altmodisch an. Am Abend des 13. Januar schlenderte Anton Gerassimow bemüht unauffällig durch die Straße, in der er bereits in manchen Laden eingestiegen war, auch in das Antiquitätengeschäft gegenüber dem Optiker. Ein feiner Nieselregen ging nieder, und bei diesem Wetter war die Straße wenig belebt. Es war geradezu ideal für einen Bruch.
Gerassimow wartete, bis der Optiker kurz nach 18 Uhr seinen Laden schloss. Er begab sich durch einen Torweg auf die Rückseite des Gebäudes, musste aber feststellen, dass die dortigen Fenster vergittert waren. Das hielt ihn von seinem Vorhaben jedoch nicht ab, er entschied sich für ein anderes Vorgehen. Noch eine Stunde ließ er verstreichen, dann machte er sich ans Werk. Noch immer fiel ein kalter Nieselregen, nun sogar mit Schnee vermischt. Die Straße war leer.
Gerassimow rechnete in dem Laden mit der altertümlichen Ausstattung nicht mit einer Alarmanlage, obwohl selbst die ihn nicht von einem Einbruch abgehalten hätte. Aber er sollte Recht bekommen. Mit einem Kuhfuß, den er ebenso unter seinem Mantel verbarg wie die Pistole, schlug er eine der Scheiben ein, griff so viele Brillen aus der Auslage, wie er fassen konnte, stopfte sie in eine Umhängetasche und ging dann eilig davon, ohne zu laufen, denn er wollte nicht auffallen. Der Bruch hatte nicht länger als eine Minute gedauert, und schon kurze Zeit später war Gerassimow wieder in seinem Versteck. Dort probierte er die Brillen auf, die alle mit eher billigen Gläsern versehen waren. Keine hatte die richtige Stärke, aber ein paar waren zumindest annähernd so, dass er wieder deutlicher sehen konnte.
Zufrieden legte sich Gerassimow unter seine Decke. Der Einbruch war gelungen. Es war ja auch nur einer von vielen. Seit dem letzten Sommer war er beinahe jede Nacht unterwegs.

Am 25. Januar 2003 drehten die beiden Polizeibeamten Ziems und Hösch in ihrem Streifenbezirk eine nächtliche Runde. Es ging auf Mitternacht zu.
»In ein paar Minuten gehen wir zurück aufs Revier«, meinte Hösch. »Ich habe nämlich Kaffeedurst.«
»Was Warmes kann man wirklich gebrauchen«, erwiderte Ziems.
Die Polizisten näherten sich einem Gewerbegebiet, wo ein Spediteur, eine Werkzeugfabrik und ein Sozialverein ihre Domizile hatten. Hier wollten sie noch nach dem Rechten schauen. Schließlich war in das Gebäude bereits einmal eingebrochen worden.
Ziems und Hösch stutzten sofort, als sie im Büro des Spediteurs einen Lichtschein ausmachten, der offenbar von einer Taschenlampe stammte; ein Fenster war zersplittert. Die Signale für einen Einbruch waren eindeutig. Da der Täter das Büro durch dieses Fenster auch wieder verlassen musste, beschlossen die Polizisten sich zu postieren und darauf zu warten, bis sich der Täter ihnen zeigte.
Nach wenigen Minuten tauchte er auf. Er trug eine Strickmütze über dem langen Haar, hatte eine Brille auf und hielt einen Rucksack in der Hand. Als er die beiden Beamten sah, zückte er sofort eine Waffe. Und er schoss, mehrmals hintereinander.
Die Polizisten zogen ebenfalls ihre Pistolen und suchten nach einer Deckung, was auf dem aufgeräumten Gewerbehof nicht einfach war. Ziems war an der Hand getroffen worden, Hösch war unverletzt. Der Schütze versuchte, über eine Mauer zu flüchten. Die Beamten riefen Verstärkung, bevor sie die Verfolgung aufnahmen, und wenig später wimmelte es von Streifenwagen. Ein Fährtenhund konnte auf der Straße die Spur des Flüchtigen aufnehmen, und die Polizisten erblickten in der Ferne die Gestalt. Der Hund war jedoch schneller als sie, sprang den Täter an und biss ihn in den Arm.
Um sich zu schützen, schlug der Einbrecher auf den Hund ein, dann fielen wieder Schüsse. Der Hund ließ los,

zog sich jaulend zurück. Ehe die Polizisten ihn erreichten, gelang es dem Schützen, über Zäune und Mauern zu entkommen.

»Die Vermutung lag nahe, dass es sich um unseren Mann handelte«, berichtet Norbert Düren. »Das ballistische Gutachten lieferte den Beweis: Die Projektile stammten eindeutig aus der Waffe, die bei dem Leergutdiebstahl benutzt worden war. Wir hatten es mit 7,65-Millimeter-Geschossen zu tun.«
Einen weiteren Hinweis, dass es sich um ein- und denselben Einbrecher handelte, der sich seit Monaten in der Gegend zu schaffen machte und nun auf frischer Tat ertappt worden war, hatten die Ermittler inzwischen. Der Täter hatte eine der Brillen, die er im Optikerladen gestohlen hatte, an einem weiteren Tatort, einer Wohnung, liegengelassen und dafür die Brille der Mieterin mitgenommen, mit der er offenbar besser sehen konnte.
Was die Kriminalisten erst später erfahren sollten: Der Zusammenstoß mit der Polizei hielt den Verbrecher nicht davon ab, bereits in der nächsten Nacht wieder auf Beutezug zu gehen. Die Intensität der Taten überraschte selbst erfahrene Ermittler. Zweifellos brauchte der Täter Geld, so dass er bereit war, ein hohes Risiko einzugehen; manchmal brach er sogar am Tag oder in den frühen Morgenstunden in Wohnungen, Büros oder Läden ein.
Bei ihren Ermittlungen stießen die Beamten auch gelegentlich auf Zeugen, die den mutmaßlichen Einbrecher gesehen hatten. Obwohl sich die Tatbegehungsweise glich – Schaufensterscheiben wurden eingeschlagen oder der Verbrecher stieg durch eingeschlagene Fenster ein –, wichen die Zeugenbeschreibungen voneinander ab. Mal trug der Täter einen langen Mantel, Stiefel und eine Wollmütze, mal einen Anorak, Jeans und Turnschuhe, mal waren seine Haare schwarz und kurz, dann wieder blond, mittellang oder braun und bis über die Schultern reichend. Er führte ein Fahrrad mit sich oder war zu Fuß unterwegs, er hatte einen Rucksack dabei, eine einfache

Umhängetasche oder eine Reisetasche. Offenbar verkleidete er sich komplett: Kaum lag den Kriminalisten eine bestimmte Beschreibung vor, lieferten die nächsten Zeugen eine andere.
»Er war das reinste Chamäleon«, sagt Norbert Düren. Doch während der Täter sein Aussehen und seine Kleidung ständig wechselte, behielt er nicht nur seine Vorgehensweise bei, er blieb auch dem Stadtquartier treu und überschritt nur selten dessen Grenzen. Hier kannte er sich aus, hier wusste er, wo etwas zu holen war, hier hatte er seine Fluchtwege und Verstecke. Seine Gewohnheiten sollten ihm schließlich zum Verhängnis werden – und auch eine von den wenigen Abweichungen, die er sich leistete.

Die Modeboutique von Thomas und Angela Weber liegt mitten in der City. Am 4. Februar fuhr ein Mann mit einem Fahrrad vor das Geschäft, betrat den Laden und ging mit vorgehaltener Pistole auf den Inhaber zu. Doch anders als es der Täter erwartet hatte, war Thomas Weber weder einzuschüchtern noch folgte er der Aufforderung, die Kasse zu öffnen. Hatte Gerassimow kaltblütig von der Waffe Gebrauch gemacht, wenn er sich bedroht sah, muss er in diesem Moment geahnt oder begriffen haben, in welche aussichtslose Lage er sich hineinmanövriert hatte. Er ließ sich aus dem Laden drängen, schwang sich auf sein Fahrrad und flüchtete. Thomas Weber rief die Polizei. Als sie ihm das Phantombild des unbekannten Schützen vom Lebensmittelmarkt vorlegte, identifizierte er ihn als den Mann, der seine Boutique hatte ausrauben wollen.

Anton Gerassimow begriff seinen Fehler: Mit einer Pistole in einen Laden zu gehen, um die Herausgabe von Geld zu erzwingen, war nicht seine bewährte Methode, und es war zu gefährlich. Er war durchaus bereit, ein Risiko einzugehen, aber dieses war zu hoch. Er musste kühlen Kopf bewahren und durfte sich von seiner Gier nach Geld nicht

zu Handlungen hinreißen lassen, bei denen ihm unvorhersehbare Reaktionen oder Umstände einen Strich durch die Rechnung machen konnten.
In der Nacht vom 4. zum 5. Februar war er wieder unterwegs. Er stieg in eine Gaststätte ein und raubte das Wechselgeld aus der Kasse, und weil es sich dabei nur um knapp zwanzig Euro handelte, verübte er noch einen weiteren Einbruch in ein Bürogebäude. Irgendwo fand sich in diesen Büros immer etwas Geld, und wenn es das aus der Kaffeekasse war. Hier jedoch hatte er Pech. Also nahm er wenigstens einen Drucker mit, der gerade so in die Sporttasche passte. Er verließ das Haus auf dem üblichen Wege, also durch ein Fenster.

Die Ermittler der Mordkommission ließen mittlerweile die Gegend, in der sich die meisten Einbrüche ereigneten, von zivilen Einsatzkräften beobachten. In kleineren Gruppen waren Mitarbeiter des Sondereinsatzkommandos jeden Abend und jede Nacht auf den Straßen unterwegs. Sie achteten auf verdächtige Personen und inspizierten die in Frage kommenden Läden, Gewerbegebiete und Wohnviertel. Und doch gab es weiterhin Einbrüche. Der halbe Februar ging noch ins Land, der Täter machte immer weiter.
»Wir waren sicher, dass er erst aufhören würde, wenn wir ihn stellten«, erklärt Düren. »Bei einem Wiederholungstäter steigt naturgemäß die Chance, ihn zu stellen. Trotz der Gefahr, die von dem Mann ausging, konnten wir nichts übers Knie brechen. Na ja, und Geduld ist eine unserer größten Tugenden.«

Am 17. Februar 2003 war Anton Gerassimow wieder einmal auf Raubtour. Sein Interesse galt diesmal einem Antiquitätengeschäft, dem er schon einmal einen Besuch abgestattet hatte und von dem er wusste, dass es nicht besonders gesichert war. Er hatte aus seiner Perückensammlung ein blondes Haarkleid von mittlerer Länge gewählt, auf das er noch eine dunkle Strickmütze setzte.

Nach wie vor war er mit seiner Brille nicht zufrieden. Manchmal, wenn er Kopfschmerzen bekam, nahm er sie ab und trug sie in der Manteltasche mit sich herum, um sie aufzusetzen, wenn er sie brauchte. Er trug einen beigefarbenen Anorak mit einem Webpelzkragen über einer daunengefüllten Jacke, denn immer noch waren die Tage und vor allem die Nächte kalt. Auch seine Kleidungsstücke waren geraubt. Blue Jeans und Stiefel hatte er an, denn Turnschuhe trug er nur, wenn er auch klettern wollte; bei dem Antiquitätengeschäft wollte er sich jedoch nur rasch aus der Auslage bedienen. Mit zügigen Schritten ging er die Straße entlang, denn er wollte wie ein später Heimkehrer wirken, der beispielsweise vom Sport kam - sein Sporttasche trug er über der Schulter. Nur wenige Menschen waren zu dieser Stunde noch unterwegs. Gerassimow ging erst einmal an dem Geschäft vorüber, warf einen Blick hinein, schaute sich ständig sichernd um und kehrte nach einer Weile zurück. Nichts Ungewöhnliches war zu bemerken, alles war still.
Kaum hatte Gerassimow jedoch das Antiquitätengeschäft erreicht und sich vor dem Schaufenster aufgebaut, als drei Männer des Sondereinsatzkommandos in die Straße einbogen, keine zwanzig Meter von dem Laden entfernt. Der Blick der Beamten fiel praktisch sofort auf den Mann in dem dicken Anorak, der sich zu nächtlicher Stunde für die Auslagen eines Antikhändlers interessierte ...
Der Männer des SEK zogen sich sofort vom Gehsteig in einen Hauseingang zurück, der im Dunkeln lag. Der Mann mit der Strickmütze hatte sie nicht bemerkt.
Die Beamten riefen weitere Einsatzkräfte, so dass nach wenigen Minuten mehrere Zivilpolizisten von zwei Seiten in die Straße drangen: Der Mann befand sich jetzt quasi in der Zange.
Als wenig später Glas splitterte, stürzten die Beamten aus ihrem Versteck. Sie wussten, dass es schnell gehen musste, damit der Einbrecher keine Gelegenheit fand, seine Waffe zu ziehen. Anton Gerassimow hörte wohl die Schritte, aber bevor er reagieren konnte, warfen sich meh-

rere Polizisten auf ihn und drückten ihn zu Boden. In Windeseile waren seine Hände gefesselt. Der Einbrecher war ins Netz gegangen.

»Er wurde sofort entwaffnet und in die Dienststelle gebracht«, berichtet Düren mir. »Und ich wurde zu Hause verständigt und bin ebenfalls in die Direktion gefahren. Bei der Durchsuchung des Verdächtigen haben die Kollegen die mehrlagige Kleidung und die Perücke festgestellt. Er hatte seinen gefälschten Pass dabei, vermutlich weil er ihn nicht in seinem Quartier liegen lassen wollte. Als man ihn mir auf den Tisch legte, wusste ich augenblicklich: Das ist unser Mann, das ist der, der auf die Bauarbeiter und die Kollegen gefeuert hat.«

Anton Gerassimow wurde Hauptkommissar Düren vorgeführt. Noch ging er davon aus, dass man ihn nur wegen der Einbrüche belangen würde. Düren ließ ihn auch erst einmal in dem Glauben.

»Wir wussten ja von der Beschreibung, dass der Täter etwa 1,75 Meter groß sein sollte. Aber als er mir gegenüber saß, wirkte er noch kleiner. Und er hatte eine dünne Stimme – wenn man ihn so sah und reden hörte in seinem gebrochenen Deutsch, konnte man sich nicht vorstellen, dass wir es hier mit einem gefährlichen Verbrecher zu tun hatten. Im Übrigen war er ausgesprochen höflich und bemüht, sich an alle seine Einbrüche zu erinnern. Es gelang ihm aber nicht, weil es zu viele waren.«

Die Vernehmung nahm etliche Stunden in Anspruch, und während dieser Zeit näherte sich der Kriminalist langsam seinem Ziel. Auf die Flaschendiebstähle angesprochen, wurde Gerassimow hellhörig, doch auch sie räumte er schließlich ein. Er verriet auch sein Versteck in der alten Villa, wo die Beamten noch in der Nacht Diebesgut sicherstellten. Auch eine Vielzahl von Perücken fanden sie. In einigen von ihnen befanden sich Glassplitter, die die Kriminaltechniker mit mehreren Einbrüchen in Zusammenhang bringen konnten.

Zum scheinbaren Ende der Vernehmung schob Norbert

Düren das Protokoll und einen Kugelschreiber über den Tisch. Anton Gerassimow beugte sich darüber und begann zu blinzeln.
»Da kam dann meine große Stunde.« Norbert Düren lächelte. »Ich zog die Schublade auf und nahm die Brille heraus und schob auch sie über den Tisch. Gerassimow blickte mich verwirrt an, dann sagte er mit seiner dünnen Stimme: ›Oh, meine Brille!‹ Er setzte sie auf, um zu unterschreiben. – Bis zur Gerichtsverhandlung musste ich sie ihm aber wieder abnehmen. Klar, dass er nun wusste, was die Stunde geschlagen hatte.«
Anton Gerassimow legte vor Norbert Düren ein ausführliches Geständnis ab. Er gab sowohl die Schüsse auf die Bauarbeiter zu als auch jene auf die Polizisten. Zudem belegte die Untersuchung der Waffe, die er bei sich trug, eindeutig seine Täterschaft.

Im Herbst 2003 wurde Anton Gerassimow vor Gericht gestellt. Auch hier blieb er bei seinem Geständnis. Er hatte sich bereits zuvor brieflich bei seinen Opfern entschuldigt und wiederholte seine Entschuldigung auch vor Gericht. Wahrscheinlich ist es glaubwürdig, dass er weder die Arbeiter noch die Polizisten töten, sondern sich selbst »retten« wollte. Doch die brutale Unberechenbarkeit seines Vorgehens bleibt unbenommen. Der Vorsitzende Richter drückte es so aus: »Dass Herr Köster noch lebt, ist ein großes Glück. Es hätte auch anders ausgehen können, und dann säßen Sie wegen Mordes hier.«
Angeklagt hatte die Staatsanwaltschaft den Mann aus der Ukraine wegen versuchten Mordes und gefährlicher Körperverletzung. Über die Motive hatte das Gericht keine Zweifel: Es ging nur ums Geld.
»Ich war mehrfach beim Prozess«, erzählt Düren, »und einmal wollte der Richter von Gerassimow wissen, wie lange er noch weitergemacht hätte und wann er zu seiner Familie habe zurückkehren wollen. Dazu hat er nichts gesagt, aber wir dürfen sicher sein, dass es noch Jahre hätte so weitergehen können. Gerassimow war nicht nur

von der Geldgier getrieben, er war regelrecht süchtig geworden, und zwar nicht bloß nach dem Geld, sondern auch nach dem Nervenkitzel. Anders lässt sich kaum erklären, dass er in manchen Nächten bis zu drei Mal eingebrochen ist. Das wurde wie ein Sport für ihn, er geriet nahezu völlig außer Kontrolle. Gerassimow war ein Serieneinbrecher aber kein Mörder. Doch manchmal kippt solch eine Serie auch ... Ich glaube, seine Einbrüche haben ihm Spaß gemacht, und die Familie wurde mehr und mehr zum Vorwand.«

Das Gericht folgte dem Antrag der Staatsanwaltschaft nicht, die eine lebenslange Freiheitsstrafe für die Mordversuche in immerhin drei Fällen gefordert hatte. Anton Gerassimow wurde zu einem zeitlich befristeten Freiheitsentzug verurteilt und muss für dreizehneinhalb Jahre hinter Gitter.

»Wir waren unheimlich erleichtert, als wir ihn von der Straße weg hatten«, meint Norbert Düren zum Abschluss unseres Gesprächs. »Ich bin hundertprozentig sicher, dass es früher oder später einen Toten gegeben hätte.«

»Schlaf, Kindlein, schlaf ...«

Weil Frau und Tochter ihm im Wege stehen, ein neues Leben anzufangen, tötet er sie. Er hatte an alles gedacht, denn er ist kein Dummkopf ... meint er. Und Reue kennt er nicht.

Als Martin Budweg am Nachmittag des 12. Juni 2005 von der Arbeit nach Hause zurückkehrte, war er auf hundertachtzig. Den ganzen Tag hatte sich der 43-jährige Malermeister mit einem Kunden herumschlagen müssen, der den Stoß der Tapete sozusagen mit der Lupe kontrollierte. Budweg kannte solche Leute zur Genüge. Sie waren nie zufrieden und stritten am Ende monatelang über die Rechnung. Budweg beruhigte sich erst, als er das Ortseingangsschild von Benzkow sah. Das kleine, abgelegene Mecklenburger Dorf mit seinen nicht mal hundert Einwohnern war sein Zuhause. Eingebettet in eine weite Wiesen- und Ackerlandschaft, mochte der Ort auf Fremde verschlafen wirken, aber genau das war es, was Martin vor elf Jahren gesucht hatte: Ruhe und Abgeschiedenheit.

Der 12. Juni war ein sehr warmer Frühsommertag, und Budweg würde den Abend mit seiner Familie im Freien auf der Terrasse verbringen, da konnte ihm der Kunde gestohlen bleiben. Mochte der sich mit seiner Wasserwaage vergnügen.

Noch immer, wenn der Malermeister das weißgetünchte Doppelhaus sah, das er sein eigen nannte, überkam ihn Stolz. Als er es vor elf Jahren in Benzkow entdeckt hatte, war es eine Bruchbude gewesen. Gemeinsam mit seinem Sohn hatte er ein Schmuckstück daraus gemacht, und auch seine Frau und die Tochter Simone hatten mit angepackt.

›Alles mit eigenen Händen‹, dachte Martin, ›und vom selber erarbeiteten Geld‹. Dann stutzte er.

Budweg war es gewohnt, seinen Wagen von der Durchgangsstraße direkt auf sein Grundstück zu fahren, aber heute war das nicht möglich: Das aus zwei Flügeln bestehende Hoftor war geschlossen.

In einer Bundeswehrkaserne hatte sich ein Mann auf sein Bett gelegt, die Arme im Nacken verschränkt, und starrte an die Decke. Was der Unteroffizier jetzt brauchte, war eine gute, eine überzeugende Geschichte. Ihm war klar, dass die Kripo früher oder später auftauchen würde, eher früher als später. Seine Inszenierung war perfekt, daran zweifelte der 26-Jährige nicht. Er hatte an alles gedacht, denn er war kein Dummkopf. Die Zeiten stimmten. Mit exakten Zeiten kannte er sich aus: Minutiöse Genauigkeit gehörte schließlich zu seinem Beruf.
Trotzdem spürte der Mann eine starke innere Unruhe. Immer wieder dachte er über die Geschichte nach, die er sich zurechtgelegt hatte. Sie entsprach zu einem großen Teil der Wahrheit, und genau das war der Trick: Er würde die Lügen geschickt mit der Wahrheit verknüpfen.
Natürlich konnte er nicht leugnen, in Benzkow gewesen zu sein, denn möglicherweise hatte ihn jemand gesehen. Er hatte jedoch alles so vorbereitet, dass er zu dem gewissen Zeitpunkt nicht mehr dort gewesen sein konnte. Der Mann fand, dass er es sehr geschickt eingefädelt hatte. Niemals würde man ihm nachweisen können, dass es anders gewesen war.
Ein leichter Schlummer überkam den Mann. An die beiden Toten hatte er kaum einen Gedanken verschwendet. Sie bedeuteten ihm nicht mehr viel.
In seiner Welt drehte sich alles um ihn.

Martin Budweg schob das Hoftor auf, das eigentlich nur dann geschlossen wurde, wenn die Familie in den Urlaub fuhr, und Urlaub hatte es seit Jahren nicht mehr gegeben: Wie viele selbständige Handwerksmeister litt auch Budweg unter der schlechten Zahlungsmoral seiner Kunden. In Benzkow war es nicht notwendig, Tore abzusperren. Einer achtete auf den anderen und auf dessen Eigentum.

Auch für diese Sicherheit, für diesen Schutz liebte Martin Budweg den Ort, in dem er lebte.
»Bruno!« rief Budweg. Ihm antwortete ein lautes und vor allem klägliches Bellen. »Bruno?«
Das Bellen wurde zum Heulen.
Budweg war es gewohnt, bei der Heimkehr von Bruno empfangen zu werden, dem Schäferhund, der seit fünf Jahren zur Familie gehörte. Budweg hatte zwar einen Zwinger für ihn gebaut, aber schon nach kurzer Zeit war ihm klar geworden, dass er es nicht übers Herz brachte, den Hund einzusperren. Bruno durfte frei auf dem Grundstück herumlaufen.
»Bruno, was ist los?« Martin Budweg umrundete das Haus. Der Hund sprang gegen den Maschendraht des Zwingers und winselte. Budweg erlöste ihn, indem er zuerst die Zwingertür öffnete. Sofort schoss Bruno auf ihn zu, richtete sich auf, legte beide Vorderpfoten auf seine Schultern und leckte ihm das Gesicht.
Eigentlich mochte Martin Budweg das nicht. Er ließ es dennoch geschehen, weil er wegen des geschlossenen Hoftores und wegen des eingesperrten Hundes irritiert war.

Die große Liebe war es von Anfang an nicht gewesen. Es war geschehen, weil es nun einmal dazugehörte, weil es erwartet wurde, weil alle es taten und weil es anscheinend keine Alternative gab.
Der Mann stieß im Schlaf die Bettdecke von sich. Ihm war heiß.
In dem Landstrich, aus dem er stammte, heiratete man spätestens mit Ende Zwanzig. Wer dann noch allein war, über den wurde getuschelt.
Der Unteroffizier war beliebt bei Frauen. Er war zwar klein, aber kräftig. An den Stirnecken gingen ihm die Haare aus, aber das störte nicht – außerdem trug er die Haare kurz. Die Mädels strichen gern über seine Igelfrisur.
»Das fühlt sich gut an«, sagten sie.
Er lächelte im Schlaf. Er hatte nichts falsch gemacht.

Martin Budweg lenkte den Wagen auf das Grundstück und musste aufpassen, dass er den außer Rand und Band geratenen Hund nicht überfuhr. Von der Rückbank nahm er eine Plastiktüte. An der Tankstelle im Nachbarort Grumkow hatte er Lakritzkonfekt für seine Enkelin Sara gekauft. Simone, seine Tochter, sah es zwar nicht gern, wenn er die 4-Jährige mit Süßigkeiten verwöhnte, aber schließlich war er der Großvater. Budweg lächelte. Er freute sich schon darauf, dass Sara ihm mit lakritzverschmiertem Mund einen Kuss gab und »Oppa« zu ihm sagte.
»Bruno, aus!« Allmählich fiel der Hund ihm auf die Nerven. Ständig sprang er vor seinen Füßen herum.
Budweg zog den Schlüsselbund aus der Hosentasche und ging, von dem hechelnden Hund begleitet, zur Tür der Veranda. Die Verandatür war immer abgeschlossen, damit Sara nicht einfach so aus dem Haus laufen konnte, etwa um mit Bruno zu spielen, den sie abgöttisch liebte, oder um gar auf die Straße zu rennen. In Benzkow war zwar nie viel Verkehr, aber trotzdem konnte man nicht genug aufpassen.
Als Budweg den Schlüssel in das Schloss steckte, begann der Hund zu winseln.
»Bruno, hast du heute einen schlechten Tag?« Budweg drehte den Schlüssel nach links. Er spürte keinen Widerstand. Die Verandatür war nicht abgesperrt.
Budweg betrat die Veranda. Der Hund wollte ihm folgen, aber Martin befahl ihm, auf dem Hof zu bleiben. Auf dem Tisch in dem kleinen Raum standen zwei Kaffeetassen, eine Thermoskanne und ein überquellender Aschenbecher. Simone hatte wohl Besuch gehabt.
Martin zuckte mit dem Schultern und bereitete wie jeden Tag nach der Rückkehr von der Arbeit das Hühnerfutter vor, denn die Familie Budweg hielt ein paar Nutztiere für den Eigenbedarf. Immer wieder hob er den Kopf und lauschte zum Dachgeschoss.
Es war die Stille im Haus, die seine Vorahnung nährte. Kein Geräusch, weder von Stimmen noch von Schritten,

drang aus der oberen Etage; dort hatten Budweg und sein Schwiegersohn vor einiger Zeit das Dachgeschoss ausgebaut. Es hatte das Nest der kleinen Familie werden sollen, aber nun lebten Tochter und Schwiegersohn zu Budwegs großem Bedauern schon seit einem Jahr getrennt.
»Simone!« rief Budweg. »Sara!«
Keine Antwort. Noch immer war nichts zu hören, dabei war Sara ein lebhaftes Kind, und wenn sie merkte, dass der Opa angekommen war, lief sie ihm entgegen. Oft mit dem Buch in der Hand, weil der Großvater ihr eine Gutenachtgeschichte vorlesen sollte. Dann war Sara immer ganz aufgeregt, obwohl noch viel Zeit bis zum Schlafengehen blieb.
Budweg ließ vom Hühnerfutter ab und begab sich zur Treppe.
»Simone? Sara?« rief er. Es blieb totenstill.
Langsam stieg Budweg die Treppe hinauf. Für diese Stille konnte es nur einen Grund geben: Simone und Sara waren spazieren gegangen. Das passte allerdings so gar nicht zu Simone, die etwas träge war. Wenn die 22-Jährige mit Sara überhaupt an die frische Luft ging, dann spielte sie mit dem Kind und Bruno auf dem Hof.
Die Tür zur Dachwohnung stand offen. Martin Budweg warf einen Blick hinein. Tochter und Enkelin lagen, anscheinend schlafend, auf der breiten Couch. Er sprach sie vorsichtig an: »Sara, Simone ...«, aber die beiden rührten sich nicht. Budweg trat ein Stückchen näher, berührte seine Tochter am Arm, den sie über die Kleine gelegt hatte. Er erstarrte vor Schreck. Nein, sie schliefen nicht. Wie besinnungslos stürzte er die Treppe hinunter. Keinen klaren Gedanken konnte er fassen. Verzweifelt rannte er aus dem Haus, floh vor dem Unfassbaren. Was sollte er tun? Er lief über die Straße, zu seinem Nachbarn. Dieter Schultze war gerade dabei, Gras für die Kaninchen zu schneiden, als er den völlig aufgelösten Mann auf sich zu hetzen sah.
»Martin, mein Gott «, auch den Nachbarn ergriff panischer Schrecken, als er den unter Schock stehenden Budweg sah.

Er ließ die Handsichel fallen, fasste Martin am Oberarm. »Komm rein, setz dich erst mal!« Dem Nachbarn gelang es nicht, Budweg zu beruhigen und ebenso wenig konnte er fassen, was dieser von sich gab: »Sie hat sich umgebacht und die Kleine auch!« Begreifen kann Schultze nicht, was geschehen sein soll, mehr aus einer Ahnung heraus ruft er den Notarzt an und sofort auch die Polizei.

Als die ersten Polizisten und wenig später auch Arzt und Rettungssanitäter am Tatort eintreffen, befindet sich Kriminalhauptkommissar Alfred Wollanke auf dem Weg von der Dienststelle nach Hause. Er hofft auf einen geruhsamen Abend mit seiner Frau, den man bei dem warmen Frühsommerwetter mit einer Flasche gutem Wein auf der Terrasse verbringen kann. Oder mit einem Spaziergang über die Felder rings um den Ort, in dem er lebt.
Wollanke ist ein erfahrener Kriminalist - ein alter Hase, wie man so sagt -, der seit Jahren das Fachkommissariat 1 der Kriminalpolizeiinspektion leitet. Dieses Kommissariat ist für Tötungsdelikte zuständig, aber auch für Brandstiftungen und Sexualstraftaten.
Alfred Wollanke ist noch nicht zu Hause angelangt, als sein Mobiltelefon klingelt und die Einsatzleitstelle ihn über die zwei Toten in Benzkow unterrichtet. Er lenkt seinen Wagen an den Straßenrand und schaut in der Karte nach, wo Benzkow liegt. Dann wendet er und fährt zurück. Während der Fahrt ruft er seine Frau an: Aus dem beschaulichen Abend daheim wird nichts werden.

»Bei einem solchen Ereignis wird immer sofort Dienststellenalarm ausgelöst«, erklärt Wollanke mir auf meine Frage nach den ersten Maßnahmen. »Das bedeutet, alle verfügbaren Kollegen der Kriminalinspektion und zugeordnete Kräfte der örtlichen Kriminalkommissariate sind im Einsatz. Da der so genannte Erste Angriff, wenn die Spuren noch frisch sind, besonders wichtig ist, wird die gesamte Dienststelle in die Ermittlungen einbezogen, was natürlich nicht heißt, dass alle Kollegen sich auch am Tatort aufhalten; das würde die Tatortermittlungen nur erschweren. Aber man kann sagen, dass wir in den ersten vier bis sechs Wochen an die sechzig Leute im Einsatz hatten. Dann wurde der Kräfteeinsatz allmählich zurückgefahren, denn die Kollegen haben ja auch noch ihre Facharbeit zu erledigen, die erst mal liegen bleibt.«

In Benzkow findet Alfred Wollanke einen professionell gesicherten Tatort vor, was nicht immer selbstverständlich ist. Die beiden zuerst eingetroffenen Streifenbeamten hatten das Grundstück weiträumig abgesperrt und auch schon eine Fahrzeugspur abgesichert; diese befand sich in einem von den Umbauarbeiten im Haus übriggebliebenen Sandhaufen auf dem Grundstück. Der Notarzt und der Sanitäter waren noch am Ort, fuhren aber bald ab, weil man sie hier nicht mehr brauchte. Den zweifellos unnatürlichen Tod von Simone und Sara zu untersuchen, war Sache der Rechtsmediziner.
Kurz nach Wollanke trafen die Kriminaltechniker ein, und der Kommissariatsleiter ging daran, sich einen ersten Überblick über den Tatort zu verschaffen.

»Von außen nach innen, so gehen wir üblicherweise vor. Zugleich wurde eine Videodokumentation angefertigt. Das ist notwendig, weil beim Sichern von Spuren gelegentlich Veränderungen am Tatort vorgenommen werden müssen, das Videoband aber genau den Moment festhält, an dem wir ihn zum ersten Mal betreten und in Augenschein genommen haben. Die Besonderheiten des Tatortes können auf diese Weise in allen Einzelheiten festgehalten werden.«

Der erste Raum, den Wollanke betrat, war die Veranda. Auf dem Tisch standen zwei benutzte Kaffeetassen, die Thermoskanne sowie ein von Kippen überquellender Aschenbecher. Außerdem befand sich dort eine geöffnete Tüte mit Kabelbindern aus milchig-weißem Plastik.
Es wurden zwei Untersuchungsteams gebildet, von denen sich das eine mit dem Untergeschoss, das zweite, von

Wollanke geführt, mit der Dachetage beschäftigen sollte. Das Erste, was ihm oben auffiel, war ein Gummihandschuh, der unmittelbar im Eingangsbereich des Wohn- und Schlafzimmers auf dem Boden lag. Etwas weiter im Raum, aber ebenfalls auf dem Boden, befand sich ein Kissen, um das ein Kabelbinder geschnürt worden war. Noch tiefer im Raum auf der Couch sah Wollanke dann die beiden Toten, die Mutter Simone auf dem Bauch liegend und hinter ihr das kleine Mädchen, beide mit den straff zugezogenen Kabelbindern um den Hals. Die unnatürliche Liegeposition des Kindes mit dem überstreckten Hals wirkte auf den Betrachter, als wäre Sara nicht auf der Couch abgelegt, sondern regelrecht abgeworfen worden.

»Wie Unrat«, sagt Wollanke. »Lieblos und gleichgültig. Das war schon mal ein Indiz.«

Auch wenn es für den erfahrenen Ermittler nicht so aussah, als habe die junge Frau selbst Hand an sich gelegt, musste diese Möglichkeit ernsthaft geprüft werden. Es gehört zum kriminalistischen Handwerk, nichtzutreffende Varianten auszuschließen und das auch zu beweisen. Anders würde man vor Gericht nicht bestehen können.

Wollanke erklärt mir weiter: »Simone war arbeitslos und hat sich, offen gesagt, auch nicht sehr um Arbeit bemüht. Da sie im Haus ihrer Eltern wohnte, war sie zwar abgesichert, aber Geldnöte hatte sie dennoch. Ihr eigener Vater ging übrigens immer von Selbsttötung aus. Er konnte sich einfach nichts anderes vorstellen. Aber eine Mutter, die erweiterten Suizid begeht, wie wir das nennen, handelt anders. Ich möchte es Ihnen an einem Beispiel verdeutlichen. Vor Jahren hatten wir einen Leichenfund, eine Kinderleiche. Der dreijährige Junge war regelrecht beerdigt worden, und weil die Tat im Winter geschehen war, trug er nicht nur warme Kleidung, sondern sein Körper war in eine Decke eingeschlagen. Wir haben sofort an die Mutter als Täterin gedacht. Die warme Kleidung und die Decke waren eine Liebesgeste. Das Kind sollte auch im Tod nicht frieren. Das ist vielleicht absurd, aber so töten Mütter. Aus

Verzweiflung, aus Hass auf den Kindsvater oder warum auch immer. Dass Sara so gleichgültig auf die Couch geworfen war, sprach gegen die Suizidversion.«

»Die Kleine wurde doch aber von ihrer Mutter umarmt«, sage ich und deute auf eines der Tatortfotos.

»Ja, aber das konnte auch eine Inszenierung sein. Auch wenn Simone weder geistig noch emotional sehr beweglich war, hätte sie sicher einen Abschiedsbrief geschrieben. Um sich zu erklären und zu rechtfertigen. Oder sie hätte Mord und Selbstmord nicht in dem Haus verübt, um ihren Angehörigen den Anblick zu ersparen; sie hing sehr an ihren Eltern, vor allem am Vater. Ich habe zwar einen erweiterten Suizid nicht sofort ausgeschlossen, aber die Tötung durch einen Dritten erschien mir doch wahrscheinlicher.«

Der Tatort in Benzkow warf in besonderem Maße die klassische Frage auf: Was hat der Täter getan, was er nicht hätte tun müssen? Um Mutter und Tochter zu töten, hätte es ausgereicht, sie mit den Kabelbindern zu erdrosseln und dann das Weite zu suchen. Stattdessen hatte er jedoch ein paar Rätsel hinterlassen. Nicht allein, dass auf dem Teppichboden ein mit einem Kabelbinder umwickeltes Kissen lag, Wollanke entdeckte auch noch zwei Stofftiere, einen Pinguin am Fußende des Sofas und einen Teddy zwischen den Leichen. Auch um deren Hälse waren die Kabelbinder geschlungen und zugezogen worden.

»Das konnten wir uns zunächst nicht erklären«, räumt Alfred Wollanke ein. »Handelte es sich um einen symbolischen Akt? Vielleicht ja, aber was sollte konkret symbolisiert werden? Das hat mir manche schlaflose Nacht bereitet.«

Der ebenfalls in Benzkow eingetroffene Mitarbeiter des rechtsmedizinischen Bereitschaftsdienstes untersuchte die beiden Toten und versuchte vor allem, den Todeszeitpunkt möglichst genau einzugrenzen. In dem Zimmer unter dem Dach erwies sich das als schwierig, da hier den Tag über eine große Hitze geherrscht hatte und die Leichen dabei nur sehr langsam ausgekühlt waren. Die Raumtemperatur und die Körperinnentemperatur wurden gemessen, die Ausbildung der Totenstarre wurde untersucht und auch die Augenlidreflexe, das heißt, die Reaktionen der Lider auf Stromreize. So konnte die Todeszeit immerhin auf die Vormittags- bis Mittagsstunden des laufenden Tages eingegrenzt werden. Parallel dazu wurden die Angehörigen der Opfer vernommen.

»Das war nicht einfach«, sagt Alfred Wollanke. »Vater, Mutter und Bruder standen unter Schock. Sie waren erst einmal tatverdächtig, routinemäßig. Aber alle hatten Alibis, die wir auch rasch prüfen konnten. Simones Vater hatte das Haus um 6.30 Uhr verlassen und sich ab 7.00 Uhr auf einer Baustelle aufgehalten, wo er mit seinen Leuten für die Malerarbeiten zuständig war. Sein Alibi war absolut nicht zu erschüttern. Mutter und Bruder waren um 7.00 Uhr aufgebrochen. Die Mutter arbeitet in einem Baumarkt in Dallgow, und dort traf sie gegen 7.20 Uhr ein. Der Bruder lernt auf der Werft in Wolgast. Er hatte an jenem Tag theoretischen Unterricht in Stralsund, der um 8.00 Uhr begann. Wir haben alle Wege rekonstruiert und kamen zu dem Schluss, dass die Abfahrtzeit 7.00 Uhr korrekt war. Vater Budweg kehrte nachmittags um 15.45 Uhr von der Arbeit zurück. Um 16.00 Uhr fand er dann die Leichen. Als er sich ein wenig beruhigt hatte, rief er seine Frau an. Der Baumarkt hat bis 20.00 Uhr geöffnet, aber sie kam sofort nach Hause. Um 16.45 Uhr traf sie ein, und der Sohn eine Stunde später. Da waren wir längst an Ort und Stelle.
Ausgehend von den Aussagen der Familie und den Untersuchungen des Rechtsmediziners wurde der Todeszeitpunkt sehr weiträumig auf die Zeit zwischen 7.00 und 12.00 Uhr eingegrenzt. In dieser Zeit muss Simone einen Besucher empfangen haben, den sie mit Kaffee bewirtete. Und der Raucher war. Wir haben immerhin zwölf Kippen einer Marke gefunden, die Simone nicht rauchte.«
»Er war also aufgeregt?«
»Oder Kettenraucher«, meint Wollanke.

Nach der Begehung des Tatortes und der Befragung der Angehörigen verließ Wollanke das Doppelhaus und überließ es den Kriminaltechnikern für ihre akribische Arbeit. Auf einer Wiese in der Nähe des Tatortes wartete ein Hubschrauber auf ihn, geordert vom Leiter der Polizeidirektion. »Es sollte keine Zeit verstreichen, der Chef und ich flogen nach Lüneburg, wo der Ehemann von Simone als Zeitsoldat bei einem Panzergrenadierregiment stationiert war. Wir hatten erfahren, dass es in der Ehe kriselte, also war René Harms für uns besonders interessant.«

»Unteroffizier Harms, stehen Sie auf!« befahl der Hauptmann.

Harms schüttelte sich. Er hatte gerade so wunderbar geträumt, aber im Moment des Erwachens wusste er nicht mehr, wovon. Auf jeden Fall war er in seinem Traum glücklich gewesen.

Der Soldat sprang aus dem Bett.

»Herr Hauptmann?«

»Da sind zwei Herren von der Kripo, die ein paar Fragen an Sie haben«, sagte der Offizier. »Mein Beileid: Ihre Frau und Ihre Tochter sind tot.«

»Was?« René riss die Augen auf.

»Wie ich sagte. Tut mir leid. Aber nun ziehen Sie sich an und kommen in mein Büro.«

»Aber ...« René versuchte zu weinen, doch das gelang ihm nicht.

»Sie bekommen selbstverständlich Urlaub«, sagte der Hauptmann und tippte René an die Schulter. Mehr Zuwendung konnte der junge Mann nicht erwarten, schließlich war er beim Heer und nicht bei der Heilsarmee – so drückte sich der Hauptmann gern aus.

»Meine Frau? Und meine Tochter?« René streifte die Felduniform über.

»Es tut mir leid«, sagte der Hauptmann zum wiederholten Mal.

Jetzt drückte er sogar Renés Arm. »Nimm Urlaub, Junge. Den brauchst du doch jetzt.«

Harms folgte dem Hauptmann über den langen Kasernengang bis in das Büro des Kompaniechefs. Dort nahmen ihn Wollanke und der Leiter der Kriminalpolizei-Inspektion in Empfang.

Wollanke fiel sofort der gefasste Eindruck auf, den der junge Mann machte. Er schien nicht im Geringsten überrascht zu sein, mitten in der Nacht von der Polizei aufgesucht zu werden. Auch als die Kriminalisten ihm kondolierten, zeigte keine Geste, kein Mienenspiel bei ihm Betroffenheit oder Trauer.

»Wo sind Sie heute Morgen gewesen?« will Wollanke wissen.

»Ich war in Benzkow bei meiner Frau«, räumt Harms sofort ein. »Sie wollte mit mir über unsere Scheidung sprechen. Vor allem über den Unterhalt für sich und für Sara. Ich fand ihre Vorstellungen übertrieben, und es kam zu einem Streit.«

»Sie haben also mit ihrer Frau gestritten?« fragt Wollanke nach.

René Harms nickt. »Sie hat mir den Inhalt ihrer Kaffeetasse ins Gesicht gegossen«, behauptet er. »Da bin ich ausgerastet und habe ihr einen Schlag gegen den Kopf verpasst. Sie fiel zu Boden.«

»Standen oder saßen Sie da?«

»Wir saßen am Tisch in der Veranda. Simone auf der Polsterbank vor dem Fenster, ich auf dem Stuhl ihr gegenüber. Sara hat im Hof gespielt. Kuchenbacken in dem Sandhaufen oder so.«

»Stand dort nicht Ihr Wagen?«

»Nein, der stand näher beim Haus.«

Alfred Wollanke verschweigt vorerst seine Zweifel. Noch keine drei Stunden ist es her, dass er sich die Veranda angesehen hat. Sie ist so eng, dass Simone nicht von der Polsterbank zu Boden gefallen sein kann.

René Harms erzählte viel, zu viel. Er will sich für den Fausthieb bei seiner Frau entschuldigt und ihr vom Boden aufgeholfen haben. Da Simone nicht einlenkte, habe er das Haus bald in Rage verlassen, ohne seine Tochter zu sehen.

Er sei zu seiner Freundin nach Grumbkow gefahren, habe sich dort umgezogen und dann seinen Weg nach Lüneburg fortgesetzt, wo er gegen 13.00 Uhr in der Kaserne eingetroffen sei. Dort habe er sich für ein paar Minuten hingelegt, um dann abends an einer Veranstaltung seiner Truppe teilzunehmen. Letzteres kann der Hauptmann bestätigen.

Die Kriminalisten bitten Harms, einen Blick in seinen Wagen, einen schwarzen Golf, werfen zu dürfen. René ist sofort einverstanden. In dem PKW liegen Gummihandschuhe. Wollanke schaut Harms fragend an.

Der bietet wie aus der Pistole geschossen eine Erklärung: Gummihandschuhe nähme er häufig von der Bundeswehr nach Benzkow mit, da seine Frau sich die Haare färbe und dabei immer Handschuhe trage. Außerdem benutze er selbst Gummihandschuhe beim Betanken seines Fahrzeugs.

»Und die Kabelbinder?« erkundigt sich Wollanke.

»Die haben wir für den Dachumbau gebraucht«, sagt Harms sofort. »Sie liegen immer in der Garage. Manchmal hole ich welche, um mit Sara zu spielen. Wir bauen Straßen mit den Dingern. Simone sieht das nicht gern, aber wenn ich aufpasse, kann ja nichts passieren.«

»Es lag eine aufgerissene Tüte mit Kabelbindern auf dem Tisch«, sagt Wollanke.

»Ja, ja«, Harms nickt eifrig, »ich wollte mit Sara spielen. Aber dazu kam es nicht mehr, wegen des Streits.«

»Was uns bei dieser ersten Befragung stutzig machte, war, dass Harms für alles gleich eine Erklärung bereit hatte, obwohl er doch gerade aus dem Schlaf gerissen worden war«, berichtet mir Alfred Wollanke bei unserem Gespräch. »Er hat also mit den Kabelbindern Straßen bauen wollen – in der engen Veranda? Dort war für ein solches Spiel eigentlich gar kein Platz.«

Den Ermittlern fallen auch Kratz- und Druckspuren an den Handgelenken von Harms auf. Auch dafür hat er eine schnelle Begründung parat: Simone habe ihn zurückhal-

ten wollen, als er sich in seiner Erregung anschickte, das Haus zu verlassen.
Wollanke hat von Anfang an große Zweifel an der Version, die Harms ihm liefert. Sie klingt für ihn, als hätte sie sich der junge Mann für eine etwaige polizeiliche Vernehmung zurechtgelegt.
»Als er dann auch noch meine Frage beantworten konnte, wie wohl der Gummihandschuh in das Obergeschoss geraten sein konnte, war ich sicher, wer mir hier gegenüberstand«, erklärt mir Wollanke. »Es hörte sich auch wieder sehr schlüssig an. Sara, meinte er, könne den Handschuh bei den Toilettenartikeln der Mutter im Bad gefunden und zum Spielen mitgenommen haben. Für mich war das alles zu logisch. So viel Logik gibt's im Leben nicht.«
»Also war René Harms relativ schnell Ihr Hauptverdächtiger?« frage ich.
»Schon bei der ersten Begegnung. Nur reicht ja ein Bauchgefühl nicht aus, um einen Täter zu überführen.« Alfred Wollanke fügt hinzu: »Wir mussten ihm die Tat beweisen. Und das war gar nicht so leicht. Immer, wenn wir eine Aussage von Harms widerlegen konnten, kam er mit einer neuen Geschichte. Meine Kollegen und ich haben uns nicht nur sehr viele Märchen anhören müssen. Wir haben auch jedes einzelne überprüft.«

Am Tag nach dem Verbrechen werden die Leichen in der Rechtsmedizin obduziert. Dass der Tod bei beiden Opfern auf Strangulation durch die Kabelbinder zurückzuführen ist, darüber bestehen nicht die geringsten Zweifel. Allerdings ergeben die Befunde Unterschiede bei der Tatbegehungsweise. Bei Simone fanden sich keine so genannten Stauungsblutungen in den Augenlidern, die entstehen, wenn beim Drosselungsvorgang noch eine geringe Menge Blut durch die Halsschlagadern in den Kopf fließen kann. Der Täter hat die Kabelbinder bei der Mutter also ruckartig und mit massiver Kraft zugezogen. Durch die abrupte Unterbrechung der Blutzufuhr zum Gehirn tritt nach zwei bis drei Sekunden ein Rauschzustand ein, dann rasch Be-

wusstlosigkeit und schließlich der Tod. Außerdem fanden sich bei Simone einige oberflächliche Hautverletzungen, die durch Anstoßen an einen festen Gegenstand entstanden sein mussten.
Anders war die Situation bei dem Kind. Hier gab es extreme Stauungsblutungen im Gesicht, die auf eine langsamere Strangulation schließen ließen. Offenbar hatte der Mörder bei Simone rasch und zielstrebig gehandelt, während seine Hemmschwelle bei Sara höher lag.

»Er wollte dem Kind nicht wehtun und hat genau das Gegenteil bewirkt, nämlich einen weit qualvolleren Tod«, meint Alfred Wollanke. »Bei Sara fanden sich überhaupt keine Abwehrverletzungen – das Mädchen war vier und wusste vermutlich nicht, wie ihm geschieht. Auch stellte sich bei der Autopsie heraus, dass die Kabelbinder für das Verbrechen präpariert werden mussten; ein Binder allein ist zu kurz und reicht nicht um den Hals herum, so dass zwei zusammengefügt werden mussten, um zur Strangulation benutzt werden zu können. Das setzt schon mal eine gedankliche Vorbereitung der Tat voraus.«
»Unter dem Stress einer Tatsituation«, ergänzt Doktor Anton, der Rechtsmediziner, der sich zu uns gesellt hat, »musste es sich um einen Täter handeln, der entschlossen vorgeht, der im Umgang mit Kabelbindern geübt ist und diese von den Opfern unbemerkt vorbereitet hat. Er hat sie dem jeweiligen Opfer dann überraschend über den Kopf gezogen.«
»Und geplant«, sagt Wollanke. »So etwas tut man nicht spontan aus einer wie auch immer gearteten Situation heraus.«
»Auf keinen Fall«, bestätigt Doktor Anton. »Da war viel kriminelle Energie im Spiel.«
»Nachdem uns das rechtsmedizinische Gutachten vorlag«, Wollanke nickt in Richtung des Obduzenten, »stellte sich für uns die Frage, von welcher Seite Simone Harms angegriffen wurde. Wir haben das nachgestellt. Am besten, ich zeige Ihnen die Videos.«

Wollanke dreht den Bildschirm seines PC zu mir und tippt einen Befehl ein.

»Wir haben einen Kollegen, der in etwa die Statur von Harms hatte, beauftragt, eine Beamtin, die Simone von Alter und Körpergröße ähnelte, mit Kabelbindern anzugreifen – schauen Sie.« Alfred Wollanke lässt das erste Video ablaufen. »Zwei Varianten haben wir durchgespielt. Einmal: Der Täter lenkt die Frau ab und legt ihr die Kabelbinder von hinten um. Das geht nicht. Die Frau greift sofort reflexartig nach dem Tatwerkzeug. Da Simone aber keine entsprechenden Verletzungen an den Händen hatte, schied dieser Hergang aus.«

»Der Täter hat frontal angegriffen«, sagt Doktor Anton.

»Und das sehen Sie auf Video zwei.« Wollanke ruft es auf. »Bei einem Angriff von vorn versucht das Opfer, die Arme des Täters zu ergreifen. Das ist eine instinktive Handlung; sogar vorbereitete Polizeibeamtinnen reagieren so. Und damit hatten wir die Erklärung für die Kratz- und Druckspuren an Renés Unterarm.«

Da sich die Tüte mit den Kabelbindern in der Veranda, die Toten aber im Obergeschoss befunden haben, gehen die Kriminalisten davon aus, dass Simone in der Veranda getötet und die Leiche anschließend die Treppe hinaufgeschafft worden ist. Um auch hier herauszufinden, wie das geschehen sein könnte, machen sie einen Rekonstruktionsversuch. Zuerst bemüht sich ein Beamter, einen Dummy die Treppe hinaufzuschleifen, doch schnell stellt sich heraus, dass das viel zu schwer geht und außerdem zu lange dauert, abgesehen davon, dass dadurch andere Verletzungen entstanden wären als die bei der Obduktion vorgefundenen. Viel einfacher ist die Variante, sich die Tote über die Schulter zu legen und sie dann die Treppe hinaufzutragen. Nach der Auswertung des Videomaterials wird den Kriminalisten klar: Durch Anstoßen an die Wand wären genau solche Hautverletzungen entstanden, wie sie Simone tatsächlich aufwies. Für das Ermittlungsteam kristallisiert sich immer mehr ein Bild vom Tatgeschehen heraus.

Doch die Arbeit der Kriminalisten beschränkt sich keineswegs auf die Rekonstruktion der Tat. Umfangreiche Ermittlungen werden im Ort, bei Angehörigen, Freunden und Bekannten der Opfer, zu deren Lebensumständen und zu den Lebensumständen des mutmaßlichen Täters durchgeführt.

»René hatte den Ruf eines guten Ehemannes und Vaters«, berichtet Alfred Wollanke. »Er war nie gewalttätig und spielte mit Sara. Das allein genügte schon für ein positives Rufbild.«

Auch die Möglichkeit des erweiterten Suizids behält Alfred Wollanke im Auge. Doch nicht nur die Eltern und der Bruder, sondern auch Freundinnen und Bekannte sagen übereinstimmend aus, dass Simone ihre Tochter geliebt und sich fürsorglich um sie gekümmert hat; sie wäre nie in der Lage gewesen, Sara zu töten, nicht einmal in allergrößter Not. Und von Verzweiflung konnte keine Rede sein. Von allen Zeugen wird Simone als lebenslustig beschrieben.

Ihren Ehemann jedoch habe sie mit der Zeit immer mehr gehasst. Er habe den Unterhalt für sie und die gemeinsame Tochter nur unregelmäßig oder gar nicht bezahlt und habe Simone immer wieder beschimpft, mal als Schlampe, mal als Hure.

»Als Simone und René geheiratet haben, hatten sie natürlich die Lebenspläne aller Jungvermählten und wünschten sich eine glückliche und lebenslang anhaltende Beziehung«, berichtet Wollanke. »Simone zog sogar mit Sara an den Standort ihres Mannes. Aber offenbar wurde die Beziehung dann rasch unharmonisch, was womöglich mit dem Umstand zu tun hatte, dass Simone eine alte Jugendliebe wiedertraf und entdeckte, dass sie sich noch immer zu diesem Mann hingezogen fühlte. Sie verließ die gemeinsame Wohnung und kehrte in ihren Heimatort zurück. Nun wollte ihnen René dort einen Lebensmittelpunkt schaffen, baute mit dem Schwiegervater das Dachgeschoss aus und steckte sogar erhebliche Geldmittel in den Ausbau. Aber die Beziehung war nicht mehr zu kitten. Im Übrigen hatte auch René mittlerweile eine Freundin.«

Simones wiederaufgeflackerte Liebe zu dem Jugendfreund währte indes nicht lange. Nun befand sie sich wieder im Elternhaus, hatte keine Arbeit und langweilte sich wohl auch. Um ihren Tag auszufüllen, besuchte sie Kontaktbörsen im Internet, in denen sie sogar ein Bild von sich veröffentlichte.

»Sie hat enorm viel gechattet. Man kann sagen, dass sie sich auf ständiger Kontaktsuche befand, flüchtige Begegnungen nicht ablehnte. Mit mancher Internet-Bekanntschaft telefonierte sie oder hat sich sogar mit ihnen getroffen. Und das ist ja nicht immer ganz risikolos.«

Über die jeweiligen Provider ermittelten die Kriminalisten mehr als einhundert Chatpartner und suchten jeden von ihnen auf. Jedes Alibi wurde überprüft – mit dem Ergebnis, dass sämtliche Chatpartner als Täter ausgeschlossen werden konnten.

Über das Internet hatte Simone allerdings einen neuen Freund gefunden, zu dem sie eine intensivere Beziehung unterhielt. Sie besuchte Peter Michaelis in dessen Heimatstadt Lübeck und hielt sich immer wieder einmal mehrere Tage in dessen Wohnung auf. Schließlich plante sie sogar, in Lübeck eine eigene Wohnung zu mieten. Bezahlen sollte sie René Harms.

»Das muss für ihn eine ziemliche Demütigung gewesen sein«, meint Wollanke. »Seine Ehefrau verlangte von ihm, ihr mit seinem Geld zu ermöglichen, zu ihrem Geliebten zu ziehen. Das hat seine Mannesehre ganz schön angeknackst.«

In der Folgezeit wurde Harms häufig vernommen. Immer wieder zog er einen Joker aus der Tasche oder bot eine auf den ersten Blick plausible Erklärung an.

So war von ihm im Obergeschoss eine Fingerspur gefunden worden, die allerdings in zweierlei Hinsicht problematisch war: Einerseits konnte man ihr Alter nicht feststellen, andererseits gehörte Harms zu den Tatortberechtigten;

er besaß sogar einen Schlüssel zum Haus. Dennoch wurde er befragt, ob er sich am Tattag im Obergeschoss aufgehalten habe. Harms verneinte. Simone habe ihm verboten, die Treppe hinaufzugehen, da sich dort jemand befunden habe, den er nicht sehen solle. René behauptete, er habe angenommen, es sei der neue Freund gewesen.

»Aber wenn der neue Freund meiner Frau im Obergeschoss ist, gehe ich doch hinauf«, meint Wollanke. »Schon aus Neugierde. Dem Typen will ich doch mal auf den Zahn fühlen.«

Schnell vom Tisch ist auch Harms' Version, wie der Gummihandschuhe ins Dachzimmer gekommen sein könnte. Hätte Sara ihn mitgenommen, dann hätte sich DNA von ihr am Handschuh befinden müssen. Gefunden wurde aber nur der genetische Fingerabdruck von Harms.

»Hingegen befanden sich an den Kabelbindern vier verschiedene DNA«, sagt Wollanke, »und keine stammte von einem Tatortberechtigten.«

Ein kleiner Test im Labor der Rechtsmedizin, bei dem mehrere Mitarbeiterinnen und Mitarbeiter gebeten wurden, ein paar Kabelbinder in die Hand zu nehmen, erbrachte den Aufschluss, dass jeder von ihnen einen genetischen Fingerabdruck hinterließ. Wieder recherchierten die Ermittler und konnten feststellen, dass die Kabelbinder in Großchargen in den Vereinigten Staaten hergestellt und aus Übersee an einen deutschen Vertreiber verschickt wurden, der sie in kleinere Mengen umpacken ließ.

»Die DNA-Fremdspuren stammten alle von den Mitarbeitern dieser Vertriebsfirma«, sagt Wollanke. »Keiner von ihnen konnte der Täter sein. Aber man muss erst mal drauf kommen.«

Offen blieb jedoch, warum René Harms keine Spuren hinterlassen hatte, als er angeblich mit Sara und den Kabelbindern gespielt hatte, wie er mittlerweile erklärte; die Version, Sara habe im Sand gespielt, war lange vom Tisch.

»Die Kabelbinder waren als Tatwerkzeuge der Schlüssel zu unserem Fall, und Harms hat sie immer stärker thematisiert«, erklärt der Chefermittler. »Dass die in der Veranda liegenden Binder weder genetische Spuren von Sara noch von ihrem Vater enthielten, konnte nur bedeuten, dass keiner der beiden sie berührt hatte. Das Spiel hatte nicht stattgefunden.«

Harms hatte also gelogen.

»Er log ständig, und nicht mal ungeschickt. Der nächste Joker, den er zog, war eine SMS mit einer deutlichen Suizidankündigung.«

Harms legt den Beamten sein Mobiltelefon vor und ruft eine SMS auf. Da der Absender im Adressbuch eingetragen ist, erscheint die Textbotschaft bei den eingegangenen Nachrichten unter dem Eintrag »Simone«. Die Botschaft lautet: »Du wirst mich und Sara nie wiedersehen!«

»Und da waren wir erst mal platt«, sagt Wollanke in seiner direkten norddeutschen Art.

Harms will die SMS am Tatmorgen kurz vor 9.00 Uhr erhalten haben, als er längst das Haus verlassen hatte und gerade das Ortsausgangsschild von Benzkow passierte. Und er wäre nicht der, der er ist, wenn er den Ermittlern nicht auch gleich seine Antwort präsentieren könnte: »Mach keinen Unsinn, wir können über alles reden.«

Auch seine Freundin in Grumbkow habe eine ähnliche Botschaft erhalten, berichtet Harms.

Manja Struwe, Renés neue Lebensgefährtin, ist 22 Jahre alt wie Simone, und mit ihren blondierten Haaren ähnelt sie ihr sogar ein wenig. Was sie in ihrer Vernehmung aussagt, scheint ihren Freund zunächst zu entlasten. Ihr Handy enthält noch die gespeicherte Botschaft, die um 8.57 ihr eingegangen ist: »Jetzt habt ihr, was ihr wollt. Ich werde euch in Ruhe lassen.«

Die SMS enthält ebenso wie die an Harms gerichtete einige bemerkenswerte Rechtschreibfehler.

»Diese Fehler passten nicht zu Simone, die immer korrekt schrieb und ein Rechtschreibprogramm benutzte«, erläutert mir Alfred Wollanke. »Wenn man mit diesem Programm aber nicht zurechtkommt, macht man genau die Fehler, die beide Texte aufwiesen. Nicht Simone hatte die

Nachrichten verfasst, sondern eine andere Person, die den Eindruck erwecken wollte, Simone habe die Tötung von Sara und ihren eigenen Selbstmord angekündigt. Das war schon raffiniert eingefädelt, aber nicht raffiniert genug.«

»Wie war denn die Beziehung zwischen den beiden Frauen?« erkundige ich mich.

»Sie waren befreundet«, sagt Wollanke. »Auch als René sich Manja zuwandte, hatten sie noch Umgang miteinander. Erst Simones finanzielle Forderungen haben dann dazu geführt, dass sich Manja von ihr abwandte.«

Simone Harms hatte aber weiterhin nichts dagegen, dass René die Tochter an den Wochenenden, an denen er sich um sie kümmerte, mit zur Freundin nahm. Er hatte für sich und Manja eine Einraumwohnung im Nachbarort Grumbkow gemietet, in der wenig Platz für drei Personen war.

»Das war sicher nicht ganz einfach: auf der einen Seite zwei Erwachsene mit ihren sexuellen Bedürfnissen, auf der anderen das kleine Mädchen. Von Simones Familie haben wir erfahren, dass Renés Kontakte zu seiner Tochter immer schwächer wurden. Da fragt man sich schon, ob das Kind die neue Beziehung nicht gestört hat«, meint Alfred Wollanke.

Manja hatte schließlich immer dringender darauf bestanden, dass Harms seine familiären Verhältnisse klärte. René schien dazu auch bereit zu sein, sogar in eine Scheidung wollte er einwilligen. Allerdings verlangte er von Simone, sie solle die Scheidung einreichen. Sein Kalkül: Da seine Ehefrau nicht über ein reguläres Einkommen verfügte, würde sie für das Scheidungsverfahren Prozesskostenhilfe erhalten. Wäre er hingegen der Antragsteller, würden die Kosten ihm angelastet werden.

»Es ging also wieder um Geld«, urteilt Wollanke.

Zum Inhalt der Handybotschaft befragt, erklärte Manja Struwe, sie habe René tatsächlich aufgefordert, seiner Frau zu sagen, sie möge sie endlich in Ruhe lassen. Aber natürlich habe sie dabei nicht an einen Selbstmord gedacht, beteuert die junge Frau unter Tränen.

»Und das arme kleine Mädchen«, sagte Manja in der Vernehmung. »Wie kann eine Mutter nur so etwas tun!«
»Sind Sie denn wirklich überzeugt, dass Simone ihre Tochter und anschließend sich selbst getötet hat?« wollte Alfred Wollanke wissen.
»Nach dieser SMS? Die war doch eindeutig.«
»Aber Sie kannten Simone doch. Die ganzen Fehler in dem Text – haben Sie nie daran gedacht, jemand anderes könnte die Botschaft verfasst haben?«
»Nein, wer denn?« Manja Struwe gab sich überrascht oder war es wirklich. »Simone wird einfach fürchterlich aufgeregt gewesen sein.«
»Und warum hätte sie diese Tat begehen sollen?« wollte Wollanke wissen.
»Weil sie René noch liebte. Sie kam nicht damit klar, dass es aus war.«
»Sie hatte doch selbst einen neuen Freund!«
Darauf erwiderte Manja Struwe nichts.

»Sie ist wohl wirklich von Renés Unschuld überzeugt gewesen«, meint Wollanke. »Wir hingegen gingen davon aus, dass er die beiden SMS geschrieben hat. Nach den Morden und neben den Leichen. Auf dem Tisch im Dachgeschoss haben wir Simones Handy gefunden. Harms wollte eine falsche Spur legen. Das war unsere Vermutung, die wir aber auch erst einmal beweisen mussten.«
Die technische Möglichkeit dazu bot den Ermittlern der Umstand, dass Mobiltelefone ein Signal aussenden. Dieses wird vom nächstgelegenen Funkturm aufgefangen, sofern er nicht überlastet oder anderweitig gestört ist. Über dieses Signal ist es möglich, jedes Handy zu orten, auch nachträglich noch. Die Mitarbeiter der Mordkommission beschafften sich sämtliche Daten aller Telefontürme in der Umgebung des Tatortes.
»Da hatten wir dann eine fast endlose Reihe von Verbindungen«, sagt Wollanke, öffnet eine Akte und hält sie hoch. »Seitenweise Papier. Aber eine Antwort auf die Frage, wo sich René Harms' Handy während des ange-

nommenen Tatzeitraums und danach befunden hat, bekamen wir nicht. Es war fatal. Ein Turm war ausgefallen wegen eines technischen Defekts.«
Das war zwar ein Rückschlag, aber kein Grund für die Kriminalisten, diese Spur nicht mit einem anderen Ansatz weiterzuverfolgen.
Denn da gibt es noch eine Zeugin, die seit zirka 8.30 Uhr in Benzkow mit Säuberungsarbeiten beschäftigt war. Kurz nach 9.00 Uhr befand sie sich auf Höhe des Hauses der Familie Budweg, und zu diesem Zeitpunkt will sie Renés Golf auf dem Grundstück gesehen haben.
Mit dieser Aussage konfrontiert, ändert René Harms sofort wieder die Taktik. Jetzt behauptet er, er sei nach dem Streit noch eine Weile auf dem Hof hin und her gegangen, um sich zu beruhigen. Sein Mobiltelefon habe die ganze Zeit auf dem Beifahrersitz gelegen. Ruhiger geworden, sei er dann in den Wagen gestiegen, sei vom Grundstück gefahren und habe das Hoftor geschlossen. Erst am Ortsausgang habe er das Mobiltelefon blinken gesehen, das die neu eingegangene SMS-Botschaften anzeigte. Simones Botschaft habe er also erst im Auto und außerhalb von Benzkow gelesen, und auf der Fahrt in den Nachbarort will er sie dann beantwortet haben.
Die Kriminalbeamten stellen diese Fahrt nach. Mit zwei Fahrzeugen überprüfen sie die Aussage; im ersten Wagen sitzen Harms und Polizeibeamte, der zweite Wagen folgt ihnen. Die Rekonstruktion wird auf Video aufgezeichnet, aber auch ohne Auswertung der Videoaufnahmen steht sofort fest, dass Harms auf der zwei Kilometer langen und sehr schmalen Straße keine Antwort an Simone verfasst haben kann: Zum einen, weil man sich auf dem Weg sehr konzentrieren muss, zum zweiten, weil die Zeit überhaupt nicht ausreicht. René Harms wird also wieder einmal der Lüge überführt.
Auch in der Folgezeit wird Harms jedem Indiz, mit dem ihn die Kriminalisten konfrontieren, eine neue Geschichte entgegensetzen. Er bringt noch einmal Simones Lübecker Freund ins Spiel, dessen roten Ford er nun plötzlich auf

dem Grundstück gesehen haben will. Alle roten Wagen dieses Typs, die in Lübeck registriert sind, werden überprüft, mehr als zweihundert sind es. Die Besitzer werden aufgesucht oder vorgeladen, sie werden danach befragt, wo sie sich am Vormittags des 14. Juni 2005 aufgehalten haben. Aber damit geben sich die Ermittler keineswegs zufrieden. Die Aussagen werden durch Befragung weiterer Zeugen gegengeprüft. Mit dem Ergebnis, dass sich kein roter Ford aus Lübeck während der fraglichen Zeit in Benzkow befunden haben kann.

René Harms hatte sich während der langwierigen Ermittlungen in so viele Widersprüche verstrickt, dass es für Wollanke und sein Team am Ende nicht den geringsten Zweifel daran gibt, dass der junge Mann Frau und Tochter ermordet hat. Sie schließen die Ermittlungen ab und übergeben die Akten der Staatsanwaltschaft.

»Das hätte ich niemals zugelassen, wenn ich nicht hundertprozentig von seiner Täterschaft überzeugt gewesen wäre«, sagt mir Hauptkommissar Wollanke bei unserem Gespräch. »Den Gedanken, dass ein Unschuldiger im Gefängnis sitzt und ein Mörder noch immer frei herumläuft, könnte ich einfach nicht ertragen.«

Vor Gericht leugnete Harms die Tat bis zum Schluss. Aber sowohl Kripo als auch der Staatsanwalt und die Richter sind der Überzeugung, dass Harms um des Geldes willen getötet hat. Er wollte mit Manja Struwe ein neues Leben beginnen, und für dieses neue Leben wollte er seinen kompletten Sold einsetzen und ihn nicht teilen müssen.

Die Frage, ob Harms schon mit einer Tötungsabsicht nach Benzkow kam oder erst der eskalierende Streit mit Simone der Auslöser der Tat war, konnte auch das Gericht nicht klären. Als die Kammer im Januar 2006 nach einem mehrmonatigen Indizienprozess schließlich ihr Urteil fällt, erkennt sie im Falle von Simone lediglich auf Totschlag.

Die Richter haben es sich mit der Würdigung aller Indizien nicht leicht gemacht, denn jedes Indiz für sich genommen hätte René Harms nicht der Tat überführen können. In der Gesamtschau jedoch kann es keinen anderen

Schluss geben: René Harms ist schuldig. Die Schwurkammer des Landgerichts verurteilt ihn wegen Totschlags und im Falle von Sara wegen Mordes zu einer lebenslangen Freiheitsstrafe und stellt auch die besondere Schwere der Schuld fest.

Die Monate in der Untersuchungshaft haben den Mörder nicht zermürbt. Er empfindet nicht viel, so dass ihm auch die widrigsten Umstände nichts anhaben können. In der Haft herrscht Ordnung, und Ordnung herrschte auch beim Militär; in der Kaserne hier in Deutschland und auch damals bei seinem Einsatz im Kosovo, wo das Fixieren von Gefangenen mit Kabelbindern alltäglich war. Ordnung ist für René Harms die Klammer seines Lebens.
Simone aber war in seinen Augen liederlich. Nachlässig, faul und unverschämt. Und sie wollte obendrein noch Geld von ihm. Er hätte sich doch zu Tode schuften müssen, um diese frechen Forderungen erfüllen und selber anständig leben zu können!
Der Verurteilte liegt auf dem Bett in seinem Verwahrraum und starrt die Decke an. Er hatte doch alles richtig gemacht. Seine Geschichten waren perfekt. Jede Frage der Kripo konnte er beantworten. Aber dieser stämmige ältere Kriminalist, der immer karierte Hemden unter dem Pullover trug, hatte ihm einfach nicht geglaubt, von der ersten Begegnung an. Darauf war Harms nicht vorbereitet gewesen.
Ihm steigen Tränen in die Augen. Er will nicht zwanzig Jahre im Gefängnis verbringen. Er tut sich selbst leid.
Den Tod von Simone und Sara bedauert er nicht.

»Für mich ist Harms ein völlig gefühlskalter Mensch«, erklärt Alfred Wollanke, »auch wenn der psychiatrische Gutachter in seiner Einschätzung vor Gericht so weit nicht ging. Harms war bei den Vernehmungen immer beherrscht und zeigte nie Emotionen. Logischerweise, denn er hat keine.«
»Konnte denn geklärt werden, warum er den Pinguin und den Teddy stranguliert hat?« möchte ich wissen.

Wollanke schüttelt den Kopf. »Leider nicht. Dazu hätte es eines Geständnisses bedurft. Es bleibt als Theorie, was ich Ihnen sage: Harms handelte immer verhältnismäßig rational und nicht ohne Raffinesse. Nachdem er seine Frau getötet hatte, trug er sie auf den Schultern ins Dachgeschoss. Er hatte bereits vor, einen erweiterten Suizid vorzutäuschen, aber wie sollte er Simones leblosen Zustand der kleinen Sara erklären? Die natürlich oben war und nicht im Hof. Er hatte bereits ein zweites Mordwerkzeug präpariert. Nun kam es darauf an, jegliche Gegenwehr des Kindes zu unterbinden. Vielleicht hat Harms behauptet, die Mutter schlafe nur, und die Kabelbinder um ihren Hals würden den Schlaf fördern, denn auch Sara sollte ja nun schlafen. Harms bewies seine Behauptung anhand der Stofftiere und des kleinen Kissens, das vielleicht eine besondere Bedeutung für Sara hatte, womöglich ihr Kuschelkissen war. Auch der Pinguin, der Teddy, das Kissen schliefen nun – wie die Mama. Harms legte Sara die Kabelbinder um den Hals, und sie hatte keinen Grund, ihm zu misstrauen. Der Papa wollte sie ja bloß müde machen. Und dann zog er zu. Ganz langsam.«

Die Schlüssel

Ein Mann wird ermordet – die Beute des jugendlichen Täters: 10 Euro, ausgegeben für ein paar Flaschen Bier. Die Brutalität der Tat zeigt: Es gibt keine Hemmschwelle bei dem sozial entwurzelten und alkoholabhängigen Jugendlichen.

Ein Mann geht durch die nächtlichen Straßen seiner Heimatstadt. Er hat keine Angst. Weintal, ein Ort mit knapp 20 000 Seelen, gilt nicht gerade als Hochburg des Verbrechens. Hier leben vor allem Menschen, die im nicht weit entfernten Dresden ihr Geld verdienen, doch die kleinstädtische Ruhe dem Lärm der Großstadt vorziehen.
Der Mann, er heißt Georg Gläser, ist häufiger des Nachts unterwegs. Am Abend des 22. August 2003 geht es ihm gut, denn er hat einen wunderbaren Tag hinter sich.
Um 18.00 Uhr war er mit Freunden in einer Kleingartenanlage verabredet, wo man sich zum Grillen traf. Diese Freunde sind ehemalige Arbeitskollegen, wie Gläser Werbegrafiker, nur dass Georg nicht mehr in diesem Beruf arbeitet. Für wenige Jahre, kurz nach dem Studium an der Hochschule für Bildende Kunst in Leipzig, hatte er versucht, sich als freischaffender Künstler durchzuschlagen. Doch Aufträge waren ebenso knapp wie begehrt, und die ständige Unsicherheit zehrte an den Nerven. Mit knapp Dreißig suchte Gläser eine feste Anstellung. Er war bei der Werbeagentur der DDR tätig, als Zeichenlehrer, als Porzellanmaler, dann wieder in der Werbebranche. Diese Anstellungen verschafften ihm die Möglichkeit, mit einundsechzig in den Vorruhestand zu gehen. Der 63-jährige ist Rentner. Er findet, dass er auf ein erfülltes Dasein zurückblicken kann, und er ist mit seinem derzeitigen Leben fast rundum zufrieden.
Viele seiner Freunde und früheren Kollegen hatten sich

am frühen Abend im Garten des Gastgebers Hubert Wössnitzer am Stadtrand von Weintal eingefunden. Wössnitzer hatte den Grill angeheizt und mariniertes Fleisch und Würstchen auf den Rost gelegt, und die Männer haben Wein und Bier getrunken, jeder hatte etwas mitgebracht. Es war eine fröhliche Runde, es wurde viel gelacht, aber natürlich auch von den alten Zeiten gesprochen, was nicht ausbleibt, wenn Männer über Fünfzig zusammensitzen. Georg Gläser jedenfalls hat den Abend im Kreis der Freunde sehr genossen.
Gegen 23.00 Uhr, als es bereits dunkel geworden war, rüstete man zum Aufbruch. Hubert Wössnitzer, der wenig getrunken hat, bot Gläser an, ihn mit dem Wagen mitzunehmen, aber Gläser lehnte ab.
»Er wollte lieber zu Fuß nach Hause gehen«, erinnert sich Wössnitzer später. »Es sei doch so eine schöne laue Sommernacht, hat er gesagt, und außerdem sei es gesund. Ich habe gelacht, weil ich ahnte, dass er noch irgendwo einkehren wollte. Betrunken war er aber nicht, höchstens beschwipst.«

Georg Gläser ist tatsächlich noch in eine Gaststätte eingekehrt. In der »Lehmkuhle« - einer Mischung aus Künstler- und Touristenkneipe mitten in der Altstadt Weintals - ist er praktisch Stammgast. Hier trifft er gegen 23.30 Uhr ein, begrüßt den Wirt mit Handschlag, setzt sich an seinen Lieblingsplatz am Fenster - und kommt sofort mit den Gästen am Nachbartisch ins Gespräch.
»Georg hatte so eine besondere Art, auf andere Menschen zuzugehen«, meint der »Lehmkuhlen«-Wirt. »Er war neugierig, nein, er war wirklich interessiert, und das spürten die Leute. Ich meine, wenn jemand wirklich Anteil nimmt oder wenn er nur oberflächlich plaudern will.«
Gegen 1.45 Uhr verlässt Georg Gläser die »Lehmkuhle«, um endgültig nach Hause zu gehen. Er hat mehr als den so genannten Absacker getrunken, und nun spürt er den Alkohol doch in den Beinen, während sein Kopf klar geblieben scheint. Gläser ist sich bewusst, dass er manchmal

zu viel trinkt. Alle paar Wochen kommt es wie ein Anfall über ihn, und er muss einfach in die »Lehmkuhle« oder auch in eine andere Kneipe gehen. Dabei trinkt er jedoch nie so viel, dass er nicht mehr allein nach Hause gehen kann. Er schwankt auch nie, doch er spürt den Alkohol in den Knochen.
Auf der Elbbrücke begegnet Gläser noch einmal der fünfköpfigen Gruppe, mit der er sich in der »Lehmkuhle« so angeregt unterhalten hat. Gemeinsam setzt man den Weg fort, bis zum Bahnhof von Weintal. Hier trennt man sich und geht in verschiedene Richtungen weiter. Es ist kurz vor zwei.
Um 2.02 Uhr wird Georg Gläser dann zum letzten Mal lebend »gesehen«: Von der Überwachungskamera einer Sparkassenfiliale.

Auch Helmut Grünberg ist regelmäßig in der Nacht unterwegs, genauer gesagt, in den frühen Morgenstunden. Er arbeitet als Zeitungszusteller, und kurz nach drei beginnt seine Runde. So ist es auch am Morgen des 23. August 2003, einem Sonnabend. Grünberg trägt die Zeitungen im Bahnhofsviertel aus. Hier gibt es vor allem vier- und fünfstöckige Häuser aus der Gründerzeit, die in den zurückliegenden Jahren saniert wurden, und so ist dieses Stadtquartier eine begehrte Wohngegend.
Helmut Grünberg kennt hier praktisch jeden Stein. Schon seit etlichen Jahren arbeitet er als Zusteller, und bei Wind und Wetter radelt er durch die Straßen des Viertels, von Montag bis Samstag. Der 23. August wird allem Anschein nach wieder ein warmer Tag. Wenn Grünberg mit der Arbeit fertig ist, will er zum Angeln fahren; das Angelzeug hat er schon zurechtgelegt.
Grünberg begegnet an diesem Morgen keinem Menschen, was nicht ungewöhnlich ist für einen Samstag. Die Packhofstraße ist die letzte auf Grünbergs Runde, und die Taschen mit den Zeitungen sind fast leer. Der Zusteller nähert sich dem Haus Nummer 28, das etwas separat steht. Eine hohe Mauer umgibt das Grundstück, zu dem

ein Torweg führt. Helmut Grünberg langt bereits nach dem Schlüsselbund, bemerkt dann aber, dass das Tor offen steht. Das überrascht ihn, normalerweise ist es verschlossen.
Grünberg bockt sein Fahrrad auf, nimmt drei Zeitungen aus der Tasche, wendet sich dem Durchgang zu – und erschrickt fürchterlich. Im Torweg liegt ein Mensch mit dem Gesicht zum Boden. Um seinen Kopf hat sich eine riesige Blutlache gebildet. Auch seine Kleidung ist blutgetränkt.
Helmut Grünberg schwankt zurück. Er wendet sofort den Blick ab und schaut sich hilfesuchend auf der Straße um. Aber niemand ist zu sehen. Doch dann besinnt er sich seines Mobiltelefons und wählt den Notruf der Rettungsstelle. Danach setzt er sich in den Rinnstein, mit dem Rücken zum Torweg. Bereits wenige Minuten später trifft der Notarztwagen ein. Ein Arzt und ein Rettungsassistent steigen aus und wenden sich an Grünberg. Der deutet nur schweigend mit dem Daumen über die Schulter.
»Wir fanden einen Mann mit schweren Kopfverletzungen vor«, gibt der Arzt zu Protokoll. »Keine Pupillenreaktion, deutliche Leichenkälte, einsetzende Leichenstarre. Wir konnten nur noch den Tod feststellen. Einen unnatürlichen Tod. So verständigten wir die Polizei.«
Die erste Streife ist um 6.15 Uhr am Ort. Und obwohl »nichtnatürlich« auch den Tod durch einen Unfall oder durch Suizid bedeuten kann, zweifelt niemand, weder Arzt noch Polizisten: Der Mann im Torweg zur Packhofstraße 28 ist ermordet worden.

Für Tötungsdelikte in Weintal ist die Mordkommission Dresden zuständig, die auch sofort gerufen wird. Als kurz nach acht Uhr die ersten Mitarbeiter der Mordkommission am Leichenfundort Packhofstraße eintreffen, steht bereits fest, wer der Tote ist. Die Weintaler Polizeibeamten hatten inzwischen die Hausbewohner befragt und ihnen seine Kleidung beschrieben: ein weißes T-Shirt und Blue Jeans, ein grauer Blouson und schwarze Slipper. »Das kann doch nur der Herr Gläser sein«, hatte eine Nachbarin entsetzt ausgerufen. Daraufhin hatten die Polizisten Gläsers Wohnung von einem Schlüsseldienst öffnen lassen, um dort nach einem Foto zu suchen. Sie fanden den Pass, und obwohl Georg Gläsers Gesicht fürchterlich entstellt ist, konnten sie ihn identifizieren.

»Es gab ein paar Dinge, die uns ziemlich schnell auffielen«, berichtet mir Hauptkommissar Rupprecht, der von Anfang an bei den Ermittlungen dabei war. »Das Opfer hatte weder Brieftasche noch Schlüssel bei sich. Da lag es nahe, von einem Raubmotiv auszugehen. Wir haben dann verschiedene Arbeitsgruppen gebildet. Eine war für die so genannte Wahrnehmbarkeitsbereichsermittlung zuständig; sie kümmerte sich um Anwohner in der Nähe des Tatortes, die etwas gesehen oder gehört haben konnten. Ein anderer Trupp von der Bereitschaftspolizei hat das ganze Viertel nach der Tatwaffe durchsucht. Die gerichtsmedizinischen Untersuchungen hatten ergeben, dass der Geschädigte mittels halbscharfer Gewalt erschlagen wurde.« Rupprecht erklärt mir, dass damit ein scharfkantiger, länglicher Gegenstand gemeint ist, etwa ein scharfkantiges Eisen oder eine Machete. Jede Mülltonne hat der Suchtrupp umgedreht. »Wieder andere Kollegen befassten sich mit der Familie, den Kontaktpersonen, dem Lebensweg des Toten. Ich habe mich mit der Wohnung und dem Haus beschäftigt. Vielleicht hatte die Tat sich hier angebahnt, stammte sogar die Tatwaffe aus diesen Räumen?«

Rupprecht rückte die Möbel von den Wänden, blickte in jede Schublade und in jedes Schrankfach, las jedes Blatt Papier. Gläser war nicht nur Künstler, er war auch Sammler: Kostbare Drucke zierten die Wände seiner Wohnung, er besaß wertvolles Porzellan und auch ein paar historische Waffen.

»So eine Durchsuchung ist immer eine Begegnung mit der Intimsphäre und auch den Geheimnissen eines Menschen«, sagt Rupprecht mit einer gewissen Verlegenheit. »Eine Wohnung verrät eine ganze Menge über den Mieter, über seine Eigenheiten und seine Leidenschaften. Gläser hatte eine relativ große Wohnung im obersten Stockwerk, mit einem fantastischen Ausblick auf die Kirchtürme der Altstadt. Und man sah sofort, dass er seine Wohnung geliebt hat. Das Porzellan befand sich in Vitrinen, die Säbel und Degen an den Wänden waren wohlgeordnet und blitzblank. Überhaupt war der Mann ein ordentlicher Mensch. Es fanden sich auch Zeichen für eine homosexuelle Veranlagung. Keine Pornos, aber künstlerische Aktaufnahmen und entsprechende Männerzeitschriften.«

Die Ermittler jener Arbeitsgruppe, die sich den Angehörigen, den Freunden und der Lebensweise des Opfers widmeten, konnten diese Beobachtung rasch bestätigen. So war es eine Variante, den Täter im Homosexuellen- und Strichermilieu zu vermuten.

Georg Gläser gehörte zu jenen Homosexuellen, die ihre Veranlagung nicht oder kaum jemandem offenbarten. Manchmal, sehr selten, fuhr er nach Dresden, Leipzig oder Prag, wo es einschlägige Orte gibt, an denen man Männer treffen kann.

Peter Rupprecht fand bei seinen Ermittlungen im Haus und in der Wohnung schnell heraus, dass das Opfer unauffällig lebte. Er besaß einen großen Freundeskreis, und bei engen Freunden war seine Homosexualität auch bekannt. Trotzdem konnte sich niemand vorstellen, dass er einen jungen Mann »abschleppte«.

Dazu erklärt mir Rupprecht: »Nicht dass er ängstlich war, aber er hat schon auf die Vertrauenswürdigkeit der Leute geachtet, denen er sich offenbarte. Außerdem war die Wohnung sein Heiligtum, und er besaß einige Dinge, die durchaus Begehrlichkeiten wecken konnten. Niemals hätte er einen Unbekannten mitgenommen, also konnte ich die Wohnung als Ausgangspunkt der Tat fast sicher ausschließen.«

Trotzdem war es seltsam, dass der Raubmörder auch den Schlüsselbund an sich genommen haben musste. Wenn er vorgehabt hatte, zu einem späteren Zeitpunkt in die Wohnung einzusteigen, musste er sein Opfer mit Namen kennen. Es musste eine Beziehung zwischen Täter und Opfer geben. Die Sache mit den Schlüsseln bereitete Hauptkommissar Rupprecht noch lange Kopfzerbrechen.

Kai Setzkorn langweilte sich wieder einmal fürchterlich. Er hatte bis zum Nachmittag geschlafen, dann die letzten beiden Flaschen Bier geleert, die noch auf dem Tisch im Wohnzimmer standen, hatte ein paar Zigaretten geraucht, und nun wusste er nichts mehr mit sich anzufangen. Wenn er wenigstens Bier hätte.
Träge erhob sich der hochaufgeschossene, schlaksige 19-Jährige von seinem Sofa, schlüpfte in seine Turnschuhe, nahm seinen Wohnungsschlüssel vom Garderobentisch, wo er immer zwischen zwei Körbchen aus Bast lag, und verließ seine kleine Wohnung. Eine Weile zog er ziellos durch die Stadt. Er hielt an den üblichen Treffpunkten – einer Bank an der Uferpromenade, einem Döner-Imbiss in der Altstadt, einer Tischtennisplatte im Stadtpark – nach Freunden Ausschau, aber niemand war da.
Kai Setzkorn warf einen Blick in sein Portemonnaie. Es war leer. Das versprach ja ein ganz und gar mieser Tag zu werden: Kein Bier, keine Kippen, weder Kohle noch Kumpel, die vielleicht etwas hätten. Vor allem ohne Bier würde der junge Mann den Tag nicht durchhalten; er bemerkte schon das leichte Zittern der Hände, ein Kribbeln in den Beinen und ein leichtes Stechen hinter den Schläfen. Er hatte Durst, verdammt noch mal, also würde er sich augenblicklich Geld beschaffen!
Kai hatte bereits eine Menge Erfahrung, wie man das machte. Mit Einsetzen der Pubertät hatte seine kriminelle Karriere begonnen, auch damals schon aus Langeweile und bald auch für den Stoff. Zu Hause war nie etwas los gewesen; zuerst hatte seine Mutter immer gearbeitet, dann war sie arbeitslos geworden und hatte sich auf ständiges Jammern verlegt. Auch über Kai war sie hergezogen, weil er angeblich nichts taugte. Setzkorn war froh, mit achtzehn Jahren von zu Hause ausgezogen zu sein.

Aber die Langeweile hatte er mitgenommen. Nur wenn er genug getrunken hatte, langweilte er sich nicht.

Dass die Weintaler Polizisten Georg Gläsers Wohnung gleich hatten öffnen lassen, konnte man ihnen nicht vorwerfen. Leider nur hatten sie die beiden Zylinderschlösser nicht beschlagnahmt, und der Schlossermeister hatte sie mitgenommen. Rupprecht brauchte Vergleichsstücke für die Fahndung nach dem Raubgut. In der Wohnung hatte er keine Zweitschlüssel entdeckt, aber eine Nachbarin, die bei Gläser gelegentlich die Pflanzen goss, konnte den gestohlenen Schlüsselbund beschreiben. Einige dieser Schlüssel hatte jeder Hausbewohner: den zur Haus- und den zur Hoftür, den für den Keller und auch den für die Briefkästen; letztere waren zwar nicht hundertprozentig identisch, reichten für Vergleichszwecke aber aus. Von diesen vier Schlüsseln konnte Rupprecht ohne Schwierigkeiten Duplikate anfertigen lassen. Jetzt fehlten noch die beiden Wohnungsschlüssel, mit denen sich die ausgebauten speziellen Zylinderschlösser öffnen und zusperren ließen.

Die Frage nach dem Schlüsselbund hatte Gläsers Nachbarin gesprächig werden lassen, und sie erzählte, dass sie sich einmal aus ihrer Wohnung ausgesperrt hatte. Auf der Suche nach Hilfe habe sie sich an Herrn Gläser gewandt, der für sie den Schlüsseldienst gerufen habe. Und beim Warten auf den Schlosser habe er ihr angedeutet, dass er sich nicht aussperren könne, denn er habe stets einen Ersatzschlüssel außerhalb der Wohnung deponiert.

Rupprecht wurde hellhörig, begab sich vor Gläsers Wohnung und sah sich um. Er tastete den Türrahmen ab – nichts. Er schaute in und unter zwei Blumenkübel – auch nichts. Danach nahm er die Nachbartür in Augenschein. Hier entdeckte er zwischen Türrahmen und Wand einen schmalen Spalt, aus dem ein Draht hervorlugte. Und tatsächlich, als er an dem Draht zog, kam ein Sicherheitsschlüssel zum Vorschein.

Ein Schlüssel, das bedeutete, dass Gläser immer nur eines

der Schlösser abgesperrt hatte, wenn er die Wohnung verließ. Rupprecht fuhr zu dem Schlossermeister, der die Einbauzylinder mitgenommen hatte. »Die sind doch längst im Schrott«, sagte dieser. Doch dann fiel ihm ein, dass der Schrott noch nicht abgeholt worden war. Nach ein paar Minuten Suche konnte er Rupprecht die Schlösser aushändigen. Wenige Tage später erschienen dann Fotos des Vergleichsbundes in der Presse und wurden auch in »Kripo live« gezeigt.

Kai Setzkorn bummelte noch immer durch Weintal, unschlüssig, was er nun tun sollte. Seine letzte Zigarette war aufgeraucht. Jetzt wurde es immer dringender, dass er Geld beschaffte. Sein Durst war mittlerweile übermächtig.

Zuerst dachte er an einen Bruch. Er war schon häufig in Gaststätten und Büroräume eingestiegen und hatte dort entwendet, was er tragen konnte, vorzugsweise Bares. Dafür hatte er im Gefängnis gesessen, war gerade vor ein paar Monaten auf Bewährung freigekommen. Doch für Einbrüche in Gaststätten und Büros waren die Nacht- und vor allem die frühen Morgenstunden geeigneter. Am Tag brach man besser in Wohnungen oder Häuser ein.

Kai Setzkorn beschloss, einen anderen Jugendlichen »abzuziehen«, denn auch das hatte er schon erfolgreich praktiziert. Dabei nützte ihm seine Körpergröße, die einschüchternd wirkte. Außerdem hatte er ein Messer dabei. Wahrscheinlich würde er auf diese Weise am schnellsten zu Geld gelangen, und er wollte ja gar nicht viel; ein paar Euro für etwas Bier und Kippen reichten erst mal. Vielleicht würde er nachts noch einen Bruch machen.

Der 19-Jährige schlenderte zur Uferpromenade zurück, um sich dort nach einem geeigneten Opfer umzusehen. Auf seinem Weg dorthin hielt er jedoch überrascht inne. An mehreren Stellen der Altstadt und auch bei der Elbbrücke standen Polizeifahrzeuge. Uniformierte und Zivile schwirrten durch die Gegend. Sie hatten dieses seltsame Rad dabei, mit dem bei Verkehrsunfällen die Bremsspu-

ren ausgemessen wurden, sie stoppten irgendwelche Zeiten und trugen etwas auf ihren Klemmbrettern ein. »Einen ganz schönen Aufwand betreiben die da«, dachte Kai. »Wegen irgendeinem Unfall vermessen sie doch nicht die ganze Stadt.«
Kai Setzkorn war nicht auf den Kopf gefallen. Ihm schwante, dass dieser Polizeieinsatz etwas mit dem Tod dieser geizigen Schwuchtel zu tun hatte, und er nahm augenblicklich Abstand von seinem Vorhaben.
Den Einbruch in der Nacht verübte er trotzdem. Nach der Tat holte er sich von der Tankstelle einen Rucksack voll Bier, und bis in die Mittagsstunden des folgenden Tages schlief er seinen Rausch aus.

Bereits am ersten Tag der Ermittlungen hatten die Angehörigen der Mordkommission damit begonnen, den Weg zu rekonstruieren, den Gläser in der Nacht vom 22. zum 23. August zurückgelegt haben musste. Mit Rollmeterzähler und Stoppuhr waren sie in Weintal unterwegs, um ein Weg-Zeit-Diagramm zu erarbeiten. »Am Ende«, sagt Peter Rupprecht, »wussten wir fast sekundengenau, wann Gläser wo gewesen war. Dass in unseren Berechnungen eine Lücke von anderthalb Stunden klaffte, konnten wir zu diesem Zeitpunkt nicht einmal ahnen. Diese Lücke haben wir übrigens nie füllen können.«
Die Kripo bemühte sich auch, so genannte Bewegungsbilder für möglichst alle Weintaler zu erstellen, die in jener Nacht unterwegs gewesen waren. Da an einem Samstagabend, und noch dazu an einem warmem Augusttag, mehr Menschen ausgehen als an gewöhnlichen Wochentagen, stellte dies eine enorme Aufgabe dar: Innerhalb eines Jahres vernahmen die Kriminalisten 1346 Personen, die Wohnungstürbefragungen in der Packhofstraße eingeschlossen. Darunter waren Zeugen, die sich wegen des Fahndungsaufrufes meldeten, der in Presse und Fernsehen veröffentlicht und an markanten Stellen der Stadt ausgehängt worden war, so entlang des Weges, den Gläser genommen hatte, aber auch am Regional- und am Bus-

bahnhof. Die Ermittler suchten Gaststätten auf, Klubs und Diskotheken, das Kino und die Tankstellen. Immer mehr Personen konnten so ermittelt werden, die sich am Abend des 22. August oder auch in der darauffolgenden Nacht nicht zu Hause aufgehalten hatten. Die entscheidende Frage, welche die Ermittler bewegte, war dabei nicht nur die, wer sich wann wo befunden, sondern auch wer wann wem begegnet war. Die Ermittler waren sich selbstverständlich bewusst, dass sie jene Nacht nicht lückenlos rekonstruieren konnten, nicht bei 20000 Einwohnern. Im Ergebnis hatten sie das Bewegungsbild von annähernd tausend Menschen. Ob der Täter unter ihnen war, konnten sie noch nicht sagen, aber sie hofften es. Und sie hofften auf eine Spur, die sich aus den Beobachtungen der vielen Befragten ergab.

»Die Überprüfung mancher Zeugenaussage hat Stunden, mitunter sogar Tage und Wochen in Anspruch genommen«, berichtet mir Peter Rupprecht und muss unwillkürlich schmunzeln. »Da gab es zum Beispiel Floh und Zopf. Ein junges Pärchen wollte gegen 1.45 Uhr einen Mann vor der ›Lehmkuhle‹ gesehen haben, der dort anscheinend auf jemanden wartete. Das Pärchen kannte ihn flüchtig unter seinem Spitznamen ›Floh‹. Endlos haben wir uns mit diesem Floh beschäftigt, bis wir ihn irgendwann ermitteln konnten – er hieß Flotow, daher der Spitzname. Mit der Tat konnte er wegen eines Alibis nichts zu tun haben. Oder nehmen Sie Zopf. Zeugen hatten in der Nacht einen auffälligen jungen Mann mit einem Rucksack gesehen, an dem ein Schlüsselbund klapperte. Der Jugendliche trug schwarze Sachen, war im Gesicht gepierct und hatte langes, zum Zopf gebundenes blondes Haar. Was haben wir nicht alles versucht, um ihn zu finden! Nach einem halben Jahr hatten wir ihn dann: Er kam aus Berlin und hatte in Weintal Freunde besucht. Allerdings drei Tage vor dem Mord. Am Tattag war er längst wieder zu Hause.«

Die Mordermittler um Hauptkommissar Rupprecht nahmen auch die Weintaler Trinkerszene unter die Lupe, mit Ergebnissen, die einer gewissen Komik nicht entbehrten.

Von Nachbarn wurden sie darauf aufmerksam gemacht, dass ein paar stadtbekannten Alkoholiker vom 22. zum 23. August in einem Haus im Bahnhofsviertel gefeiert hatten; das war nicht zu überhören gewesen. Bei ihnen handelte es sich um zwei Männer und drei Frauen, die zur Vernehmung vorgeladen wurden.

»Irgendwann begannen sie dann, sich gegenseitig zu belasten«, erzählt Rupprecht. »Sie hatten sich in der Nacht wohl gestritten, was häufig vorkam. Jeder behauptete nun vom anderen, er sei nach Mitternacht wutentbrannt aus der Wohnung gerannt. Wir mussten sie mehrmals befragen, bis dann herauskam, dass sie bloß ihre diversen Sauftouren durcheinanderbrachten. In Wahrheit konnte sich keiner mehr an die Nacht erinnern. Es hat viel Zeit und Kraft gekostet, aber am Ende ist nichts gewesen.«

Gina Setzkorn freute sich, wenn ihr Sohn am Wochenende zu ihr zum Essen kam. Das geschah viel zu selten, und immer verband sich eine Absicht mit seinem Besuch: Mal wollte er die Wäsche gewaschen haben, ein andermal brauchte er Geld. Seit dem Verlust ihrer Arbeit hatte Gina Setzkorn selber nicht viel, aber ein paar Euro steckte sie ihm schon zu. Auch um seine Wäsche kümmerte sie sich, aber vor allem kochte sie.

Kais Besuche folgten keiner Regel. Wenn er sich rechtzeitig ankündigte, bereitete sie ihm sein Lieblingsessen zu.

»Wie läuft es mit dem Berufsvorbereitungsjahr?« fragte sie Kai, der gerade in die Küche gekommen war, um sich ein Bier zu holen. Das war an einem Samstag im Frühjahr 2004, und der Junge hatte sich seit vier Wochen nicht sehen lassen. Heute stand er gegen elf vor der Tür, und Gina umarmte ihn sofort, obwohl er das nicht mochte.

»Gut«, erwiderte Kai und öffnete den Kronkorken. Der Ton ließ seine Mutter aufhorchen. In Weintal und Umgebung gab es nur wenige Lehrstellen, deshalb war sie überglücklich gewesen, als Kai nach der Schule einen Ausbildungsplatz als Maurer fand. Doch er hielt keine drei Wochen durch, hatte dann gejobbt, aber auch nie länger als ein, höchstens zwei Monate. Immer gab es etwas auszusetzen: Die Arbeit war zu schmutzig oder zu schwer, es war zu laut oder zu anstrengend, die Kollegen oder der Meister behandelten ihn nicht, wie er es erwartete. Als das Arbeitsamt dem Jungen das Berufsvorbereitungsjahr vermittelt hatte, war Gina wieder voll Hoffnung: Irgendeine Beschäftigung brauchte Kai doch.

»Wirklich gut?« Gina Setzkorn wandte sich ihrem Sohn zu. Kai hatte sich an den Küchentisch gesetzt und nahm einen großen Schluck Bier.

»Leck mich!« Kai sprang auf, setzte sich aber sofort wieder hin. »Entschuldige, Mama! War nicht so gemeint.« Er drehte die Bierflasche in den Händen, sah sie nicht an. »Hab's versaut.«

»Versaut?« Gina ließ enttäuscht die Arme sinken.

»Na ja, ein paar Mal verpennt. Schule und so. Theorie ist sowieso öde.«

Gina Setzkorn betrachtete die Flasche in den Händen des Sohnes. Sie wusste, warum er verschlafen hatte: Er trank zu viel. Seit er vor zwei Stunden zu ihr gekommen war, hatte er bereits drei Halbliterflaschen geleert. Trotzdem holte sie immer Bier für ihn – um ihn wenigstens einen halben Tag lang bei sich zu halten. Denn er ging immer erst, wenn er auch das letzte Bier intus hatte.

Die 37-Jährige gab sich keinen Illusionen hin: Ihr einziges Kind war ihr schon früh entglitten. Bereits mit dreizehn ging Kai seine eigenen Wege und ließ sich nichts mehr sagen. »Kriegst du denn jetzt überhaupt Geld?« wollte Gina wissen. Kai zuckte mit den Schultern.

»Muss wohl was beantragen«, murmelte er. Das Gespräch war ihm sichtlich unangenehm, und schnell trank er aus. Keine dreißig Sekunden später hatte er die nächste Flasche geöffnet.

Gina Setzkorn hatte sich immer durchbeißen müssen. Mit 16 Jahren begann sie in der Weintaler Sektkellerei eine Ausbildung als Sekretärin, welche sie 1985 abschloss. Ein paar Monate zuvor hatte sie sich ausgerechnet in den Buchhaltungs- und Statistiklehrer der Berufsschule verliebt, der sich in ihrer Liebe ebenso sonnte wie in ihrer Bewunderung, aber er war ein verheirateter Mann. Kaum erfuhr er, dass Gina von ihm schwanger war, trennte er sich von ihr, vertraute sich reumütig seiner Frau an und zahlte immer pünktlich die Alimente, ansonsten kümmerte er sich nicht um seinen Sohn. Gina war allein auf sich gestellt. Aber sie war eine gute Sekretärin, und als man ihr 1987 anbot, sich mittels eines Frauensonderstudiums zur Ökonomin weiterzubilden, sagte sie sofort zu; sie wollte etwas aus ihrem Leben machen. Sie erledigte tagsüber ihre Arbeit im Betrieb, kümmerte sich abends um ihren Sohn, büffelte nachts Mathematik, Betriebswirtschaft, Marxismus-Leninismus, Russisch und viele andere Fächer. Nachdem sie Kai ins Bett gebracht hatte, schrieb sie Hausarbeiten und Vokabeltestate, arbeitete die Lehrbriefe durch, bereitete sich auf Zwischenprüfungen vor. Das ging ein Jahr lang so, ein zweites, doch als das dritte und letzte Fernstudienjahr begann, kam die Wende. Mit der Schule im Vogtland wurde auch das Frauensonderstudium abgeschafft. Aber die Mühe war nicht umsonst gewesen, Gina hatte eine Menge gelernt. Obwohl ohne Studienabschluss, fand sie eine Arbeit bei einem Versicherungsmakler, der aus Mittelfranken nach Weintal gekommen war und dem sie die Buchhaltung führte. Doch nach einiger Zeit waren die Weintaler mit kapitalbildenden Lebensversicherungen endversorgt. Das Maklerbüro wurde 2001 geschlossen, und Gina Setzkorn saß auf der Straße. Eine Arbeit fand sie nicht mehr.

»Ich habe Ihnen von unserer intensiven Suche nach Floh und Zopf erzählt«, fährt Peter Rupprecht mit seinem Bericht fort, »und dass sich dann herausstellte, dass sie beide mit der Sache nichts zu tun haben konnten. Ähnlich erging es uns mit einem gewissen Thomas. Eine junge Zeugin hatte ausgesagt, sie sei in der fraglichen Nacht mit einer Freundin an einem Dönerstand in der Nähe der Elbbrücke gewesen und habe diesen Thomas vorbeigehen sehen. Ich will es kurz machen: Er konnte nicht tatbeteiligt gewesen sein. Wir haben diese Zeugin aber noch ein zweites Mal vernommen, und da wurde sie plötzlich ganz kleinlaut und druckste herum. Ich bemerkte sofort, dass sie uns etwas verschwiegen hatte, und schließlich rückte sie mit der Wahrheit heraus. Während sie mit der Freundin auf ihren Döner wartete, kamen noch zwei andere Jugendliche am Stand vorbei, die sie beide aus gemeinsamer Schulzeit kannte. Einer von ihnen, Kai Setzkorn mit Namen, trat zu ihr, plauderte ein wenig und bat sie plötzlich um einen Gefallen: Wenn die Polizei kommt, solle sie sagen, dass sie die beiden Jungs nicht gesehen habe. Sie hielt sich zunächst daran, aber das schlechte Gewissen wog doch schwerer als dieses Versprechen.«

Mit dieser Aussage tauchten nach Monaten zwei Personen im nächtlichen Bewegungsbild auf, die bisher kein Zeuge erwähnt hatte. Die Überprüfung von Kai Setzkorn und seinem besten Freund Andreas Zimmer ergab, dass beide vorbestraft waren, wobei insbesondere Setzkorn eine beachtliche Liste von Straftaten vorzuweisen hatte. Im Juni 2003 war er nach dem Absitzen einer einjährigen Jugendstrafe auf Bewährung entlassen worden. Seinem Bewährungshelfer und dem Arbeitsamt gelang es, ihn in einer Berufsvorbereitungsmaßnahme unterzubringen. Ein Anruf genügte, um herauszufinden, dass er die Ausbildung abgebrochen hatte.

Kai Setzkorn und Andreas Zimmer wurden von der Mordkommission vorgeladen und zu ihren Aufenthaltsorten in der Tatnacht befragt. Was sie aussagten, war weder ungewöhnlich noch verdächtig. Sie gaben an, sich am späten Nachmittag des 22. August bei Zimmer getroffen zu haben, um Videos anzuschauen und ein paar Bier zu trinken. Als das Bier ausgetrunken war, seien sie durch die Stadt zur Tankstelle beim Bahnhof gelaufen und auf diesem Weg der Zeugin beim Dönerimbiss begegnet. Da sich Setzkorns kleine Wohnung näher beim Bahnhof befinde als die Wohnung von Zimmer habe man beschlossen, dort weiterzutrinken. Das habe man dann auch bis in den frühen Morgen gemacht. Setzkorn habe seinem Freund

angeboten, bei ihm zu übernachten, und gegen halb vier sei man dann ziemlich angetrunken zu Bett gegangen.
Mit der Behauptung der Zeugin, er habe sie aufgefordert, die Polizei zu beschwindeln, wurde Kai Setzkorn erst einmal nicht konfrontiert. Stattdessen wurden er und Zimmer gebeten, eine Speichelprobe abzugeben. Die Abgabe der Probe war freiwillig, und die beiden 19-Jährigen erklärten sich sofort bereit dazu.
Sie wussten schließlich nicht, was Rupprecht wusste.

Gina Setzkorn betrachtete ihren Sohn, der ihrem Blick auswich; trotzdem bemerkte sie, dass seine Augen schon gerötet waren. Mit seiner Lebensweise war sie absolut nicht einverstanden, aber sie wusste, dass jedes ihrer kritischen Worte verpuffte, also schwieg sie. Sie liebte ihren Sohn, und deshalb trieb es sie manchmal zur Verzweiflung, dass er sein Leben vergeudete. Mit dreizehn war er zum ersten Mal betrunken gewesen. In der Schule war er immer mehr abgefallen, nicht weil er dumm war, sondern weil ihm das Interesse fehlte. Und faul war er, faul wie die Sünde.
Gina Setzkorn wandte sich wieder dem Herd zu; sie musste sich mit dem Kochen beeilen, denn es war nur noch ein Bier im Kühlschrank. Längst war ihr klar, dass sie sich mehr um Kai hätte kümmern müssen. Die Arbeit, das Sonderstudium – das war einfach zu viel gewesen, nicht nur für sie. Aber sie hatte ihrem Sohn etwas bieten wollen, und dafür brauchte man nun einmal Geld.
Gina hörte, wie der Küchenstuhl über den Boden scharrte und die Kühlschranktür geöffnet wurde. Die Trommel der Waschmaschine im Bad machte ihre letzten Umdrehungen.
Das schrecklichste Jahr in Ginas Leben war jenes gewesen, als Kai im Gefängnis saß. Dass er keine anderen Interessen hatte als Besäufnisse mit zweifelhaften Freunden, dass er keine Ausbildung und keine Lehre durchhielt, dass er sich keine Gedanken über seine Zukunft machte, all das war schon schlimm genug. Doch dann hatte Gina auch

noch einsehen müssen, dass ihr Sohn ein Krimineller war.
»Wie willst du denn nun die Wohnung und alles bezahlen?« fragte sie über die Schulter.
Kai winkte ab. »Kein Problem«, behauptete er großspurig. »Ich finde immer was, um Geld zu verdienen.«
Hoffentlich nichts Kriminelles, dachte Gina. Sie stellte das Gas ab und ging in den Flur. Dort nahm sie einen Zehn-Euro-Schein aus dem Portemonnaie und legte es zurück auf den Garderobentisch.
»Hier!« Zurückgekehrt in die Küche, reichte sie Kai den Geldschein. »Mehr kann ich nicht.«
Kai steckte die Banknote in die Gesäßtasche. »Danke, Mama.«
Nach dem Essen hatte er es plötzlich sehr eilig. Er bat seine Mutter, die noch feuchte Wäsche in seinen Rucksack zu stopfen, und während sie im Bad verschwand, bediente er sich aus ihrer Geldbörse. Damit es ihr nicht auffiel, nahm er nur etwas Hartgeld heraus. Vier Euro, das waren immerhin fünf halbe Liter Bier am Döner.
Noch am selben Abend brachte Kai die vierzehn Euro mit seinem Kumpel Andreas durch. Wieder war er blank, also stieg er noch in der Nacht in ein Gartenlokal am Stadtrand von Weintal ein. Bei diesem Einbruch erbeutete er das Wechselgeld aus der Kasse. Es reichte nicht einmal für einen Tag.

Hauptkommissar Rupprecht verfügte über Untersuchungsergebnisse einer DNA-Analyse von Spuren am Opfer. Durch langjährige Erfahrungen gewitzt, hatte er es sich zur Angewohnheit gemacht, zu untersuchendes Material persönlich ins Kriminaltechnische Institut des Landeskriminalamtes zu bringen.
»Im KTI arbeiten Wissenschaftler, keine Kriminalisten«, erklärt er mir. »Sie denken anders als wir, mehr naturwissenschaftlich-technisch, weniger kriminalistisch. Deshalb berichte ich ihnen immer genau vom Tathergang, damit sie wissen, worauf sie achten müssen. Bei einem früheren Fall war das Opfer von den Tätern ›geflöht‹ worden; sie

hatte ihm die Geldbörse aus der Gesäßtasche gezogen. Damals hatte sich im Tascheneingriffsbereich DNA-fähiges Material eines Täters gefunden, also sagte ich zu der Kriminalbiologin, dass sie sich unbedingt die Gesäßtasche von Gläsers Jeans vornehmen sollte.«

Tatsächlich konnte hier fremdes Erbgut festgestellt werden. Inzwischen waren 101 Speichelproben von Weintalern genommen worden, die in weitestem Sinne etwas mit Gläser oder der Tat zu tun haben konnten; sie waren nicht unbedingt verdächtig, hatten sich in der Tatnacht aber in seiner Nähe bewegt. Alle diese Proben wurden im Übrigen freiwillig abgegeben, es war keine richterliche Anordnung notwendig. Die meisten Weintaler waren über das Verbrechen in ihrer Mitte entsetzt und unterstützen die Kripo.

Peter Rupprecht erinnert sich noch genau an den Tag im Sommer 2004, an dem er gerade von Zeugenvernehmungen aus Weintal zurückgekehrt war. Kurz vor Dienstschluss betrat er sein kleines Büro, das er mit einem Kollegen teilt. Auf seinem Schreibtisch lag ein Zettel, auf dem der Leiter der Mordkommission nur eine Frage notiert hatte: Wer ist VM 87?

»Ich ahnte sofort, was diese Frage bedeutete, nahm den Zettel und ging zum Chef«, berichtet Rupprecht. »VM 87 war ein Vergleichsmaterial für die DNA-Untersuchung, nämlich die siebenundachtzigste Probe. Mit ihr hatten wir einen Treffer erzielt: VM 87 befand sich am Eingriffsbereich von Gläsers Gesäßtasche, dort also, wo er das Portemonnaie einstecken hatte. Hinter der Probe verbarg sich Kai Setzkorn.«

Einen besseren Beweis konnte es nicht geben. Dennoch wartete Peter Rupprecht zwei Tage, bevor er Setzkorn und Andreas Zimmer zu einer erneuten Vernehmung vorlud. Zuvor wollte er noch ihre Handydaten überprüfen. Diese waren aufgrund eines richterlichen Beschlusses von ihren Mobilfunkanbietern zur Verfügung gestellt worden.

Kai Setzkorn und Andreas Zimmer hatten in den frühen Morgenstunden des 23. August 2003 zwei Mal miteinan-

der telefoniert, das erste Mal um 3.58 Uhr, das zweite Mal um 4.11 Uhr. Zu dieser Zeit – Zusteller Helmut Grünberg hatte seine Runde bereits begonnen – wollten sie sich aber in Setzkorns Wohnung aufgehalten oder sogar schon geschlafen haben. Die Verbindungsdaten ihrer Mobiltelefone sprachen dafür, dass weder das eine noch das andere zutraf.
Bei der Vernehmung der beiden Jugendlichen hatten Peter Rupprecht und seine Kollegen nun einen guten Stand. Konfrontiert mit den Beweisen und Indizien, brachen Setzkorn und Zimmer rasch zusammen. Beide legten ein Geständnis ab. Der Mord an dem Vorruheständler Georg Gläser war ein Jahr nach dem Verbrechen aufgeklärt.

Gläser hatte seit dem Auszug aus dem Elternhaus immer allein gelebt, selbst als Student; lieber suchte er sich eine Wohnung mit zugigen Fenstern, Ofenheizung und Außentoilette im armen Leipziger Osten, als in einem Wohnheim unterzukommen. Der Maler und Grafiker liebte seine Freiheit. Dass der Preis für diese Art von Freiheit Einsamkeit heißt, hat ihn nur in den seltenen Momenten der Selbstzweifel und der Depression gestört. In solchen Augenblicken kam es vor, dass er zu viel trank.
So war es auch an einem Tag im Frühsommer des Jahres 2003. Auf dem Markt von Weintal fand das alljährliche Altstadtfest statt. Der Platz vor dem gotischen Rathaus war voll mit Buden, aus denen alles Mögliche verkauft wurde: Kunstgewerbe und Nippes, Antiquitäten und Täschnerwaren, Rostbratwürste und Steaks, Wein und Bier. Der Sammler Gläser mit seinem Sinn für schöne Dinge widmete sich dem Antiquitätenstand, stellte aber schnell fest, dass man den Leuten etwas als antik andrehen wollte, das höchstens noch einen Materialwert hatte, also hielt er sich lieber an den Wein. Er kam mit Leuten ins Gespräch, mit Freunden und Bekannten sowieso, aber auch mit Touristen und anderen Fremden. Einer von ihnen war Kai Setzkorn. Es muss einen Zungenschlag oder vielleicht auch eine Geste bei Georg Gläser gegeben haben,

die den gerade aus der Haft entlassenen Kai vermuten ließ, Gläser sei homosexuell.

Vor Gericht wird Kai Setzkorn aussagen, der 63-jährige Mann habe ihn angemacht und 50 Euro für Sex geboten. Kriminalpolizei, Staatsanwaltschaft und auch die Richter hielten das für eine Schutzbehauptung.

»Auf diese Weise glaubte er dem Opfer eine Art Mitschuld an der Tat in die Schuhe schieben zu können«, meint Peter Rupprecht. »Außerdem steigt sein Ansehen im Gefängnis, wenn er jedem auf die Nase binden kann, er hätte ja bloß eine ›Scheißschwuchtel‹ totgeschlagen.«

Kai Setzkorn hasste Homosexuelle. Er unterdrückte diesen Hass jedoch, setzte das Gespräch mit Gläser fort und beschloss, den Mann zu berauben. Als Gläser in der Dunkelheit heimkehrte, folgte er ihm, schlug ihn zusammen und stahl ihm die Barschaft. Dann kehrte er, als wäre nichts gewesen, zum Markt zurück und verjubelte das Geld.

Georg Gläser hatte dieses Verbrechen nicht angezeigt und auch niemals mit einem Freund darüber gesprochen. Vielleicht war es die Scham, die ihn schweigen ließ.

Als Kai Setzkorn am 22. August 2003 wieder durch Weintal zog, begleitet von seinem alten Schulfreund Andreas, tranken sie hier und dort, bis in fast allen Kneipen die Stühle auf die Tische gestellt wurden. Mit nur noch wenigen Euros in der Tasche beschlossen die beiden angetrunkenen Jugendlichen, zur Tankstelle beim Bahnhof zu gehen, um ihr letztes Geld in Bier umzusetzen. Auf dem Weg dorthin begegnete ihnen der ebenfalls angetrunkene Georg Gläser.

Kai sprach ihn sofort wegen Geld an. Ob Gläser in ihm den Angreifer der Frühsommernacht erkannte, muss dahingestellt bleiben, aber auf jeden Fall lehnte er das Ansinnen ab und setzte seinen Weg fort, ohne auf die Jugendlichen zu achten.

(Vor Gericht wird Setzkorn erklären, Gläser habe ihm abermals Geld für Sex angeboten. Andreas Zimmer bestätigte das jedoch nicht.)

Die Ablehnung versetzte Kai in rasende Wut: Ausgerechnet »eine Schwuchtel« hatte ihn abfahren lassen. Der Alkohol tat ein Übriges, und er beschloss, sich das Geld gewaltsam zu beschaffen. Die jungen Männer folgten Gläser. Setzkorn warf Zimmer seine Jacke zu und rannte dem ahnungslosen Mann hinterher. Kaum hatte Gläser das Tor zum Durchgang Packhofstraße 28 aufgesperrt, traf ihn ein heftiger Faustschlag ins Gesicht. Georg geriet ins Taumeln, ein zweiter Schlag brach ihm das Nasenbein, bewusstlos ging er zu Boden. Kai beugte sich über ihn, zog Geldbörse und Schlüsselbund aus den Taschen, steckte beides ein, kehrte zu dem eher gleichgültigen als entsetzten Kumpan zurück, und gemeinsam begaben sich die beiden in Setzkorns Wohnung. Dort untersuchten sie die Beute. Gläsers Portemonnaie enthielt nicht einmal zehn Euro.
In Setzkorn regte sich nun nicht etwa ein schlechtes Gewissen, sondern nur die Sorge, Gläser könne ihn erkannt haben. Kai befand sich in der Bewährungszeit, und ins Gefängnis wollte er auf keinen Fall zurück.
»Ich fahr schnell mit dem Rad zur Tanke«, erklärte er seinem Kumpel Zimmer. »Wenigstens ein paar Bier kriegen wir ja für diese Wahnsinnsbeute.«
Im Flur schnappte er sich seinen Rucksack und steckte auch sein »Berufswerkzeug« ein: einen Kuhfuß. Setzkorn hatte tatsächlich vor, zur Tankstelle zu fahren, allerdings mit einem kleinen Umweg über die Packhofstraße 28. Da die Straße in nächtlicher Stille ruhte, schloss er, dass man den zusammengeschlagenen Mann entweder noch nicht gefunden hatte oder es ihm gelungen war, in seine Wohnung zu kriechen.
Als er bei dem Torweg angelangt war, hörte er ein zwar leises, aber doch wahrnehmbares Röcheln. Kai stieg vom Rad, und sein Herz begann zu rasen. Ein paar Mal atmete er tief ein und aus, um sich zu beruhigen. Dann nahm er den Kuhfuß aus dem Rucksack und betrat den Torweg.
In der Dunkelheit konnte der junge Mann nur die Umrisse seines Opfers erkennen, und so wusste er nicht genau, ob Gläser bewusstlos war oder nicht. Ein ganz

schwaches Atmen war zu hören, eher ein Zischen. Kai zögerte ein paar Sekunden, nicht weil er Mitleid mit seinem Opfer hatte, sondern weil ihm durch den Kopf schoss, was ihm blühte, wenn man ihn erwischte. Doch den Gedanken wischte er rasch fort. Jetzt hob er den Kuhfuß auf und schlug ihn mit aller Wucht auf den Kopf des Schwerverletzten, einmal, zweimal, viele Male. Er hörte den Schädel splittern und geriet in eine heftige Erregung, Puls und Atem gingen immer schneller, das Blut rauschte ihm in den Ohren.

Alles ging sehr schnell, obwohl es Setzkorn gar nicht so vorkam. Dann war er sich sicher: Der Typ dort am Boden würde ihn garantiert nicht mehr anzeigen. Der war hinüber.

Setzkorn verließ den Torweg, schwang sich auf sein Bike und fuhr zur Tankstelle. Die Erregung hielt noch eine Weile an, aber als er vor die Sicherheitsscheibe mit der Verkaufslade trat, war er schon wieder ruhig - er hatte schließlich tun müssen, was er soeben getan hatte. Dass er den blutigen Kuhfuß später in die Elbe warf und den Rucksack in den Müll entsorgte, bleibt zu vermuten.

Nach der Tat rief Kai Setzkorn seinen Kumpel Andreas zwei Mal an, das erste Mal, um ihm mitzuteilen, er habe »die Sache« nun erledigt, später noch einmal, als er an der Tankstelle war und seine baldige Rückkehr verkündete. Etwa 20 bis 25 Minuten nach vier war er mit dem Beutel voll Bier wieder in seiner Wohnung.

»Wegen der Videoaufzeichnung der Kamera an der Sparkassenfiliale waren wir stets der Auffassung, Gläser müsse kurz nach zwei getötet worden sein«, sagt Peter Rupprecht. »Nach den übereinstimmenden Zeitangaben von Setzkorn und Zimmer fanden die beiden verschiedenen Tathandlungen aber erst zwischen 3.30 Uhr und 3.58 Uhr statt, dem Zeitpunkt von Setzkorns erstem Anruf. Es fehlen also anderthalb Stunden. Georg Gläser muss noch irgendwo weitergetrunken haben. Wir haben nie herausgefunden, wo.«

Im November 2004 wird Kai Setzkorn von der Jugendstrafkammer wegen Mordes zu einer Jugendstrafe von neun Jahren verurteilt. Dass er Georg Gläser erschlagen hatte, daraus machte er keinen Hehl, behauptete aber stets, er habe dafür einen Gullydeckel benutzt und bezeichnete sogar den Ort, von dem der Gullydeckel angeblich stammte, aber eine Untersuchung durch den Rechtsmediziner brachte zu Tage, dass die Verletzungen, die Gläser aufwies, durch einen solchen Deckel nicht verursacht worden sein konnten.

»Auf der Geschichte mit dem Gullydeckel hat er so sehr beharrt, weil er die Tötung als eine Affekthandlung, zumindest aber als eine spontane Tat darstellen wollte«, glaubt Rupprecht. »Ich bin sicher, dass er den Tötungsvorsatz bereits in der Wohnung fasste. Und aus der Wohnung hat er auch die Waffe mitgenommen.«

Selbstverständlich hatten die Ermittler der Mordkommission Setzkorns Wohnung gründlich durchsucht. Auf die Tatwaffe stießen sie nicht, aber auf etwas anderes. In zwei Bastkörben, die auf einem Garderobenschränkchen in der Diele standen, entdeckten sie eine große Menge einzelner Schlüssel.

Hauptkommissar Peter Rupprecht nahm sich jeden vor. Nach einiger Zeit hatte er alle Schlüssel zusammen, die einst zu Georg Gläsers Bund gehört hatten.

Kai Setzkorn hatte den Schlüsselbund nicht an sich genommen, weil er in Gläsers Wohnung einsteigen wollte. Er verband mit dem Diebstahl wahrscheinlich nicht einmal eine kriminelle Absicht, etwa der Einsatz der Schlüssel bei einem Einbruch. Kai Setzkorn hat Georg Gläser für nicht einmal zehn Euro niedergeschlagen und getötet. Die Schlüssel raubte er, weil er sie sammelte.

Mordfall Märchensiedlung

Erschüttert stehen die Kriminalbeamten vor der Leiche eines zehnjährigen Mädchens. Ist der Täter im Umfeld der Familie zu suchen?

»Na, mein Freund!« Onkel Werner öffnet die Tür seiner Wohnung im ersten Stock. Wie immer erkennt er den Jungen bereits an seinem leichten Schritt auf der Treppe. »Wie geht's denn heute so?«

»Gut«, erwidert Marco, denn diese Antwort erwartet Onkel Werner. Der schaut auf Marcos ausgetretene, an den Nähten aufgeplatzten Turnschuhe. Die alten Dinger sind dem Jungen furchtbar peinlich. Sie sind so kaputt, dass man seine nackten Zehen sehen kann.

»Könntest neue Schuhe gebrauchen«, sagt der 61-jährige Frührentner Werner Frost, der nicht wirklich Marcos Onkel ist. Aber Marco kann ihn gut leiden, weil er immer sehr nett zu ihm ist und ihm jetzt bestimmt neue Turnschuhe kaufen wird.

»Ich hab da was für dich im Keller«, sagt Frost. Marco nickt. Damit hat er schon gerechnet. Onkel Werner hat immer etwas für ihn im Keller, und Marco weiß genau, was es ist.

Es ist vier Jahre her, als Werner Frost den blonden Jungen mit den gelblich-grünen Augen im Sommer 1981 zum ersten Mal aufgefordert hat, mit ihm in den Keller zu gehen. Damals war Marco sieben, besuchte die erste Klasse einer Sprachheilschule und hatte wegen seines Stotterns Schwierigkeiten, Freunde zu finden, so dass er meist allein im Hof spielte. Der Rentner, dessen Frau schon lange tot war, hatte ihn angesprochen und ihm erzählt, in seinem Kellerverschlag gäbe es eine Katzenmutter mit sieben Jungen – ob Marco die sehen wolle? Natür-

lich wollte er. Er war unglaublich stolz, dass der Nachbar ausgerechnet ihn ausgewählt hatte, die Katzenfamilie anzuschauen; es gab ja auch noch andere Kinder in dem Wohnblock.
»O ja, Herr Frost«, hat Marco sofort geantwortet.
»Nein, nenn mich nicht so. Ich bin Werner. Onkel Werner.«
Auch dass er einen Erwachsenen, der nicht zu seiner Familie gehörte, mit dem Vornamen ansprechen durfte, war für Marco etwas Unerhörtes gewesen.
Im Onkel Werners Keller gab es keine Katzen. Auf Marco wartete nur das Große Geheimnis, das er seither mit dem Nachbarn teilte.
Zwei, drei Mal in der Woche fordert ihn der Rentner zu einem Kellerausflug auf. Es gibt immer eine Belohnung, Eis, Schokolade oder Geld. Und diesmal würde es vielleicht neue Turnschuhe geben. Außerdem ist der alte Mann mittlerweile so etwas wie ein Freund für Marco, den er nicht enttäuschen will.
Onkel Werner öffnet das Kellerschloss, dann die aus rohen Latten bestehende Tür. Er setzt sich auf eine umgedrehte Kiste, zieht den Jungen an sich, streicht ihm über den Nacken. Marco lässt es über sich ergehen. Er denkt an seinen Lohn.
»Küss mich auf den Mund!« befiehlt Werner.
Und Marco küsst den Mund, der nach Tabakqualm, Speck und Schnaps schmeckt. Onkel Werner riecht auch so. Marco mag den Mund nicht, aber der Geruch des älteren Mannes hat für ihn etwas von großväterlicher Vertrautheit. Das gibt ihm einen gewissen Halt, ist doch der neue Mann seiner Mutter für ihn ein Fremder geblieben und er leidet darunter, dass sie sich so sehr um den Stiefvater kümmert. Aber er hat ja Onkel Werner, der kümmert sich nur um ihn.
In der Schule ist Marco Weber nicht sehr beliebt. Obwohl er nur noch stottert, wenn er wirklich sehr aufgeregt ist, hält er sich von den anderen Kindern fern. Er ist sehr klein und wirkt jünger als die Gleichaltrigen. Hänseleien haben

ihm weh getan und er ist lieber für sich. Seine Mitschüler meiden ihn wegen seines unnahbaren Auftretens erst recht.
In Wahrheit hasst Marco sie. Er hasst sie, weil er nach dem Wechsel von der Sprachheil- zur Normalschule fast nur noch Vieren und Fünfen bekommt und man ihn für dumm hält. Er hasst sie auch, weil die meisten von ihren Eltern viel mehr Geld bekommen. Auch Marcos Eltern gehen doch jeden Tag zur Arbeit. Der Stiefvater ist Pförtner in einer Fabrik, die Mutter macht Züge der Reichsbahn sauber. Oft schimpfen sie, dass sie dafür nur einen Hungerlohn bekommen.
Außerdem hat Marco drei Geschwister, eine ältere Schwester und zwei jüngere Halbbrüder: Auch deswegen ist das Geld immer knapp.
Doch Marco hat das Große Geheimnis. Der Preis, den er bezahlen muss, ist ihm jetzt völlig gleichgültig. Er bekommt immer etwas von Onkel Werner, was er von seinen Eltern nicht bekommt, weil sie es sich nicht leisten können. Er kann auch um etwas bitten. In der Regel erfüllt ihm Werner seine Wünsche.
Das Große Geheimnis macht Marco Weber seinen Mitschülern unendlich überlegen, nur wissen sie es nicht.

»Mama?« Die zehnjährige Caroline Martens stürmte ins Wohnzimmer und fiel ihrer Mutter um den Hals, die gerade damit begonnen hatte, eine Zeitschrift zu lesen. »Mama, darf ich mit Jana skaten gehen?«
Caroline hatte vor einigen Tagen ihren Geburtstag gefeiert, und ihre Eltern hatten ihren größten Wunsch erfüllt und ihr ein Paar Inline-Skater geschenkt. Groß war der Jubel gewesen, und noch am selben Tag hatte das Mädchen die Skater ausprobiert. Der Vater war mit auf die Straße gegangen, um die Tochter beim Üben zu beaufsichtigen, aber Caroline brauchte nicht lange, um sicher laufen zu können.
Ulrike Martens schaute ihre Tochter aufmerksam an. Sie hatte bereits mitbekommen, dass sich Caroline nach dem

Mittagessen am Telefon mit ihrer Freundin Jana verabredet hatte.
»Natürlich darfst du.«
»Danke, Mama.« Caroline küsste ihre Mutter auf die Wange und ging in die Diele, streifte sich ein dunkles Kapuzenshirt über, schlüpfte in die nagelneuen Inline-Skater und verließ das elterliche Haus. Draußen verabschiedete sie sich von ihrem Vater, der im Garten Holz für den Kamin spaltete.
Jana wartete bereits am Zaun. Die beiden Freundinnen nahmen sich bei den Händen und drehten eine weite Runde über den Asphalt.
Es war Freitag, der 20. Februar 2004, gegen 13.30 Uhr.
Die Märchensiedlung der brandenburgischen Stadt Hohenburg besteht aus Einfamilienhäusern mit großen Gärten. Fast alle Straßen tragen die Namen von Märchenfiguren; Caroline Martens wohnte mit ihren Eltern und ihrer vier Jahre älteren Schwester im Rapunzelsteig. Als sie sich mit ihrer Freundin Jana auf den Weg machte, fuhren die beiden zehnjährigen Mädchen den Rapunzelsteig entlang und bogen dann nach rechts in den Schneewittchenweg ein. Die Sonne schien, und die klare Luft war ziemlich kühl.
Im Schneewittchenweg wohnte Jana. Sie hatte sehr strenge Eltern, und als die Mädchen am Grundstück der Familie Grünberg vorbeirollten, trat Janas Vater aus dem Gartentor. Trotz seiner Strenge konnte Caroline ihn sehr gut leiden. Er war Kinderarzt, und wenn sie Bauchschmerzen hatte oder Fieber, ging die Mutter mit ihr immer zu ihm.
»Jana«, sagte Doktor Grünberg, »Oma und Opa sind eben gekommen. Ich denke, du solltest ihnen guten Tag sagen. Hallo, Caroline!«
»Guten Tag, Herr Dr. Grünberg«, sagte Caroline. Ihre Eltern erwarteten von ihr, dass sie zu Erwachsenen höflich war.
»Ich will doch aber mit Caro skaten«, maulte Jana.
»Ja, ich weiß. Oma und Opa sind aber nun mal da, und du weißt, wie sehr sie sich freuen, dich zu sehen.«

»Kann ich denn später noch mal raus?« Jana schien ziemlich enttäuscht zu sein.
»Das weiß ich nicht. Oma und Opa haben Kuchen mitgebracht.«
»Aber wir haben doch gerade Mittag gegessen!«
»Jana, ich möchte nicht diskutieren«, sagte Doktor Grünberg. Er trat zu Caroline und strich ihr übers Haar. »Tut mir leid, aber der Besuch kommt auch für uns überraschend. Ihr könnt ja auch morgen noch zusammen Rollschuhe fahren.«
»Klar«, erwiderte Caroline. Dass der von ihr so sehr verehrte Arzt ihre Skater Rollschuhe nannte, bewies einmal mehr, dass Erwachsene von vielen wichtigen Dingen überhaupt keine Ahnung hatten. Skater waren keine Rollschuhe. Skater waren Skater.
»Tschüss, Caro.« Jana winkte ihrer besten Freundin zu und ging dann betrübt ins Haus.
»Mach's gut!« Doktor Grünberg strich Caroline noch einmal übers Haar. Er lächelte, und dann verschwand auch er.
Es war 14.00 Uhr. Caroline Martens stand plötzlich ganz verlassen auf der Straße.
Ohne Jana war es ein bisschen langweilig in der Märchensiedlung. Caroline rollte durch den Schneewittchenweg, die Gebrüder-Grimm-Straße entlang und bremste schließlich rasant vor der Eistruhe am Eingang der Kaufhalle am Sieben-Raben-Platz, dem Zentrum der Siedlung.
»Hallo, Caro!« rief jemand in ihrem Rücken. Caroline wandte sich um. Ihre zweitbeste Freundin Lisa winkte ihr zu. Sie ging gerade mit ihrem Papa einkaufen.
»Hallo Lisa, guten Tag, Herr Windisch.«
Herr Windisch lächelte. »Willst du bei dieser Kälte ein Eis essen?«
»Weiß nicht.« Es war 14.15 Uhr.
Caroline rollte die Gebrüder-Grimm-Straße hinunter bis zum Dressurplatz des Hundesportvereins. Das Mädchen mochte Tiere, vor allem Hunde, und es schaute gern zu, wenn die Welpen in der Hundeschule ausgebildet wur-

den. Die waren noch so tollpatschig, und es war ziemlich drollig, wenn sie Slalom laufen oder über ein Hindernis springen sollten.

Am Ende der Gebrüder-Grimm-Straße, nahe der Straßenbahnhaltestelle, turnten zwei große Jungs auf einem Stromverteilerkasten herum. Caroline kannte sie nicht, weil sie nicht in der Märchensiedlung wohnten. Einer der Jungen stand mit seinen dreckigen Turnschuhen auf dem grauen Kasten und grinste sie an. Der andere hatte ein blaues Mountainbike dabei, das er an einen Baum gelehnt hatte, und fing gerade an, ebenfalls auf den Kasten zu klettern.

Frau Köhler, die Postfrau, kam mit einer großen Einkaufstasche von der Haltestelle. Caroline grüßte sie, und Frau Köhler erwiderte den Gruß. Da die Straßenbahn um 14.37 Uhr in die Haltestelle Grimm-Straße eingefahren war, wusste sie, dass es etwa 14.45 Uhr sein musste.

Auf dem Hundesportplatz war nichts los. Caroline fuhr die Gebrüder-Grimm-Straße wieder hinauf bis zum Sieben-Raben-Platz, wo sie sich nun doch ein Eis holte. Der Junge auf dem Verteilerkasten rief ihr etwas hinterher, was sie nicht verstand.

Mit dem Eis in der Hand rollerte sie durch den Däumlingsteig. Frau Wagner, eine ihrer Lehrerinnen, nahm gerade Wäsche von der Leine. Caroline wünschte ihr einen guten Tag, Frau Wagner nickte ihr lächelnd zu. Caroline mochte sie. Sie unterrichtete Deutsch, und in Deutsch war Caroline ziemlich gut. Wie eigentlich in allen Fächern. Sie gehörte zu den besten Schülern ihrer Klasse.

»Das muss so gegen 15.00 Uhr gewesen sein«, wird Gisela Wagner am folgenden Tag aussagen.

Allein machte das Skaten nicht so recht Spaß. Caroline überlegte, ob sie vielleicht zu Andrea fahren sollte, die auch Inliner besaß. Aber sie hatte keine Lust umzukehren. Lieber fuhr sie noch ein Stück weiter – bis zum Ende des Däumlingsteigs bei den Gleisen.

Am östlichen Rand der Märchensiedlung führt eine Bahnlinie entlang, die vor einigen Jahren für den Hochge-

schwindigkeitsbetrieb ausgebaut wurde, und jetzt rasen hier stündlich die ICE-Züge von Berlin in den Süden und in umgekehrter Richtung vorbei. Die Strecke gabelt sich, vom Däumlingsteig aus gesehen, etwa zweihundert Meter nach links, um ungefähr hundert Meter nach rechts wieder zusammenzulaufen. Zwischen den getrennten Gleisen befindet sich eine Kleingartenanlage. Und auf der gegenüberliegenden Seite gibt es die Bürgerwiese, eine feuchte Niederung, durch die sich die Bergerau schlängelt, ein schmales Flüsschen. Parallel zu diesem Flüsschen verläuft ein ebener und asphaltierter Rad- und Fußweg, den auch Skater benutzen und der ideal ist, um hohe Geschwindigkeiten zu erzielen.
Caroline zögerte. Ihre Eltern hatte ihr ausdrücklich verboten, die Gleise zu überschreiten, weil es sehr gefährlich ist. Normalerweise hielt sich das Mädchen an die elterlichen Verbote. Aber ihr war langweilig. Jana war nicht da. Und gegenüber lockte die Piste.

Regine Schorn ist ein Mensch mit festen Gewohnheiten. Jeden Tag und bei Wind und Wetter führt sie zu bestimmten Zeiten ihren Hund aus, nachmittags immer zwischen 15.30 und 16.00 Uhr. Ihr Weg führt sie durch die Märchensiedlung und dann an den Bahngleisen wieder nach Hause zurück.
Als sie sich am Nachmittag des 20. Februar den Gleisen näherte, hörte sie ein merkwürdiges Knirschen und Scharren. Aufmerksam geworden, warf sie einen Blick zu den Bahnkörpern. Ihr stockte fast der Atem, als sie ein Mädchen mit langen blonden Haaren, mit einem dunklen Kapuzenshirt und Blue Jeans bekleidet, beim Überqueren der Gleise bemerkte. Allein das war schon leichtsinnig genug, aber das Mädchen trug auch noch Inline-Skater; diese hatten die auffälligen Geräusche auf dem Schotter verursacht.
Das Mädchen war nicht allein. Ein vielleicht 15-jähriger Junge begleitete sie. Auch er trug ein Kapuzenshirt, allerdings ein weißes, sowie weite helle Hosen und blaue Turn-

schuhe. Der Jugendliche unterhielt sich mit dem jüngeren Mädchen, also schienen sie sich zu kennen.
Auch Frau Schorn kannte die Kleine. Sie wusste ihren Namen zwar nicht, hatte aber schon ein paar Mal mit ihr geredet: Der Hund bot immer einen Anlass für Gespräche. Kopfschüttelnd setzte die Frau ihren Weg fort. Sie bemerkte noch, dass der Jugendliche und das blonde Mädchen auch das zweite Gleis überschritten und dann in einem unbefestigten, von Bäumen gesäumten Weg verschwanden. Genau in diesem Moment hörte sie einen Hubschrauber. Frau Schorn hob den Blick. Es war ein Rettungshubschrauber, der wohl den hinter der Bürgerwiese gelegenen Rasenflugplatz anflog.

Ulrike und Andreas Martens hatten am Nachmittag gemeinsam im Garten gearbeitet, aber noch vor 18.00 Uhr mussten sie ihre Arbeit beenden, da es zu dämmerig geworden war.
Ulrike Martens war bereits voll Sorge. Ihre Tochter kam immer vor Einbruch der Dunkelheit nach Hause, und wenn sie doch einmal länger bei einer Freundin bleiben wollte, rief sie an. Entweder ließ sie sich dann heimbegleiten oder abholen.
Andreas Martens teilte die Besorgnis seiner Frau. Da Caroline den Nachmittag mit Jana verbringen wollte, wählte er die Nummer von Doktor Grünberg.
»Nein, Jana und Caroline waren nur kurz zusammen«, sagte dieser. »Wir bekamen überraschend Besuch von meinen Schwiegereltern. Caroline war allein. Ist etwas passiert?«
»Das wissen wir nicht.«
»Aber sie ist doch sehr zuverlässig.«
Andreas Martens warf einen Blick zu seiner Frau.
»Genau das macht uns ja Sorgen«, sagte er.
»Rufen Sie sicherheitshalber die Polizei«, riet Doktor Grünberg.
Martens versuchte es noch bei anderen Freundinnen, aber auch dort hielt sich Caroline nicht auf. Die Eheleute liefen

zu den Nachbarn und fuhren mit dem Auto die Siedlung ab. Niemand wusste etwas. Immer mehr beschlich die Eltern die Gewissheit, dass ihrer Tochter etwas zugestoßen sein musste. In ihrer großen Angst folgten sie dem Rat des Kinderarztes und wählten den Polizeinotruf.

Die Hohenburger Polizei nahm die Vermisstenmeldung von Anfang an sehr ernst.

»Die Lebensumstände und die Persönlichkeit des Mädchens ließen rasch den Verdacht einer Straftat aufkommen«, erklärt mir Dankwart Borchert, der Leiter der Mordkommission. »Caroline wuchs sehr behütet auf, hatte nicht den geringsten Grund, von zu Hause auszureißen. Alle kannten sie als ein zurückhaltendes, gegenüber Fremden fast scheues Mädchen. Unwahrscheinlich, dass sie mit einem Unbekannten mitgegangen war. Und dann war da noch ihre unbedingte Zuverlässigkeit.«

Ein Großaufgebot der Polizei begann gegen 19.00 Uhr mit der Suche nach Caroline, unterstützt von den aufgelösten Eltern und hilfsbereiten Nachbarn. Da es nun bereits ganz dunkel war, kamen Suchscheinwerfer ebenso zum Einsatz wie Suchhunde. Die Märchensiedlung wurde systematisch durchkämmt und auch deren Umgebung. Die Polizei telefonierte die Krankenhäuser ab, aber kein Mädchen in Carolines Alter war dort eingeliefert worden.

Man fragte bei Taxichauffeuren nach und auch bei Straßenbahn- und Busfahrern. Schließlich wurde sogar ein Hubschrauber mit Wärmebildkamera eingesetzt. Stundenlang kreiste er über der Siedlung. Bis zum kommenden Tag zog sich die Polizeiaktion hin. Doch sie blieb erfolglos.

Als der Morgen dämmerte, wussten die Eltern, die eine schlaflose Nacht zwischen Hoffen und Bangen hinter sich hatten, noch immer nicht, was ihrer Tochter widerfahren war.

Die Steuerberaterin Alexandra Perkowski machte sich am Vormittag des 21. Februar auf einen Spaziergang rund um die Bürgerwiese. Anders als am Freitag zeigte sich das

Wetter an diesem Sonnabend trübe. Noch fiel kein Regen aus dem wolkenverhangenen Himmel, als Frau Perkowski ihr Haus gegen 10 Uhr verließ. Keine Viertelstunde später hatte sie die Siedlung hinter sich gelassen.
Sie war fast allein unterwegs; nur sehr selten überholte sie ein Radfahrer oder kam ihr ein Jogger entgegen. Zweimal donnerte ein ICE vorbei, und ihr Blick richtete sich unwillkürlich auf die schnellen Züge. Nach dem zweiten Expresszug erblickte sie in einem etliche Meter vom Asphaltweg entfernten Gebüsch etwas Seltsames. Eine zierliche Gestalt lag dort, deutlich hob sich die farbige Bekleidung von der winterlichen Umgebung ab. Die Stelle war von Schutt und Gestrüpp umgeben, allein eine schmale Sichtschneise erlaubte der Spaziergängerin den Blick auf den liegenden Körper. Eine Puppe, dachte Alexandra Perkowski, aber so groß?
Sie wagte nicht, näher heranzugehen, und schaute sich nach Hilfe um. Einen des Wegs kommenden Jogger bat sie, den Fund näher in Augenschein zu nehmen. Der Mann schlug sich durch das Unterholz.
Es war keine Puppe. Zwischen verfaultem Laub, Zweigen und Müll lag ein Kind – die Leiche eines kleinen blonden Mädchens.

Dankwart Borchert ist an diesem Morgen mit dem Auto unterwegs nach Hause. Den Abend zuvor und die Nacht verbrachte der 52-jährige leidenschaftliche Gitarist bei einem befreundeten Künstlerehepaar, das sich am Rande des Spreewaldes einen Bauernhof gekauft und dort ein rustikales Restaurant eröffnet hatte. Borchert war mit seiner Big Band, dem Tanz-und Schauorchester »Rot-Gold«, beim Schlachtfest aufgetreten; für Kost, Logis und eine schöne Landschaft hatten sie mit Hits von Tina Turner bis James Last für Stimmung gesorgt.
Nach einem deftigen ländlichen Katerfrühstück war Borchert aufgebrochen. Gegen 11 Uhr ist er zu Hause, hängt, vor sich hin singend, sein Auftrittskostüm in den Schrank. Um 11.05 Uhr holt ihn die Realität seines Berufes ein, die

Einsatzleitstelle beordert ihn zu einem Gewaltverbrechen. Er leitet die zuständige Mordkommission.
Als Borchert und zwei seiner Kollegen, außerdem die Spurensicherung und der Rechtsmediziner am Leichenfundort eintreffen, bietet sich ihnen ein Bild, das sofort den Verdacht eines Sexualverbrechens aufkommen lässt. Caroline Martens, es gibt keinen Zweifel an ihrer Identität, liegt mit leicht gespreizten Beinen auf dem Rücken. Das Kapuzenshirt, der rosa Pullover, den sie darunter trug, sowie das Unterhemd waren bis weit über den Bauchnabel nach oben geschoben, der Knopf und der Reißverschluss ihrer Jeans waren geöffnet. An den Füßen tägt sie noch die Inline-Skater, auf die sie so stolz gewesen war.
»Warum fand man sie nicht schon bei der nächtlichen Suchaktion?« möchte ich wissen.
»Da kommen mehrere Umstände zusammen«, entgegnet Kriminalhauptkommissar Borchert. »Der Fundort war schon bei Tageslicht sehr schwer einsehbar und auch bloß über einen schmalen, gewundenen Pfad zu erreichen. Alles mögliche Zeug lag dort herum, von Gartenabfällen über alte Klamotten bis zu verschmutzten Matratzen. Mit der thermischen Kamera ist es so eine Sache, weil sie auch Wärmebilder von Tieren und bestimmten chemischen Stoffen liefert. Der wichtigste Grund war wohl, dass Herr Martens den Einsatzkräften versichert hat, seine Tochter würde niemals die Gleise überschreiten.«
Nach der ersten Inaugenscheinnahme des Fundortes, der auch als Tatort in Frage kam, wurde Caroline in die Rechtsmedizin gebracht und vier Stunden später obduziert. Der Rechtsmediziner stellte fest, dass das Mädchen durch eine »flächenhafte Kompression der Halsweichteile von nicht unerheblicher Intensität« ums Leben gekommen war, und er fand auch andere typische Erstickungsmerkmale. Nach seinem Gutachten hatte der Täter mindestens eine, höchsten drei Minuten auf den Hals des Kindes eingewirkt. Caroline dürfte dabei recht schnell bewusstlos geworden sein.

Spuren eines sexuellen Kontaktes fanden sich jedoch nicht, ebenso wenig wie Abwehrverletzungen, was bedeutete, dass sich das Mädchen nicht oder kaum gewehrt hatte. Daraus konnte man schließen, dass ihr der Täter entweder als vertrauenswürdig bekannt oder ihr körperlich bei weitem überlegen gewesen war.
Für Carolines Eltern und die 15-jährige Schwester Deborah brach eine Welt zusammen, und auch für die Bewohner der Märchensiedlung ist der Mord ein Schock. Für die Kriminalisten begannen mehrmonatige und komplizierte Ermittlungen.
»Der Boden am Tatort war sehr hart«, berichtet Dankwart Borchert, »und außerdem mit sehr vielen kleinen Zweigen bedeckt. Deshalb haben wir dort keine verwertbaren trassologischen Spuren gefunden. Selbst der Jogger hat keine hinterlassen.«
Die Ermittler der Mordkommission nehmen sofort Carolines Umfeld unter die Lupe und befragen ihre Eltern, die Schwester, den Freund der Schwester, Verwandte, Nachbarn, Freunde und Freundinnen mit ihren Eltern, Mitschüler, Lehrer. Doch mit einer einfachen Befragung ist es nicht getan, die Aussagen müssen auch auf ihren Wahrheitsgehalt überprüft werden – und das bedeutet Hunderte von Vernehmungen. Durch akribische Ermittlungen und die Mithilfe vieler Zeugen, die sich auf einen Fahndungsaufruf hin melden, gelingt es, Carolines letzten Tag ziemlich genau, wenn auch nicht lückenlos, zu rekonstruieren.
So stellt sich bald heraus, dass Frau Schorn vermutlich die letzte Zeugin ist, die Caroline lebend gesehen hat, als sie in Begleitung eines Jugendlichen die Gleise überquerte. Aufgrund ihrer Aussage lässt Hauptkommissar Borchert auch alle Bewegungen von Rettungshubschraubern über Hohenburg ermitteln, mit dem Ergebnis, dass es nur eine gab: Dieser Helikopter hat 16.05 Uhr auf dem Rasenflugplatz hinter der Bürgerwiese für drei Minuten eine Zwischenlandung eingelegt. Damit ist klar: Spätestens 16.05 Uhr muss Caroline die Gleisanlagen überquert

haben. Und nach Prüfung der Licht- und Witterungsverhältnisse am Tatort kann die Tatzeit weiter eingegrenzt werden. Da der Rad- und Fußweg nicht beleuchtet ist, war es dort ab etwa 18.00 Uhr nahezu vollkommen dunkel. Caroline muss also vor 18.00 Uhr gestorben sein. Dafür gab es noch einen weiteren Beweis: Um diese Zeit hatte es angefangen zu regnen. Unter der Leiche aber war der Boden trocken.

»Die große Frage war, wie der Täter das Mädchen an den Tatort gebracht hatte«, erklärt Dankwart Borchert. »Sie wies keine Hämatome oder andere Verletzungen auf, so dass Gewalt nahezu ausgeschlossen war. Er musste also einen Trick angewandt haben, und im Erfinden solcher Tricks sind Sittentäter immer sehr einfallsreich. Vielleicht wollte er ihr etwas zeigen, ein verletztes Tier, das Hilfe brauchte, oder seinen Hund. So etwas hätte bei Caroline gewirkt. Oder es war ein Bekannter.«

Wesentlich für die Ermittlungen waren ebenfalls die beiden Jungen am Verteilerkasten, die von der Zeugin Scholze gesehen worden waren, und natürlich der Jugendliche, der Caroline über die Bahnanlagen begleitet haben soll. Nach ihnen wurde mit Fahndungsplakaten und auch in »Kripo live« gesucht. Die Jungen konnten nach längerer Zeit schließlich ermittelt werden und hatten beide glaubwürdige Alibis für die Tatzeit. Der Jugendliche mit dem weißen Kapuzenshirt und der hellen Hose wurde jedoch nie gefunden.

Im Mai 2004 war Marco Weber 29 Jahre alt, und seine Erlebnisse mit Werner Frost lagen fünfzehn Jahre zurück. Vergessen hatte er sie nicht. Nicht dass er ständig an sie dachte, aber manchmal überfiel ihn die Erinnerung blitzartig, oder er träumte davon.

Marco Weber hat nie über die Kellererlebnisse gesprochen. Zuerst hatte ihn Onkel Werner dadurch zum Schweigen gebracht, dass er behauptete, Jungen, die so was machten wie er, würden ins Kinderheim kommen. Anfangs hatte das gewirkt, aber dann war eine Drohung gar nicht mehr nötig gewesen. Marco war benutzt worden, also hatte er beschlossen, Onkel Werner auszunutzen. Er hatte Forderungen gestellt. Mit Eis, Schokolade oder ein Paar Turnschuhen ließ er sich nicht mehr abspeisen. Er wollte Geld. Er hatte es bekommen.

Als Marco vierzehn wurde, zog seine Familie um. Werner sah er nie wieder, nur noch in seinen Erinnerungen und Träumen. Um das Geld und die immer üppigeren Geschenke hatte es ihm damals Leid getan, aber der Keller blieb ihm fortan erspart.

Am 14. Mai 2004 war Marco Weber mit seinem alten Ford unterwegs nach Kahlenau, einer mittelgroßen Stadt etwa achtzig Kilometer von Hohenburg entfernt. Diese Stadt war seit dem Oktober 2003 sein »Jagdrevier«.

Weber stellte seinen Wagen auf dem Parkplatz vor dem Rathaus von Kahlenau ab und begann, scheinbar ziellos durch die Stadt zu streifen. Er hatte Zeit, viel Zeit. Außerdem war es noch hell, und für sein Vorhaben war die Dunkelheit geeigneter.

Marco bummelte die Hauptgeschäftsstraße entlang, warf hier und da einen flüchtigen Blick in die Auslagen, beobachtete Mädchen und Frauen. Die Geschäftsstraße endete an einem kleinen Platz, und auf der gegenüberliegenden Seite erstreckte sich der Stadtpark am Ufer der auch hier fließenden Bergerau. In diesem Park gab es eine Gaststätte und ein Bierlokal, einen Tennisplatz, eine Sporthalle und ein großes Freibad.

Weber schaute auf die Uhr: Es war jetzt halb neun. Gemächlich überquerte er den Platz und begab sich in den Park. Er schlenderte die gewundenen Wege entlang, erreichte das Freibad, das bereits geschlossen war, und wandte sich der Turnhalle zu.

Da sah er sie.

Die 15-jährige Gymnasiastin Mirjam war eine begeisterte Geräteturnerin. Vier Mal pro Woche trainierte das hübsche Mädchen mit dem kurzen braunen Haar in ihrem Sportverein. Das Training endete für gewöhnlich um 22.00 Uhr, aber an diesem Tag brach sie eine Stunde früher auf,

weil sie für eine Mathearbeit noch lernen musste. Deshalb war sie allein.
Marco Weber sah sich blitzschnell um. Außer ihm und dem Mädchen war niemand auf der Straße Am Freibad unterwegs. Weber drückte sich in ein Gebüsch, ließ das Mädchen an sich vorbeigehen. Sein Puls und seine Atmung blieben vollkommen normal.
Nachdem Mirjam sein Versteck passiert hatte, verließ er das Gebüsch und folgte ihr noch ein paar Schritte. Abermals blickte er sich um. Die Situation auf der Straße hatte sich nicht verändert.
Weber ging schneller, bis er auf gleicher Höhe mit dem Mädchen war. Er packte sie von hinten, hielt ihr den Mund zu, warf sie zu Boden und kniete sich auf sie. Dann stopfte er ihr ein Päckchen Papiertaschentücher in den Mund. In den Augen des Mädchens erkannte er ein grenzenloses Erschrecken – und Angst. Diese Angst verschaffte ihm ein enormes Glücksgefühl. Er wusste, dass er mit dem Mädchen alles würde machen können, was er wollte. Er war jetzt hier der Chef, war Herr über Leben und Tod.
»Ich will nur dein Geld«, sagte Weber langsam, fast schleppend. »Wenn du machst, was ich sage, passiert dir nichts.«
Er stand auf, riss das Mädchen mit sich und deutete auf den Zaun zum Gelände der Badeanstalt. »Steig darüber!«
Mirjam gehorchte. Auch Weber kletterte über den Zaun. Er legte einen Arm um das Mädchen und drückte ihr einen Kugelschreiber an den Hals.
»Eine Giftspritze«, behauptete er, bevor er ihr das Taschentuchpäckchen aus dem Mund nahm. »Wenn du schreist, bist du sofort tot.«
»Ja«, hauchte Mirjam.
Weber führte sie zu einer der Umkleidekabinen, stieß sie hinein und befahl ihr, sich auszuziehen. Das vollkommen verängstigte Mädchen befolgte die Aufforderung. Weber durchwühlte ihren Rucksack, während er sie nach ihrem Namen, ihrer Schule, ihren Freunden und ihren Eltern ausfragte.
»Küss mich auf den Mund!«, verlangte Weber.

Das zitternde Mädchen schüttelte den Kopf. Weber presste ihr erneut die »Giftspritze« an den Hals. Mirjam küsste ihn. Weber öffnete den Reißverschluss seiner Jeans. »Fass mir in die Hose!«

Mirjams letzter Widerstand war gebrochen. Sie tat alles, was der Mann forderte.

Das Martyrium der Schülerin dauerte fast zwei Stunden. Während dieser Zeit wurde sie drei Mal vergewaltigt. Schließlich ließ Weber von ihr ab, zog Portemonnaie und Handy aus der Innentasche ihrer Jacke und steckte beides ein. Er verbot Mirjam, die Umkleidekabine vor Ablauf von zehn Minuten zu verlassen, dann ging er hinaus und schlug die Tür zu.

Mirjam blieb schluchzend zurück. Es war ihre erste intime Begegnung mit einem Mann.

Obwohl die Spurenlage am Tatort bei der Hohenburger Märchensiedlung äußerst schlecht war und sich weder an Carolines Kleidung noch an ihrem Körper nennenswerte Anhaftungen einer fremden DNA befanden, hatten die Ermittler um Dankwart Borchert doch etwas in der Hand, mit dem sie den Täter möglicherweise überführen konnten: Hunderte Fasern.

Die Kriminaltechniker, die der Obduktion des Mädchens beiwohnten, hatten Klebebandabzüge von ihrem Gesicht, dem Hals, von den Unterarmen und von den Händen genommen. Gleichzeitig war ihre Kleidung im kriminaltechnischen Labor ebenfalls systematisch abgeklebt worden. Diese Klebebandabzüge wurde anschließend auf Faserspuren untersucht. Dabei wurde eine große Zahl von Fasern aus unterschiedlichem Material und von verschiedener Farbe gefunden, die nicht von Carolines Kleidung stammten.

»Unsere Aufgabe bestand nun darin, die Herkunft der Fremdfasern zu klären«, erinnert sich Dankwart Borchert. »Solche Faserübertragungen können praktisch überall vorkommen: im Wäscheschrank, in der Waschmaschine, in der Schule, im Haus einer Freundin, beim Spielen ... die

Aufzählung ließe sich beinahe endlos fortsetzen. Wir haben also im häuslichen Bereich und in Carolines Umfeld nach Vergleichsspuren gesucht. Nach und nach konnten wir etliche Fasern ausschließen. Ein paar Beispiele.« Hauptkommissar Borchardt öffnet eine umfangreiche Spurenakte. »Fünf blaugrüne Baumwollfasern stammten von einem Pullover der Schwester, drei weinrote von einem Handtuch der Großeltern, bei der Caroline am Vorabend gebadet hatte. Sechs rote Acrylfasern gehörten zu einer Jacke von Jana, mit der Caroline manchmal die Kleidung getauscht hatte, und die kam ja nun wirklich nicht als Täterin in Frage.«
Anders sah das schon bei Stephan aus, dem Freund von Carolines großer Schwester. An seinem Rucksack fanden sich fünf Fasern, die von der Materialbeschaffenheit und der Farbe zu dem rosa Baumwollpullover passen konnten, den Caroline unter dem Kapuzenshirt getragen hatte. Plötzlich lastete auf dem 15-jährigen ein schwerer Verdacht, zumal sein Alter dem des Jugendlichen entsprach, den Frau Schorn an der Bahnanlage gesehen hatte.
Da Kleidungsstücke üblicherweise in großer Stückzahl hergestellt werden, ist eine individuelle Zuordnung einer Faser in der Regel unmöglich; selbst die Wolle eines selbstgestrickten Pullovers ist Massenware. So vermochte der Textilfachmann des Kriminaltechnischen Instituts auch nicht mit Sicherheit zu sagen, dass die Fasern von Stephans Rucksack exakt mit denen von Carolines rosa Pullover übereinstimmten. Außerdem verkehrte Stephan im Haus der Familie Martens, also konnte es dort zu einer Faserübertragung gekommen sein.
»Als Täter konnten wir ihn dennoch nicht ausschließen, zumal er für die Tatzeit zwar ein Alibi haben wollte, es aber keine Alibizeugen gab«, sagt Chefermittler Borchert mit betrübter Miene. Denn für Stephan bedeutete der Verdacht, dass er die kleine Schwester seiner Freundin umgebracht haben könnte, eine persönliche Katastrophe. Carolines Eltern verwiesen ihn des Hauses, Deborah wollte mit ihm nichts mehr zu tun haben, und seine

Freunde mieden ihn. Der lebensfrohe und beliebte Jugendliche war von einem Tag zum anderen fast völlig isoliert.

»Er wollte zum Tatzeitpunkt mit seinem Mountainbike in der Innenstadt unterwegs gewesen sein«, fährt Borchert fort. »Nach ein paar Wochen fand sich dann ein Ehepaar, dass seine Aussage bestätigen konnte. Stephan war entlastet.«

Entlastet, aber nicht erleichtert. Zwischen ihm und Deborah war etwas zerbrochen. Dass sie ihm die Tat überhaupt zugetraut hatte, hat den sensiblen Jungen so verstört, dass er nicht wieder mit ihr in Verbindung trat.

Nach der Vergewaltigung im Freibad raste Marco Weber über die Bundesstraße zurück nach Hohenburg. Er hörte laut Musik und trommelte im Takt mit einer Hand auf das Lenkrad. Erst jetzt, nach der Tat, verspürte er eine starke Erregung. Wieder einmal hatte er erlebt, was für ein Kerl er war.

Weber hörte auf zu trommeln. Einmal war alles schief gegangen. Das Mädchen war tot. Die Sache in Hohenburg war ihm mißglückt.

Nach dem Abschluß der achten Klasse hatte Marco Weber den Beruf eines Metallarbeiters erlernt. Zusätzlich qualifizierte er sich zum Modellbauer. Er sah eine glänzende Zukunft mit viel Geld vor sich, und vor allem darauf kam es ihm an: Wer Geld hatte, konnte die Puppen tanzen lassen. Doch nach dem Zivildienst fasste er nicht so recht Fuß. Lebensanspruch und Realität klafften für Marco Weber immer weiter auseinander.

Zunehmend erfüllten ihn Wut und Zerknirschtheit. Ihren Höhepunkt erreichte seine Enttäuschung im Sommer und Herbst

2003. Zeitarbeit, Wachschutz, Kraftfahrer, wieder Zeitarbeit – nirgendwo konnte man so richtig gut verdienen. Und dann waren da die Chefs. Die Chefs, die einen herumkommandierten und schikanierten und kritisierten, wenn man mal zu spät kam.

Eine Sachbearbeiterin auf dem Arbeitsamt nannte ihn aufsässig. Die wussten einfach nicht, mit wem sie es zu tun hatten, sagte er sich.
Weber schielte auf das Mobiltelefon, das er auf den Beifahrersitz geworfen hatte.
Als nunmehr Arbeitsloser hatte er viel Zeit. Das störte ihn nicht, er musste nicht irgendwo malochen wie seine Eltern und Geschwister. Aber das Geld wurde knapp. Er mußte sich nur seinen alten Ford anschauen, der beinahe auseinander fiel. Andere fuhren immer die neuesten Modelle von Mercedes oder BMW. Sogar manche Weiber. Für Marco, der Besseres verdient hatte, blieb nur dieser Schrotthaufen übrig.
Und dann Astrid, mit der er sechs Jahre zusammengelebt hatte: Im Sommer 2003 war er ihr plötzlich nicht mehr gut genug. Viel zu sagen hatten sie sich nie, aber es war bequem gewesen. Vorzeigen konnte er seine Frau, sie kochte für ihn und hielt alles sauber. Wegen eines anderen hatte sie ihn verlassen, ihn, Marco Weber.
Macht- und Vergewaltigungsfantasien hatte er auch früher schon gehabt, aber nach der Trennung kamen sie immer häufiger und mit immer größerer Intensität über ihn: Er stellte sich vor, wie er Frauen überwältigte, zu Boden warf, fesselte, quälte, die Angst in ihren Augen sah, Sex mit ihnen hatte. Im Oktober 2003 ließ er seine Fantasien zum ersten Mal Wirklichkeit werden.
Er wählte Kahlenau, weil es weit genug von seinem Heimatort entfernt war und man ihn dort nicht kannte. Außerdem gab es die Großdiskothek Round-About, die an Wochenenden immer gut besucht war; dort würde er schon eine Frau finden, der er zeigen konnte, wer er war. Und so geschah es auch: In den frühen Morgenstunden folgte er einer 19-Jährigen, die sich allein auf den Heimweg gemacht hatte, überfiel sie von hinten, drückte ihr die Spitze seines Autoschlüssels an den Hals, zwang sie zum Geschlechtsverkehr. Er nahm ihr Geld und Handy ab, warf das Mobiltelefon aber bald fort.
Nach der Tat genoss Weber einige Zeit die Erinnerung an

sie und weidete sich an den Bildern, die er immer wieder vor seinem inneren Auge ablaufen ließ. Doch mit der Zeit ließ die Befriedigung nach. Ein neuer, vielleicht sogar stärkerer Reiz musste her. Marco fuhr im Dezember 2003 erneut nach Kahlenau, und dieses Mal passte er eine 22-Jährige vor der Disko ab. Auch sie vermochte er zu überwältigen, zu fesseln und zu knebeln, sie in Angst und Schrecken zu versetzen. Er zerrte sie über Bahngleise und zwang sie, nackt vor ihm zu tanzen. Dann vergewaltigte er sie mehrfach, stahl Geld und Handy, warf das Handy wieder weg.

Heute jedoch, am 14. Mai 2004, hatte er das Telefon behalten. Es gefiel ihm, weil es so zierlich war. Außerdem brauchte er ein Andenken, das seine Phantasie in der Zeit zwischen den Überfällen anregte.

Weber nahm das Mobiltelefon, »blätterte« im Telefonbuch, rief eine der gespeicherten Nummern an.

»Ich weiß, wo Mirjam ist!«, rief er übermütig in das kleine Mikrofon. Er lachte laut, beendete das Gespräch, fühlte sich unendlich überlegen.

Weber öffnete das Handschuhfach und warf die Trophäe hinein.

Doch sein Gefühl von absoluter Macht und Unangreifbarkeit, seine Arroganz wurden ihm zum Verhängnis: Die Kriminalpolizei von Kahlenau konnte das Mobiltelefon orten.

»Wir erhielten Ende Mai ein Amtshilfeersuchen aus Kahlenau«, berichtet mir Dankwart Borchert bei unserem Gespräch. »Die Kollegen ermittelten gegen einen unbekannten Mann, der in einem Zeitraum von acht Monaten drei junge Frauen vergewaltigte. Bei der dritten Tat hatte er das Handy des Opfers behalten, das dann bei uns in Hohenburg festgestellt werden konnte, und zwar meistens an zwei wechselnden Orten: vor einem Haus in der Schusterstraße oder vor einem Grundstück in der Friedrich-Ebert-Siedlung. Ich brauchte nur einen Blick auf die Karte zu werfen, dann leuchtete sofort die rote Alarmlampe bei mir auf. Das Haus in der Schusterstraße war in der Luftlinie einen Kilometer, das Grundstück in der Ebert-Siedlung war zwei Kilometer von unserem Tatort entfernt.«

Hauptkommissar Borchert ließ obendrein die entsprechenden Strecken von Mitarbeitern der Mordkommission abschreiten und mit dem Fahrrad abfahren. Von der Schusterstraße brauchte man zu Fuß bei normaler Geschwindigkeit höchstens zehn, mit dem Fahrrad höchstens fünf Minuten zum Tatort, von der Ebert-Siedlung aus zu Fuß maximal zwanzig, mit dem Fahrrad nicht mehr als zehn Minuten.

»Das Grundstück in der Siedlung gehörte einer Familie Weber«, erzählt Borchert. »In dem Mehrfamilienhaus Schusterstraße wohnte ein Marco Weber. Er war nicht vorbestraft, ein unbeschriebenes Blatt. So konnten wir bei unserer Überprüfung aller »Sittentäter« in Hohenburg und Umgebung nicht auf ihn stoßen, obwohl er zum Zeitpunkt des Mordes bereits zwei Frauen überfallen und vergewaltigt hatte – nur war er da noch nicht als der Vergewaltiger ermittelt worden. Anfang Juni beschlossen wir, ihn festzunehmen.«

Hauptkommissar Borchert fuhr selbst zu Weber, um den Haftbefehl für den Mord an Caroline zu vollziehen.

»Ich handhabe das immer so, um mir sofort ein Bild des mutmaßlichen Täters machen zu können«, erklärt er mir. »Es ist unser erster Kontakt mit dem Beschuldigten, und ich will von Anfang an sehen, wie er sich gibt. Witterung aufnehmen, sozusagen.« Dankwart Borchert lächelt. »Das kann man nicht delegieren, das ist Chefsache. Ja, und meine Erfahrung und mein Bauchgefühl sagten mir: Das ist unser Mann. Bei der ersten Vernehmung wurde ich immer sicherer, dass wir es mit einem Gewalttäter zu tun haben. Ein eiskalter Mensch saß mir gegenüber, so abgebrüht und gefühllos, wie ich es in all den Jahren bei der Mordkommission noch nie erlebt habe.«

Während dieser ersten Vernehmung wurde Marco Weber ein Lichtbild der kleinen Caroline vorlegt, aber er leugnete, sie jemals gesehen zu haben. Nicht nur für den Tattag, sondern für das gesamte Wochenende wollte er ein Alibi haben: Weber behauptete, sich von Freitagmittag bis Sonntagabend ununterbrochen bei seinen Eltern in der Friedrich-Ebert-Siedlung aufgehalten zu haben, um mit seinem Vater einen Geräteschuppen zu bauen. Von den Eltern, der älteren Schwester und deren Lebensgefährten wurde das erst einmal bestätigt, allerdings wurde später immer deutlicher, dass Weber zwar tatsächlich seinem Vater geholfen hatte, aber ob das wirklich an jenem Wochenende geschah, nicht bereits früher, konnte niemand eindeutig sagen.

Dankwart Borchert erwirkte einen Haftbefehl für Weber und einen Durchsuchungsbeschluss für dessen Wohnung. Alle Kleidungsstücke wurden sichergestellt und ins Landeskriminalamt gebracht. Die kriminaltechnische Untersuchung von Faserspuren ist aufwändig und es dauerte, bis ein Gutachten vorlag. Weber wurde immer wieder vernommen, leugnete weiterhin. Sein Umfeld wurde durchleuchtet, auch Freunde, Bekannte und Verwandte immer wieder vernommen. Gleichzeitig ermittelten die Kollegen aus Kahlenau. Alle drei überfallenen Frauen erkannten Weber als Täter, und auch andere Beweise, etwa das Mobiltelefon im Handschuhfach, wurden gesichert. Die drei Vergewaltigungen in Kahlenau konnten ihm wegen DNA-Übereinstimmung zweifelsfrei nachgewiesen werden. Sehr viel schwieriger stellte sich die Lage im Mordfall Caroline dar, der so gar nicht in Webers Raster zu passen schien. Hier ruhten die Hoffnungen auf dem Fasergutachten.

Sie wurden erfüllt.

Unter den in Webers Wohnung beschlagnahmten Kleidungsstücken befanden sich ein grauer Rollkragenpullover, hergestellt aus einem Mischgewebe von Baumwoll- und Acrylfasern, eine blaue Sportjacke, die ausschließlich aus Chemiefasern bestand, sowie eine olivgrüne Jogginghose, ebenfalls aus einem Mischgewebe. Insbesondere an dem Rollkragenpullover wurden etliche rosa Fasern aus

Baumwolle gefunden, die vom Material und von der Einfärbung denen in Carolines Pullover entsprachen. An diesem rosa Pullover wiederum hafteten neun graue Fasern, die denen des Rollkragenpullovers glichen.
»Gewebe aus Naturfasern wie Baumwolle«, erläutert Dankwart Borchert, »sind am stärksten fasergebend und fasernehmend. Deshalb hat der intensivste Faseraustausch zwischen dem grauen Rollkragenpullover, der ja einen Anteil an Baumwolle enthielt, und Carolines rosa Pullover stattgefunden, der zu hundert Prozent aus diesem Material hergestellt worden war. Aber auch an Webers Jacke und seiner Hose fanden wir rosa Fasern. Und dunkelblaue, also von der Farbe des Kapuzenshirt. An Carolines Kleidung und Körper wiederum gab es graue, blaue und olivgrüne Fasern, die von Webers Kleidung herrühren konnten. Wir nennen so etwas eine Faserüberkreuzung, und das ist schon ein sehr starker Beweis.«

Im September 2005, also anderthalb Jahre nach dem Tod von Caroline Martens, erhob die Staatsanwaltschaft vor dem Landgericht Anklage gegen Marco Weber. Für die drei Vergewaltigungen in Kahlenau war er mittlerweile zu einer hohen Freiheitsstrafe verurteilt worden, und so wurde er aus dem Strafvollzug vorgeführt.
Die Vergewaltigungen und auch, dass Weber die Möglichkeit gehabt hatte, Caroline zu überfallen, sprachen zwar gegen ihn, stellten aber keinen Beweis für den Mord dar. Die Kammer des Landgerichts befasste sich daher ausführlich mit den Faserspuren. Jede Fasergruppe – die rosa und dunkelblauen auf Webers Kleidungsstücken, die grauen, blauen und olivgrünen an Carolines Kleidung und Körper – wurden auf die Möglichkeit hin untersucht, ob sie auf anderem Wege als durch die Tat übertragen worden sein konnten.
Die Kammer schloss das für einzelne Fasern nicht aus. Bei isolierter Betrachtung jeder der Fasergruppen waren nahezu unbegrenzte Möglichkeiten der Übertragung gegeben. Bei der Gesamtschau aller vorliegenden Untersu-

chungsergebnisse jedoch war gar kein anderer Schluss möglich, als dass die Fasern bei der Tat ausgetauscht worden sein mussten; einen so großen Zufall, dass Weber zwei Faserarten von Caroline und Caroline drei Faserarten von Weber an anderen Orten als dem Tatort aufgenommen haben könnten, sah die Kammer nicht.

Da Marco Weber bei den Vernehmungen durch die Kripo Kahlenau seinen eigenen Missbrauch als Kind angesprochen hatte, wurde er durch einen Gerichtspsychiater begutachtet. Dieser bewertete alle vier Taten als ein Nachspielen des eigenen Missbrauchtwerdens mit umgekehrten Rollen: Bei den Verbrechen sei Marco nun der Mächtige gewesen und die Opfer die ohnmächtig Leidenden. Es sei also weniger um sexuelle Befriedigung gegangen als vielmehr darum, über die Opfer Macht auszuüben. Da Marco als Kind jahrelang selbst gedemütigt und erniedrigt worden war, sei bei ihm im Vorfeld der Taten der Wunsch entstanden, nun seinerseits andere Menschen zu demütigen und zu erniedrigen. Der Wunsch nach Rache habe ihn stärker angetrieben als ein sexuelles Bedürfnis. Und da Macht natürlich auch und gerade gegenüber einem Kind ausgeübt werden könne, habe sich Weber im Februar 2004 an Caroline vergehen wollen. Darin zeige sich sogar eine gewisse Logik: Die ersten beiden Taten könnten als Annäherung an das Alter verstanden werden, in dem er selbst missbraucht worden war. Als die Vergewaltigung von Caroline scheiterte, kehrte er sich von dieser Altersgruppe sofort ab und wandte sich wieder einem älteren Opfer zu.

An der uneingeschränkten Schuldfähigkeit des Angeklagten hatte der Gutachter jedoch keine Zweifel, schließlich hatte Marco Weber jahrelang bewiesen, dass er sich unter Kontrolle halten konnte.

Das Gericht folgte dieser Argumentation. Es ging davon aus, dass der jahrelange Missbrauch der Wahrheit entsprach; hätte Weber diese Geschichte nur zur Selbstrechtfertigung erfunden, hätte er ein grandioser Schauspieler sein müssen, und diesen Eindruck machte er vor den Richtern nicht.

Die Kammer des Landgerichts verurteilte Weber wegen versuchter Vergewaltigung mit Todesfolge zu einer lebenslangen Freiheitsstrafe. Einen Tötungsvorsatz mochte die Kammer nicht erkennen: Aus ihrer Sicht war Caroline gestorben, weil Weber sie am Schreien hindern wollte und ihr deshalb den Hals zudrückte. Marco Weber selbst brachte in der Hauptverhandlung kein Wort zu den Tatvorwürfen über die Lippen.

Zum ersten Mal in der deutschen Nachkriegsgeschichte war ein Täter allein aufgrund eines Fasergutachtens zu lebenslanger Haft verurteilt worden.

»Was halten Sie von diesem psychiatrischen Gutachten?« möchte ich abschließend wissen.

Dankwart Borchert wiegt den Kopf hin und her.

»Man muss sich bei solchen Taten immer fragen: Was hat der Täter getan, was er zur Erreichung seines Ziels nicht hätte tun müssen? Bei seinen Verbrechen in Kahlenau hätte es all seiner brutalen Spiele mit den Frauen nicht bedurft, wenn es ihm nur um Sex gegangen wäre. Dann hätte er schnellstmöglich seine sexuelle Befriedigung gesucht und sich dann davongemacht. Weber kostete es aus, den Opfern Todesangst einzujagen und sie herumzudirigieren, sie dabei über ihr Privatleben auszufragen, teilweise über Stunden hinweg. Für mich ist er vorrangig ein Gewaltverbrecher, dem es um Macht über seine Opfer geht. So war es auch bei Caroline. Die Gewaltgelüste haben sich im Täter angestaut, er streift ziellos durch die Gegend, sieht das blonde Mädchen und schlägt sofort zu. Ich nenne das den Doktor-Lecter-Effekt. ›Sehen, begehren und handeln‹ – auf diese kurze, klare Formel bringt es der Serienmörder und Kannibale Hannibal Lecter in ›Das Schweigen der Lämmer‹. Das ›Begehren‹ ist dabei entscheidend!«

Der Verurteilte hat keines seiner Verbrechen gestanden und auch in der Hauptverhandlung zum Fall Caroline kein Wort zu den Tatvorwürfen gesagt.

Ich frage nach Webers Missbrauch in der Kindheit. Der erfahrene Kriminalist glaubt Webers Schilderungen. Zu oft käme dergleichen vor. Jedoch taugten die Kindheitserlebnisse nicht als alleinige Erklärung für eine derartige Abgebrühtheit und Menschenverachtung, wie der Mörder und Vergewaltiger sie an den Tag legte. Bis heute hat Marco Weber keines seiner Verbrechen gestanden.

»Haben Sie denn versucht, diesen Werner Frost zu befragen?«

Dankwart Borchert nickt.

»Er ist 1998 verstorben«, sagt er. »Bis zu seinem Ende hat er noch in jenem Wohnblock gelebt.«

»Ich war's, aber ich bin's nicht gewesen«

Er will vor allem eins sein: der gute, tüchtige Sohn, der alle Erwartungen erfüllt. Nach einem Unfall begeht er aus Angst vor den Folgen Fahrerflucht ...

Auf der Sonnenseite des Lebens hat Johannes Schultze in den letzten Jahren nicht gestanden. Alles ist ihm zwischen den Fingern zerronnen, seine Ehe und später auch seine Jobs. Schultze lebt in einer katholischen Gegend, in der Lausitz, wo Religion und Rechtschaffenheit eine Einheit bilden. Wohlhabend waren die Menschen hier nie. Seit Jahrhunderten pflegt man Religion und Brauchtum, man ist bodenständig, fleißig, hilfsbereit.

Jahrzehntelang hat sich Johannes Schultze gut in diese Verhältnisse eingefügt: Er erlernte den Beruf eines Werkzeugmachers, ging zur Armee, begann ein Ingenieurstudium, wollte ein Haus bauen. Als nach einigen Jahren die Ehe zerbrach, weil man sich auseinandergelebt hatte, wendete sich das Blatt: Von einem langsamen, aber stetigen Hinauf zu einem ebenso langsamen, ebenso stetigen Hinab. Schultze gab sein Studium auf, arbeitete weiter als Werkzeugmacher. Seit der Scheidung lebte er allein.

Nach der Wende verlor Schultze seine Arbeit. Er ließ sich zum Bäcker umschulen und fand tatsächlich eine Anstellung. Brot, so dachte er, wird immer gebraucht.

Für Brot mochte das zutreffen, nicht aber für die kleine private Bäckerei. Nach einigen Monaten war sie pleite und Schultze stand wieder auf der Straße. Eine neue Arbeit fand der über Fünfzigjährige nicht.

Wenn Schultze sich besonders einsam fühlt und Depressionen hat, geht er wandern.

In dieser landschaftlich schönen Gegend ist auch Kai Bremer zu Hause. Der 29-jährige Diplomingenieur arbeitet in einer Firma für Medizintechnik, die einer Verwandten gehört. Das Unternehmen hat seinen Sitz in Bayreuth, und jeden Montag fährt Bremer von seinem Heimatdorf in die oberfränkische Stadt. Er bleibt dort über die Woche, vertreibt und wartet medizinische Geräte für Arztpraxen und Krankenhäuser, verbringt die Nächte in einer kleinen Mietwohnung und kehrt am Freitag nach Hause zurück. Bremer ist ein unbescholtener und grundsolider Mensch, er raucht nicht und meidet den Alkohol. Er ist ledig und lebt noch im Haus seiner Eltern. Sein Leben ist mit Arbeit ausgefüllt, und am Wochenende sucht er vor allem Ruhe, so dass es an Gelegenheiten mangelt, eine Frau kennenzulernen. Doch er verdient sehr gut, so wie alle in seiner Familie. Dort spielt Geld eine große Rolle. Geld, Eigentum - und Autos.

Am 26. März 2006, einem Sonntag, ist es wieder so weit: Johannes Schultze fällt daheim die Decke auf den Kopf, also geht er wandern. Oft ist er stundenlang in der Umgebung seiner Heimatstadt unterwegs. Beim Wandern vergisst der Naturfreund seinen trostlosen Alltag. Manchmal unternimmt er seine Touren gemeinsam mit Freunden, meistens jedoch durchstreift er allein die Wälder.
Auch diesmal ist er ohne Begleitung unterwegs, allerdings nicht ziellos; er will den Gasthof »Wassermühle« besuchen. Mit dem Wirtsehepaar ist er gut bekannt, und hier macht er sich auch hin und wieder nützlich. Er hilft bei Reparaturen und anderen Arbeiten, bekommt dafür ein Bier und ein Essen, aber das ist für ihn nicht das wichtigste. Vor allem ist er hier ein gern gesehener Gast, und er genießt die Sympathie, die man ihm entgegengebringt.
Am 26. März 2006 trifft er in der »Wassermühle« zwei Bekannte. Die drei Männer unterhalten sich, trinken ein paar Bier und beschließen, noch ins Nachbardorf zu wandern und im dortigen Gasthof »Kühler Grund« mit einem »Absacker« den Tag zu beschließen.

Um 20.45 Uhr trifft die kleine Wandergruppe im »Kühlen Grund« ein. Johannes Schultze verlässt das Gasthaus erst gegen 0.45 Uhr. Allein macht er sich auf den 25 Kilometer langen Heimweg. Zu Hause wird er nie ankommen.

Wie an jedem Montag ist Kai Bremer auch am 27. März 2006 um 4.30 Uhr aufgestanden. Seine Mutter ist bereits auf, deckt in der Küche des großen Einfamilienhauses den Frühstückstisch und kocht starken Kaffee. Gähnend betritt Kai die Küche.
Die Mutter deutet auf seinen Rucksack, der auf einem der Stühle steht. »Die Thermoskanne ist schon drin«, sagt sie. »Und zwei Brötchen mach ich dir auch noch.«
Kai Bremer nickt dankbar. Wenig später kommt sein Stiefvater in die Küche, setzt sich an den Tisch und gießt sich eine Tasse Kaffee ein.
»Fahr bloß vorsichtig«, sagt er und schaut Kai stirnrunzelnd an. Besonders am frühen Morgen ist mit ihm nicht gut Kirschen essen.
»Ich fahr immer vorsichtig«, erwidert Kai. Und das stimmt, er hat seit fast zwölf Jahren einen Führerschein, und noch nie war er in einen Unfall verwickelt. Er schaut auf die Uhr: kurz vor halb sechs, also muss er los. Bremer verabschiedet sich mit einem Kuss von seiner Mutter, dann steht er auf.
»Ich brauche noch den Wagenschlüssel«, sagt er zum Stiefvater. Waldemar Bremer zögert, zieht den Schlüssel aber schließlich aus der Hosentasche und reicht ihn Kai. Er begleitet den jungen Mann hinaus zu den überdacht stehenden Autos der Familie. Liebevoll streicht er über den Kotflügel seines weißen Alfa Romeo.
»Dass du ihn mir wie deinen Augapfel hütest«, beschwört der selbständige Transportunternehmer seinen Stiefsohn. Der schweigt, steigt ein und fährt vom Grundstück.
Das Misstrauen des Vaters ärgert ihn. Kai wird auf den Wagen schon Acht geben, da braucht sich der Alte nun wirklich keine Sorgen zu machen. Aber so ist das immer:

Waldemar Bremer traut seinem Stiefsohn einfach nichts zu. Nichts kann er ihm recht machen. Und obwohl sich Kai immer wieder selbst ermahnt, sich darüber nicht aufzuregen, tut er es doch.
Die Landstraße, die vom Wohnort der Familie zur Autobahn führt, hat ausgesprochen tückische Stellen. Sie ist kurvenreich und an manchen Stellen sehr eng, so dass man sich beim Fahren stark konzentrieren muss. Kai Bremer schaut auf die Uhr am Armaturenbrett: 5.45 Uhr zeigen die Leuchtdioden an. Aus dem Autoradio schnöselt Herbert Gönemeyer Kais Lieblingshit und die schon sehr wache Moderatorin verbreitet gute Laune. Bremer lenkt den Wagen in eine Rechtskurve.
Der junge Mann zuckt zusammen und verreißt das Lenkrad ein Stück. Im Licht der Scheinwerfer ist am rechten Straßenrand plötzlich eine Gestalt aufgetaucht.
Bevor Bremer die Situation überhaupt erfassen kann, spürt er einen dumpfen Aufprall. Sekundenbruchteile später schlägt ein Kopf auf die Windschutzscheibe, ein Mensch. Kai hat das Gefühl, sein Herzschlag setzt aus, und vom Schock gelähmt, reagiert er nicht. Er nimmt weder den Fuß vom Gas noch bremst er. Mehr als zwanzig Meter schleift der Wagen den Körper auf der Kühlerhaube mit, dann wird die Gestalt fortgeschleudert.
Kai Bremer fährt weiter. Er schaut kurz in den Außenspiegel, aber bevor er den Mann am Boden liegen sehen kann, ist er bereits um die nächste Kurve.
Im nächsten Dorf, etwa zwei Kilometer nach der Unfallstelle, muss Bremer den Alfa Romeo erst einmal an den Straßenrand lenken. Seine Hände und seine Knie zittern, und er legt den Kopf aufs Lenkrad. Noch nie in seinem Leben hat er sich in einer so schrecklichen Lage befunden, und er überlegt fieberhaft, was er nun tun soll.
Er hat mit Vaters Liebling einen Unfall verursacht, und der Stiefvater, der ihn so nachdrücklich aufforderte, ja vorsichtig zu fahren, würde ihm die Hölle heiß machen. Dabei war Kai sicher, weder zu schnell noch unaufmerksam gewesen zu sein. Er konnte doch einfach nicht damit

rechnen, dass zu so früher Stunde und in der Morgenkälte ein Mensch auf der engen Straße unterwegs war!
Dem Vater wäre es egal. Er würde nur den Schaden am Auto sehen und in seiner Überzeugung bestätigt werden, dass Kai nichts tauge.
Außerdem würde Bremer womöglich wegen des Unfalls für einige Zeit den Führerschein verlieren, und auf den war er angewiesen. Er brauchte das Auto nicht nur für die Fahrt nach Bayreuth, er benötigte es auch für die Arbeit selbst. Ohne PKW konnte er viele Kunden nicht erreichen, da sich ja gerade die großen Kliniken außerhalb der Städte befanden. Mit dem Führerschein würde er also womöglich seine Arbeit verlieren, und das wäre noch mehr Wasser auf die Mühlen des Stiefvaters.
Nach längerem Ringen beschließt Bremer, den Unfall nicht der Polizei zu melden. Stattdessen macht er sich aus dem Staub. Die Angst vor dem Vater hat gesiegt und er beruhigt sein Gewissen damit, dass sich bestimmt gleich der nächste Autofahrer um den Verletzten kümmern wird.
Johannes Schultze liegt währenddessen in stundenlangem Sterben.

»War Johannes Schultze betrunken?« möchte ich von Kriminalhauptkommissar Horst Wieprecht und Kriminaloberkommissar Cornelius Reinhold wissen, mit denen ich mich in der zuständigen Polizeidirektion getroffen habe. Wieprecht leitet das unter anderem für Todesfallermittlungen zuständige Kriminalkommissariat 1, Reinhold war federführend an den Ermittlungen zu dem zunächst unbekannten Toten auf der Landstraße beteiligt.
»Getrunken hatte er schon«, sagt Wieprecht, »aber ein klassischer Alkoholiker war er nicht. Einfach nur ein einsamer Mensch, der Gesellschaft suchte und auch mal einen über den Durst trank.«
»Und er lief 25 Kilometer allein durch die Nacht?«
»Das war für ihn nichts Besonderes«, meint Cornelius Reinhold. »Er war oft viele Stunden auf den Beinen und kannte alle Wege sozusagen im Schlaf.«

»Aber es war Ende März. Es muss doch ziemlich kalt gewesen sein?«

»Das war es auch. Aber ihm machte das nichts aus, und er wanderte nun einmal gern«, erklärt Horst Wieprecht. »Außerdem, wie sollte er sonst nach Hause kommen? Ein Taxi konnte er sich nicht leisten.«

»1,08 Promille hatte er im Blut. Nicht außergewöhnlich viel für einen erwachsenen Mann.«

»Und er ist fünf Stunden durch die kalte Nacht gelaufen?«

»Fünf Stunden«, bestätigt Wieprecht. »Dann geschah der Unfall.«

Nur eine Minute nach dem Zusammenprall passiert ein Autofahrer die Unfallstelle. Er sieht noch die Rücklichter des vor ihm fahrenden Wagens in einer Kurve verschwinden, dann entdeckt er einen menschlichen Körper am Straßenrand. Sofort tritt er auf die Bremse, kommt wenige Meter hinter dem Unfallopfer zum Stehen. Er steigt aus und sieht, dass es sich um einen schwerverletzten, bewusstlosen Mann handelt. Sofort ruft er Feuerwehr und Polizei.

Keine zehn Minuten später trifft die Schutzpolizei am Ort des Geschehens ein, ein paar Minuten später ist auch der Rettungswagen da. Nach einer ersten medizinischen Notversorgung wird Johannes Schultze sofort in das nächstgelegene Klinikum gebracht. Aber dort kann ihm nicht mehr geholfen werden. Die zahlreichen Beinbrüche hätte man vielleicht noch heilen können, nicht aber die Verletzungen des Gehirns.

Am Nachmittag des 27. März 2006 stirbt Johannes Schultze. Er stirbt, wie er gelebt hat und wie er durch die Nacht gewandert ist – einsam. 53 Jahre alt ist er geworden.

»Hätte sein Leben gerettet werden können, wenn Kai Bremer angehalten und sofort Erste Hilfe geleistet hätte?« erkundige ich mich.

Beide Kriminalisten schütteln den Kopf.

»Bei seinen schweren Schädelverletzungen hatte er nicht die geringste Überlebenschance«, meint Horst Wieprecht.

Während Johannes Schultze ins Krankenhaus gebracht wird, beginnt die Polizei mit der Unfallrekonstruktion. Der Hergang und die zeitliche Abfolge des Unfalles werden bis ins kleinste Detail untersucht. Wegen der Fahrerflucht wird auch die Kriminalpolizei in die Ermittlungen einbezogen.
Nach ihrer mehrstündigen Arbeit können die Ermittler beinahe bis auf die Sekunde genau sagen, was am frühen Morgen geschehen ist. Ihre Ergebnisse werden in einem Weg-Zeit-Diagramm zusammengefasst. Fest steht, dass der Fundort des Schwerverletzten nicht die so genannte Anstoßstelle ist: Das Opfer wurde mehr als zwanzig Meter mitgeschleift. Eine kaum sichtbare Driftspur im Gras neben der Fahrbahn verrät, dass der Unfallverursacher ein Ausweichmanöver unternommen hat.
»Diese Information haben wir nicht an die Presse gegeben«, erklärt Horst Wieprecht. »Als Täterwissen haben wir sie unter Verschluss gehalten – um eines Tages ein glaubwürdiges und gerichtsfestes Geständnis erlangen zu können.«
Ebenfalls noch am Tattag beginnt in den späten Abendstunden und im Beisein eines Kriminalbeamten die Obduktion des Toten. Der Leiter des Rechtsmedizinischen Instituts, Professor Maternus selbst, nimmt sie vor. Bereits bei der ersten Inaugenscheinnahme fallen die schweren Frakturen vor allem an den Beinen auf, und nach der Leichenöffnung steht auch die Todesursache fest.
Cornelius Reinhold öffnet einen Aktenordner und schlägt ein paar Seiten um, bis er das Gutachten des Rechtsmediziners findet.
»Eine Ruptur der vorderen Brücken-Venen-Gruppe war todesursächlich«, erläutert er. »Das bedeutet: Die Blutgefäße, von denen die einzelnen Bereiche des Gehirns mit Blut versorgt werden, waren zerrissen.«

Kai Bremer fühlte sich an seinem ersten Arbeitstag der neuen Woche wie in einem Alptraum. Er konnte sich nur schwer auf seine Arbeit konzentrieren, hörte immer wie-

der das Geräusch des Aufpralls, sah das Gesicht auf der Windschutzscheibe. Immer wieder fragte er sich, was mit dem Mann wohl geschehen war, den er angefahren hatte. Er hoffte inständig, dass er noch lebte.
Und er grübelte darüber nach, wie er die Spuren an dem Alfa erklären könne, ohne dass man ihn mit dem Unfall in Verbindung brachte. Dabei dachte er weniger an eine Erklärung für die Polizei als vielmehr an eine für seinen Stiefvater – der Wagen war schließlich Vaters ein und alles. Kai hatte sich nur als gefällig erweisen wollen, und nun saß er da mit einem Riesenproblem. Waldemar Bremer fuhr seit Jahren Alfa Romeo und liebte diese Marke über alles. Er lauschte beim Fahren auf jedes Nebengeräusch, und vor einigen Tagen hatte er ein Klopfen des Motors zu hören geglaubt.
Bisher hatte er den Alfa zur Durchsicht und für Reparaturen in die einzige autorisierte Werkstatt der Umgebung gebracht, aber deren Inhaber gab sie im vergangenen Herbst auf.
»Ich bringe meinen Wagen nicht in eine dieser Klitschen, die alles reparieren«, hatte der Vater fast verzweifelt gesagt. »Die bauen mir irgendwelchen Schrott ein, und dann klappert nicht nur der Motor, sondern der ganze Wagen.«
»Ich könnte mich in Bayreuth nach einer Werkstatt umsehen«, schlug Kai vor.
Waldemar Bremer schüttelte den Kopf: »Ich habe ein volles Auftragsbuch und keine Zeit, nach Oberfranken zu fahren.«
Kai hatte eine Idee, zögerte jedoch, bis er seinen Vorschlag äußerte: »Und wenn du mir den Wagen nächste Woche mitgibst?«
Wie erwartet wollte der Vater davon nichts hören. Er fuhr weiterhin jeden Morgen mit dem Alfa zur Arbeit, doch da das klopfende Geräusch aus dem Motorblock immer stärker wurde, kam er auf Kais Vorschlag zurück.
»Kai hatte bei seinem Stiefvater eine problematische Stellung«, sagt Hauptkommissar Reinhold. »Für den Vater kamen an erster Stelle er selbst, seine Arbeit, das Geld und

sein geliebter Alfa, erst danach rangierten mit Abstand die Ehefrau, die Tochter und die beiden Söhne. In dieser Hierarchie besetzte Kai, aus welchen Gründen auch immer, den letzten Platz. Um so mehr hatte er sich beweisen und den Wagen des Vaters in eine Fachwerkstatt überführen wollen.«

Kai Bremer hatte nach dem Unfall eine schlaflose Nacht. Grübelnd wälzte er sich im Bett und suchte einen Ausweg. Als er am Morgen wie gerädert aufstand, hatte er endlich eine Idee.

Der wichtigste Zeuge der Kripo war jener Mann, der den Unfall entdeckte und Feuerwehr sowie Polizei verständigte. Dieser Zeuge hatte das Auto des Unfallverursachers gesehen, denn er war längere Zeit hinter ihm hergefahren. Der Mann war ganz sicher, dass es sich um einen hellen Mercedes der C-Klasse handelte.

Das deckte sich mit dem Obduktionsprotokoll. Der Rechtsmediziner konnte anhand der Verletzungen rekonstruieren, dass Johannes Schultze von der rechten vorderen Fahrzeugseite eines Wagens in Pontonform erfasst worden war, also von einem Wagen mit einem rechtwinkligen Vorderteil. Damit konnten sowohl Fahrzeuge in Kastenform wie Lastkraftwagen oder Kleinlaster ausgeschlossen werden als auch Fahrzeuge in Keilform, die ein eher trapezförmiges Vorderteil aufweisen.

Ein Mercedes der C-Klasse besitzt eine Pontonform.

»Wir fanden weder Lackspuren an der Kleidung des Opfers noch irgendwelche Fahrzeugteile am Tatort, beispielsweise Scherben eines Scheinwerfers«, berichtet mir Cornelius Reinhold. »Trotzdem war davon auszugehen, dass der Wagen des Täters Schäden bei dem Unfall davongetragen hatte.«

In den folgenden Tagen und Wochen werden daher im Bereich der Polizeidirektion alle hellen PKW vom Typ Mercedes C überprüft. Über 800 Fahrzeuge werden untersucht, ihre Inhaber nach ihren Alibis befragt, deren Angaben wiederum durch Befragung von Zeugen über-

prüft. Am Ende werden die Protokolle der Fahrzeugüberprüfungen 28 Ordner umfassen.
Die Polizei wendet sich aber auch an die Öffentlichkeit. Die örtliche Presse informiert ausführlich über den Unfall. Nicht allein nach Zeugen für den Unfall selbst wird gesucht, sondern ebenso nach Leuten, die irgendwo ein beschädigtes Fahrzeug der C-Klasse bemerkt habe. Auch »Kripo live« hat von der Verkehrsunfallflucht berichtet. Doch nichts geschieht.

Am Tag nach dem Unfall nahm sich Kai Bremer einen halben Tag frei. Die Verwandte, in deren Firma er arbeitete, war gut mit einem Förster in der Umgebung von Bayreuth bekannt; einmal hatte sie Bremer sogar ein Wildschwein für eine Feier auf dem Grundstück der Eltern besorgt. Als sich Kai im Morgengrauen dieses Försters erinnerte, kam ihm der rettende Einfall, einen Wildunfall zu fingieren.
Am Vormittag des 28. März 2006 setzte er sich in den Alfa und verließ die Stadt in südliche Richtung, wo sich eine waldreiche Gegend erstreckt. Er wollte doppelt sichergehen und hatte seinen Plan noch verfeinert. Mitten im Wald stellte er den Wagen am Straßenrand ab, stieg aus und wartete. Das erste vorbeikommende Fahrzeug wollte er anhalten, dem Fahrer oder der Fahrerin den Schaden an Kotflügel und Stoßstange zeigen und behaupten, er sei mit einem Reh zusammengestoßen, das er aber nur verletzt habe. Dann wollte er sie bitten, ihm den Zusammenstoß mit einem Wildtier zu bezeugen.
Doch Kai Bremer war viel zu nervös. Er ging zehn Minuten neben dem Alfa auf und ab: Kein anderes Fahrzeug tauchte auf. Er wartete fünfzehn Minuten: Die Straße blieb leer. Nach zwanzig Minuten verlor er die Geduld. Frustriert stieg er wieder in den Wagen und fuhr zum Forsthaus.
»Ach, der Herr Bremer.« Der Förster war ein jovialer Mann, der sich obendrein Kais Arbeitgeberin verpflichtet fühlte. »Na, steht wieder eine große Party an?«
Kai schüttelte den Kopf. »Ich bin auf der Straße mit einem

Reh zusammengestoßen«, sagte er. »In aller Herrgottsfrühe, also noch im Dunkeln. Ich konnte wirklich nichts machen.«
»Wo ist das denn passiert?« Der Förster bot dem Besucher einen Kaffee an, doch dieser lehnte mit einer Handbewegung ab – er war sowieso schon viel zu aufgeregt.
»Nicht weit von hier, hinter dem übernächsten Ort. Ich war fürchterlich erschrocken und so durcheinander, da habe ich vergessen, die Polizei zu rufen. Das Tier war auch nicht tot, es ist sofort in den Wald zurückgesprungen. Aber nun sitze ich auf dem Schaden.«
»Verstehe.« Der Förster nahm einen Schluck von seinem Kaffee.
»Der Wagen steht draußen auf dem Hof. Vielleicht können Sie ihn sich mal ansehen ... und mir dann eine Wildunfallbescheinigung ausstellen?«
Bremer hielt den Atem an. Der Förster winkte ab.
»Nicht nötig«, sagte er. Auch auf die vorgeschriebene unverzügliche Absuche der Unfallstelle nach Wild verzichtete er.
Zehn Minuten später verließ Kai das Forsthaus und atmete auf. Ohne sich den Alfa auch nur von fern anzusehen, hatte der Förster ihm die Bescheinigung ausgestellt. Kai Bremer triumphierte. Einen Zusammenstoß mit Wild würde sein Vater ihm nicht zum Vorwurf machen, so etwas konnte auch geschehen, wenn man äußerst vorsichtig fuhr. Ein Wildunfall war eine Erklärung, die Waldemar Bremer akzeptieren würde.

»Als wir mit unseren Ermittlungen nicht vorankamen, setzten wir zwei bislang unbeteiligte Mitarbeiter an den Fall«, berichtet Horst Wieprecht. »Ihre wichtigste Aufgaben bestand in einer gründlichen Analyse der Akten. Sie sollten vor allem jene Spuren herausfiltern, die noch nicht ausermittelt waren.«
Bei dieser Analyse stößt die Arbeitsgruppe des Kommissariats 1 schließlich auf einen entscheidenden Umstand: In den Tagen nach der Tat hatte die Schutzpolizei jeden

Morgen zwischen 5.00 und 6.30 Uhr am Unfallort eine Durchlasskontrolle durchgeführt, um alle Personenbewegungen zu erfassen. Mehrere Streifenwagen waren dabei im Einsatz. Die Polizeibeamten hielten jedes Fahrzeug mit der Kelle an und winkten es an den Straßenrand. Die Personalien wurden erfasst, die Fahrer zu ihren Gewohnheiten befragt.

»Wie oft und zu welcher Tageszeit sie diese Straße benutzten, wurden sie zum Beispiel gefragt«, erläutert Cornelius Reinhold, »ob sie auch am Tattag hier entlanggefahren wären, ob sie bestimmte Beobachtungen gemacht hätten – in diese Richtung gingen die Fragen.«

Eine Woche nach dem Unfall näherte sich ein LKW der Kontrollstelle. Die Straßen mit den vielen Engstellen ist jedoch für Lastwagen gesperrt, und als der LKW-Fahrer die Streifenwagen sah, machte er ein mehr als waghalsiges Wendemanöver und setzte zur Flucht an. Die überraschten Polizeibeamten nahmen sofort die Verfolgung auf. Schon nach wenigen Metern gelang es ihnen, den flüchtigen Fahrer zu stellen.

Dieser, ein Waldemar Bremer, muss mit einem ziemlich beklommenen Gefühl im Bauch aus dem Fahrerhaus gestiegen sein, schließlich war er Berufskraftfahrer. Nicht nur mit einer hohen Geldstrafe musste er rechnen, sondern auch mit etlichen Punkten in Flensburg. Besorgt reichte er den Beamten seine Papiere und versicherte natürlich, dass er zum ersten Mal auf dieser Straße unterwegs sei und seinen Fehler einsehe und bereue.

Die Polizisten blickten zweifelnd. Sie befragten Bremer zum Unfallmorgen, und da witterte er sofort Morgenluft: Vielleicht konnte er seinen Kopf aus der Schlinge ziehen, wenn er mit der Polizei kooperierte.

»Nein, ich bin am Unfalltag nicht hier langgefahren«, beteuerte er, »heute ist wirklich das erste Mal. Aber mein Mitarbeiter, der kommt jeden Morgen hier vorbei. Das ist der kürzeste Weg zum Speditionshof.«

»Und um welche Zeit, denken Sie, benutzt er diese Straße?« möchten die Beamten wissen.

»Ich denke, spätestens gegen sechs.«
»Und wie heißt denn Ihr Mitarbeiter?«
»René Fischer.«
Eine Strafe kann sich Bremer mit dieser Aussage nicht ersparen. Seine Aussage wird an die Ermittler weitergeleitet, und ein Fahnder macht sich zum Grundstück der Familie Fischer auf den Weg. Gleich zwei Autos mit Unfallspuren findet er dort vor. Sowohl Vater wie auch Sohn fahren jeweils einen dunkelblauen Audi. Der Mann, der am Montag die Strecke gefahren sein soll, und sein Sohn werden zu einer Vernehmung geladen. Sie sollen erklären, woher die Beschädigungen an ihren Fahrzegen stammen. Sie sind mit einer gründlichen Untersuchung ihrer Fahrzeuge durch die Spezialisten vom Landeskriminalamt einverstanden. Spuren können nicht gefunden werden. Auch für die Unfallspuren haben Vater und Sohn eine gute Erklärung. Da die Kripo außerdem nach einem hellen C-Klasse-Mercedes fahndet, wird diese Spur erst einmal ad acta gelegt.
Jedoch führte das alles die Ermittlungen in eine neue Richtung. Die Kriminalisten fanden seltsam, mit welchem Eifer Bremer seinen Mitarbeiter ins Spiel brachte. Kriminalhauptkommissar Wieprecht drückte es mir gegenüber drastisch aus: »Er versuchte, René Fischer vors Loch zu schieben und wir fragten uns, warum?«
Bremer gibt seine Aussagen in der Polizeidienststelle zu Protokoll. Routinemäßig wird er gefragt, was er für ein Auto besitzt. Mit Stolz nennt er seinen Alfa Romeo und erzählt beflissen von einem Wildunfall seines Sohnes vor 14 Tagen.
»Wir haben natürlich bereits überlegt, ob sich der Zeuge von der Unfallstelle geirrt haben könnte«, erzählt mir Hauptkommissar Wieprecht. »Es ist früh an einem Montagmorgen und noch dunkel, so genau kann er das Fahrzeug womöglich gar nicht gesehen haben. Als uns die Kollegen, die sich noch einmal alle Akten vorgenommen hatten, dann von dem weißen Alfa berichteten, waren wir sofort hellwach.«

»Ich habe mir also Unterlagen über den Alfa Romeo beschafft«, fügt Reinhold hinzu. »Was soll ich sagen: Auch dieser Wagen hat eine Pontonform. Also setzten wir bei Bremer noch einmal den Hebel an. Erst einmal beim Vater.«

Als Kai Bremer am Wochenende nach seiner Fahrerflucht ins Elternhaus zurückkehrte, begab er sich so rasch wie möglich ins Wohnzimmer. Aus dem Korb mit dem Kaminholz nahm er die zusammengefalteten Zeitungen, die der Vater zum Feueranzünden aufbewahrte. Mit fliegenden Händen schlug er eine nach der anderen auf. Dann wurde sein Blick starr. Bereits in der Dienstagsausgabe der Lokalzeitung wurde über den Unfall berichtet, über einen Unfall mit tödlichem Ausgang und ein Opfer namens Johannes Sch. (53). Auch ein Fahndungsaufruf der Polizei war erschienen.

Am Mittwoch hielt sich das Blatt nicht mehr so zurück. Jetzt brachte die Zeitung den vollen Namen des Opfers – und ein Foto: Das entstellte Gesicht des Toten.

Kai glitt die Zeitung aus den Händen. Er hatte einen Mann überfahren. Ungewollt hatte er einen Menschen getötet.

An dem Wochenende bekam er keinen Bissen hinunter. Seine Mutter hielt ihn für krank, der Vater glaubte, es sei wegen des Wildunfalls. Völlig ungewohnt war, dass er seinen Stiefsohn sogar zu trösten suchte: Ein Wildunfall könne jedem passieren, er solle sich die Sache nicht so zu Herzen nehmen.

Der Alfa stand auf dem Hof. Er war noch nicht repariert, weil erst der Schaden mit der Versicherung reguliert werden sollte.

Zwei Wochen später nahm Kai Bremer den Wagen abermals mit nach Bayreuth. Und als er dann nach Hause zurückkehrte, sah der Alfa aus wie eh und je.

In der Vernehmung hatte Horst Wieprecht beiläufig an Waldemar Bremer die Frage gerichtet, ob der Schaden bei dem Wildunfall seines Sohnes denn der Versicherung gemeldet worden sei. Bremer bejahte.

Horst Wieprecht fordert die Versicherungsunterlagen an. Aus ihnen geht hervor, dass Vater Bremer gelogen hat. Der Wildunfall seines Sohnes liegt nicht zwei, er liegt schon elf Wochen zurück.
Nun wissen Wieprecht und seine Kollegen, dass sie auf der richtigen Spur sind.

Kai Bremer hat etliche scheußliche Wochen hinter sich. Er kann nur noch mit Tabletten schlafen, aber auch deren Wirkung lässt allmählich nach. Manchmal überkommt es ihn völlig unvermutet am Tage, aber vor allem nachts sieht er immer wieder das Gesicht vor der Windschutzscheibe. Oder das zerstörte Gesicht vom Zeitungsfoto. Oder die Schlagzeilen:
Mann (53) stirbt auf Landstraße.
Tödlicher Unfall mit Fahrerflucht.
Wer kann Angaben zum Hergang des schweren Verkehrsunfalls machen?

Er könnte. Und manchmal möchte er auch.
Aber dann kommt die Angst, die Angst vor der Entdekkung, die Angst vor dem Vater. Wenn ein Streifenwagen durch das Dorf fährt, beginnt er zu zittern. Wenn jemand an der Tür läutet, möchte er sich am liebsten verstecken.
Kai Bremer verfolgt alle Veröffentlichungen in der Presse, sofern er ihrer habhaft werden kann. An jedem Wochenende liest er die Zeitungen der vergangenen Woche. Er sitzt auf der Wohnzimmercouch, blättert die Seiten um, hat Angst, etwas zu finden.
An einem Samstagvormittag hört er plötzlich ein Geräusch an der Tür. Erschrocken wendet er den Kopf. In der Tür steht der Stiefvater und betrachtet ihn mit einem seltsamen, kritischen Ausdruck im Gesicht.
Kai deutet auf die Zeitungen.
»Steht nichts Wichtiges drin«, sagt er rasch.
»Nein«, bestätigt der Vater, »steht nichts Wichtiges drin.«
Dann geht er hinaus.

Da Kai Bremer die Woche in Bayreuth verbringt, wird er für einen Freitagnachmittag zu einer Zeugenvernehmung vorgeladen, obwohl er für die Kriminalbeamten längst der Hauptverdächtige ist.
»Wir hatten bloß keine Sachbeweise für seine Schuld«, erklärt Hauptkommissar Reinhold. »Die Zeugen vom Unfallort waren keine unmittelbaren Tatzeugen, sie haben nur die zeitlich vor und nach dem Unfall liegenden Ereignisse beobachtet.«
Zwei Tage nach dem Unfall hat Kai Bremer den Schaden seiner Versicherung gemeldet. Das Unternehmen forderte von einer Kfz-Werkstatt ein Gutachten an. Nachdem es erstellt worden war, wurden alle beweiskräftigen Teile wie Kotflügel und Stoßstange vernichtet.
Das Versicherungsgutachten lässt keinen Zweifel daran, wie der Schaden entstanden ist, nämlich durch den Zusammenstoß mit einem Tier. Die Wildunfallbescheinigung des Försters dürfte es maßgeblich beeinflusst haben: In der Werkstatt wurde genau das festgestellt, was festgestellt werden sollte. Eine andere Möglichkeit wurde erst gar nicht erwogen.

Horst Wieprecht hat die Versicherungsunterlagen einem neutralen Kraftfahrzeugsachverständigen überbringen lassen, der vor allem das Gutachten noch einmal überprüfen soll. Insbesondere die Lichtbilder, die vom Alfa Romeo vor der Reparatur aufgenommen worden waren, soll er sich gründlich anschauen. Die alles entscheidende Frage war: Konnte ein Wildunfall ausgeschlossen werden?
Bevor Kai Bremer zur Vernehmung geladen wird, nehmen die Kriminalbeamten und der Kraftfahrzeuggutachter eine Untersuchung vor, von welcher der Verdächtige nichts weiß: Der Unfall wird noch einmal mit einer Art Schaufensterpuppe, einem so genannten Dummy und einem baugleichen Alfa Romeo nachgestellt. Die Testpuppe hat in etwa die Größe und das Gewicht von Johannes Schultze, und damit von ihr Spuren abgenommen werden

können, ist sie mit einem weißen Overall bekleidet. Dann fährt der Alfa auf sie zu. Die Ermittler halten den Atem an. Der Wagen erfasst die Puppe an den Beinen, sie wird in die Luft geschleudert, der Körper trifft auf der Motorhaube auf, der Kopf schlägt gegen die Windschutzscheibe. Etwa zwanzig Meter wird sie mitgeschleift, dann wirft sie der Alfa wieder ab.
Das entspricht beinahe haargenau den Spuren am Unfallort und dem Obduktionsbefund.

Bei Johannes Schultze waren beide Beine gebrochen. Das Tatfahrzeug erfasste zunächst mit der rechten Seite der Stoßstange dessen rechtes Bein, das in vierzig Zentimeter Höhe eine Trümmerfraktur aufwies – und beim Alfa befindet sich die Stoßstange in vierzig Zentimeter Höhe. In Bruchteilen von Sekunden wurde dann Schultzes rechtes gegen das linke Bein geschleudert und brach ebenfalls.
Genau so auch bei der Puppe: Bevor sie auf die Motorhaube des Testwagens flog, berührte dessen Stoßstange das rechte Bein, das gegen das linke katapultiert wurde – all das in extrem kurzer Zeit.

Als Kai Bremer zu seinem Vernehmungstermin erscheint, steht das Gutachten zum Test noch aus.
Horst Wieprecht muss Zeit gewinnen. Er wendet einen kleinen psychologischen Trick an, um den mutmaßlichen Täter in Sicherheit zu wiegen. An einer Schautafel, an der er Bremer bewusst vorbeiführt, hängt noch ein altes Fahndungsplakat. Mit diesem Plakat wird nach einem hellfarbenen Mercedes der C-Klasse gesucht. Bremer kann also aufatmen. Vorerst.
»Ich saß wie auf glühenden Kohlen«, räumt Wieprecht ein. »Ich habe Kai Bremer über seine Rechte und Pflichten als Zeuge belehrt, ich habe seine Personalien aufgenommen, habe mir den angeblichen Wildunfall noch einmal in allen Einzelheiten schildern lassen – eine Vernehmung in Zeitlupe sozusagen. Nach einer Stunde kam dann endlich der Anruf des Gutachters.« Der Kriminalist

muss schmunzeln. »Er sagte mir, dass er bereits viele Wildunfälle begutachtet, aber noch nie ein solches Schadensbild gesehen habe. Es sei denn, das Reh stelle sich auf die Hinterläufe und warte auf den Zusammenstoß – so drückte er das aus.«
Horst Wieprecht setzt die Vernehmung fort, ohne sich etwas anmerken zu lassen. Das Ergebnis, zu dem der Sachverständige gekommen ist, bestätigt seinen Verdacht. Kai Bremer wird jetzt allerdings nicht mehr als Zeuge gehört, sondern als Beschuldigter. Horst Wieprecht muss ihn noch einmal über seine geänderten Rechte und Pflichten belehren.
Die Kriminalisten brauchen weitere Beweise. Am besten wäre natürlich ein Geständnis, das Täterwissen enthält.
Kai braucht nur noch einen letzten Anstoß. Wieprecht legt ihm die Fotos von der Unfallrekonstruktion vor. Bremer, der bisher noch nie mit dem Gesetz in Konflikt geraten ist, bricht der Schweiß aus. Vor allem das Foto, auf dem zu sehen ist, wie die Puppe mit dem Kopf auf die Windschutzscheibe aufschlägt, beeindruckt ihn stark.
Dann legt er ein Geständnis ab, eingeleitet durch die beinahe philosophischen Worte: »Ich war's, aber ich bin's nicht gewesen.«

»Wissen Sie, was sein entscheidender Fehler war?« fragt mich Wieprecht. Ich schüttele den Kopf. »Dass er der Versicherung eine Unfallmeldung und die Bescheinigung des Försters eingereicht hat. Damit hat er eine Akte geschaffen.«
»Die Reparatur hat dreieinhalbtausend Euro gekostet«, ergänzt Reinhold. »Kai hat gut verdient, er hätte sie aus eigener Tasche bezahlen können. Dann gäbe es keine Unterlagen bei der Versicherung und die Tat wäre ihm nicht nachzuweisen.«
»Aber wie wir schon sagten«, Horst Wieprecht zuckt mit den Schultern, »Geld spielte in seiner Familie eine große Rolle.«

Bei seiner Vernehmung offenbarte Kai Bremer schließlich auch Täterwissen. Er gab an, noch versucht zu haben, dem einsamen Wanderer auf der Landstraße auszuweichen. Mit dieser Aussage gab er eine Erklärung für die Driftspur ab, von der er aus der Presse nichts wissen konnte.
»Eines verstehe ich nicht«, sage ich. »Warum hat der Stiefvater bei seiner Vernehmung falsche Angaben zum Unfallzeitpunkt gemacht?«
»Nicht nur, um doch noch zu brauchbaren Hinweisen zu gelangen, haben wir auf eine kontinuierliche Öffentlichkeitsarbeit gesetzt«, erwiderte Hauptkommissar Reinhold. »Wir wollten auch einen ständigen Druck auf den Täter ausüben. Die Berichterstattung kann auch Waldemar Bremer nicht entgangen sein. Dass sein Stiefsohn genau an dem Tag seinen Wildunfall gehabt haben will, an dem Johannes Schultze zu Tode kam, wird in ihm bald Zweifel geweckt haben. Womöglich wurde er hin und hergerissen zwischen seiner Skepsis und dem Wunsch, sein Sohn möge die Wahrheit sagen, denn immerhin stand ja auch der Ruf der Familie auf dem Spiel. Man muss es sich mal vorstellen: Der Sohn eines erfolgreichen Transportunternehmers verursacht einen tödlichen Verkehrsunfall und begeht anschließend Fahrerflucht. Das ist keine gute Werbung. Ich denke, Waldemar Bremer wollte einfach nur Gewissheit.«
Nach dem Geständnis von Kai Bremer schickte Wieprecht einen Mitarbeiter zum Vater. Waldemar Bremer kam sofort in die Polizeidirektion, um seinen Sohn abzuholen. Mit Vaters Liebling fuhren sie nach Hause.
»Ich möchte mir nicht vorstellen, was für eine Atmosphäre in dem Wagen geherrscht hat«, bemerkt der Chefermittler mit gerunzelter Stirn.

Solange sie durch die Stadt fuhren, schwieg Waldemar Bremer. Er starrte geradeaus, und auch Kai, der auf dem Beifahrersitz Platz genommen hatte, schaute nach vorn. Ein paar Mal wagte er einen Seitenblick auf die Hände

seines Stiefvaters. Sie umkrampften das Lenkrad so sehr, dass die Fingergelenke weiß wurden.
Auch nach dem Ortsausgang setzte sich das Schweigen eine Weile fort. Kai wartete auf ein großes Donnerwetter, das doch irgendwann einmal über ihn hereinbrechen musste. Doch der Stiefvater presste nur zwischen den zusammengebissenen Zähnen hervor: »Dass du mir so etwas antun konntest.«
›Ihm antun‹, dachte Kai Bremer verbittert. ›Ich habe einen Menschen totgefahren, und er denkt nur an sich.‹
»Es tut mir leid«, erwiderte er zaghaft.
»Ja, ja, ja.« Waldemar Bremer hob die Stimme. Er bog gerade in eine der kurvenreichen Landstraßen mit den vielen Engstellen ein. »Ich besorge dir einen Anwalt. Den besten, egal, was er kostet. Er muss dich raushauen.«
»Danke.« Kai blickte aus dem Seitenfenster. Auf einem noch brachliegenden Feld ästen Rehe.
»Um dich geht's weniger.« Der Vater bog mit Schwung in eine Rechtskurve. »Ich muss an die Firma denken.«

Der Typ, der immer lächelte

Ein eigenes Häuschen bewohnen, wie praktisch ... Und er hat auch schon eins ins Auge gefasst, das ihm zusagt. Dafür tötet er, denn was ihm zusteht, das bestimmt er.

Das Paket war kleiner als erwartet. Es lag vor einem Loch in der Kellerwand auf dem kalten Boden: eine schwarze Abdeckplane, fest umwickelt mit Stricken. Ein Kriminaltechniker, der einen weißen Overall mit Kapuze trug, hockte neben dem Paket und schnürte es sorgfältig auf. Ein zweiter, ebenfalls in einem Overall, fotografierte jede Handlung seines Kollegen. Es roch nach Schimmel und feuchtem Mörtel.

Nachdem alle Stricke gelöst und die Plane auseinandergefaltet worden war, konnte man eine mehrfarbige Schlafdecke erkennen.

Lichtblitze von der Kamera zuckten durch den niedrigen Keller. Der Mann am Boden schlug die Decke zurück. Zuerst kam der mit Klebeband umwickelte Kopf eines Menschen zum Vorschein, dann ein weiblicher Körper, bekleidet nur mit einem Nachthemd. Spuren von Verwesung waren an den nackten Körperpartien zu erkennen.

Die Frau war in kauernder Haltung zusammengeschnürt worden, bevor man sie in die Decke schlug und diese wiederum mit der Abdeckplane umwickelte. Wie die Tote da auf dem Boden lag, sah sie wie ein Embryo aus.

Neben den beiden Kriminaltechnikern hielten sich auch zwei Ermittlungsbeamte in dem Keller auf. Sie hatten den Spezialisten bei ihrer Arbeit zugesehen und kein Wort gesagt. Auch jetzt schwiegen sie noch, aber nicht mehr angespannt, sondern erleichtert. Eine monatelange Suche war zu Ende.

Begonnen hatte sie im September 2003 mit einem seltsamen Anruf. Die 39-jährige Cornelia Schuster, die mit ihrem Mann und ihren beiden Töchtern in einem kleinen Ort im Taunus lebt, war am späten Nachmittag von ihrer Arbeit bei der Frankfurter Stadtverwaltung zurückgekehrt. Das Telefon klingelte, und sie schaffte es gerade noch, ihren Mantel abzulegen. Cornelia Schuster stürzte ins Wohnzimmer und ging an den Apparat.
»Hier ist Frank Teichmann«, meldete sich ein Mann mit einer etwas schleppenden Stimme. »Sie sind doch die Tochter von Elisabeth Schuster?«
Das war Cornelia allerdings, aber einen Frank Teichmann kannte sie nicht. Da ihre Mutter nicht sehr gesund war, rechnete Cornelia mit dem Schlimmsten. Sie musste sich erst einmal setzen, bevor sie entgegnen konnte: »Was ist mit meiner Mutter?«
»Sie ist verschwunden«, sagte der Anrufer. Cornelia verspürte sofort einen starken Druck auf der Brust.
»Verschwunden? Wie?« Mehr brachte sie nicht heraus.
»Na, wie man eben verschwindet«, sagte Teichmann. Irrte Cornelia sich, oder musste er tatsächlich ein Lachen unterdrücken? Nein, das konnte wohl nicht sein. »Sie ist aus dem Haus gegangen und nicht mehr zurückgekommen.«
Cornelia schüttelte verwirrt den Kopf. Ihre Mutter war gehbehindert, es war ihr kaum möglich, eine größere Strecke zu Fuß zurückzulegen.
»Ich meine, Sie sollten eine Vermisstenanzeige machen«, sagte der Mann am anderen Ende der Leitung. »Ich brauche etwas Offizielles, damit ich den Hauskauf ins Grundbuch eintragen lassen kann.«
Cornelia Schuster wurde immer verwirrter.
»Hauskauf?« fragte sie bloß.
»Ja, Ihre Mutter hat mir ihr Haus verkauft. Mit Kaufvertrag und allem Pipapo. Ich muss das jetzt aber eintragen lassen. Machen Sie nun diese Anzeige?«
Cornelia nickte, obwohl der andere das gar nicht sehen konnte. Noch als der Anrufer längst aufgelegt hatte, saß sie mit dem Hörer in der Hand da und konnte nicht fas-

sen, was sie soeben gehört hatte. Dass ihre Mutter das Haus in Waldesruhe verkaufen wollte, war immer mal zwischen ihnen besprochen worden. Seit dem Tod ihres zweiten Ehemannes wollte Elisabeth nach Hessen zurückkehren, das sie einst um der Liebe willen verlassen hatte; so sehr hatte sie Hans-Ulrich Schuster geliebt, dass sie sogar zu ihm in die damalige DDR gezogen war. Nun aber fühlte sie sich einsam in dem Haus, und es gab die Überlegung, dass sie zur Tochter in den Taunus ziehen sollte, entweder mit in Cornelias Haus oder zumindest in eine Wohnung in der Nähe. Aber das waren bisher eher Gedankenspiele gewesen, und nichts war vorbereitet. Daher war kaum zu glauben, dass die Mutter ihr Haus in Waldesruhe mir nichts, dir nichts verkauft hatte, ohne Absprache mit der Familie und noch dazu an einen wildfremden Menschen. Sie konnte doch ohne Hilfe gar nicht umziehen. Und verschwunden sollte sie auch sein – Cornelia wusste nicht, was sie von alledem halten sollte. Sie besprach sich mit ihrem Mann, nachdem dieser ebenfalls von der Arbeit zurückgekehrt war. Er teilte ihre Zweifel, und am folgenden Morgen erstattete Cornelia Schuster bei der Polizei in Frankfurt eine Vermisstenanzeige. Es war Dienstag, der 30. September 2003.

Die Anzeige wurde an die zuständige Polizeibehörde des Landes Sachsen weitergeleitet, und zwei Tage später, am 2. Oktober, stand zum ersten Mal die Polizei vor dem Haus in Waldesruhe. Frank Teichmann öffnete die Tür.

Die beiden Beamten vom Kriminalkommissariat der benachbarten Kreisstadt wurden zuerst nicht einmal ins Haus gebeten, sondern Teichmann versuchte, sie an der Tür abzufertigen. Erst als sie nachdrücklich Einlass verlangten, trat Teichmann zur Seite. In dem Haus herrschte ein unbeschreibliches Durcheinander, wie man es manchmal in Häusern findet, die jahrelang leerstehen. In diesem Haus aber lebte jemand, dem die Unordnung und der Unrat offenbar nichts ausmachten.

Die Kriminalisten befragten Teichmann nach dem Verbleib von Frau Schuster und wollten zugleich wissen, mit wel-

chem Recht er in dem Haus lebe. Frank Teichmann erklärte, Elisabeth Schuster habe sich am 17. September für zehn Uhr ein Taxi bestellt. Sie sei mit einer großen Reisetasche in dieses Taxi, einen Mercedes, eingestiegen und mit unbekanntem Ziel davongefahren. Seit diesem Tag habe er nichts mehr von ihr gehört.
Dann präsentiert Teichmann den Kriminalisten einen Kaufvertrag für das Haus, der sofort das Misstrauen der Beamten erregt. Formal wirkt er auf den ersten Blick in Ordnung, und als Kaufsumme sind 40000 Euro eingetragen. Es fehlt aber die notarielle Beglaubigung, ohne die der Vertrag nichts wert ist und der Kauf auch gar nicht ins Grundbuch eingetragen werden kann. Möglich immerhin, dass Frank Teichmann das nicht weiß. Den beiden Beamten erscheint es jedoch widersprüchlich.
Vorerst lassen sie jedoch Teichmanns Aussage auf sich beruhen und hören sich in der Nachbarschaft um. Waldesruhe macht seinem Namen alle Ehre: Der Ort befindet sich, umgeben von Wald, im Tal eines schmalen Flüsschens, das jetzt im Herbst ziemlich unscheinbar wirkt. In manchem Frühjahr jedoch macht es nach der Schneeschmelze sogar Schlagzeilen, denn seine Quelle liegt im Gebirge, und es kommt vor, dass es Hochwasser führt.
Nur zwölf Häuser gibt es hier, weiträumig in dem Tal verteilt. Jeder kennt jeden, und die Nachbarn kennen natürlich auch Frau Schuster. Wegen ihrer Gehbehinderung und ihrer schweren Zuckerkrankheit lebte die 61-jährige Frührentnerin sehr zurückgezogen und man habe sie nur selten zu Gesicht bekommen.
»Wir haben ihr unsere Hilfe angeboten«, berichtet Frau Homuth, die ebenfalls Rentnerin ist. Ihr Grundstück grenzt unmittelbar an das der Vermissten. »Und sie hat sie auch angenommen. Wir haben ja ein Auto, und wenn wir einkaufen gefahren sind, haben wir die Frau Schuster mitgenommen. Oder mein Mann hat sie zum Arzt gefahren. Eigentlich wollten wir sie auch am 18. September wieder zum Einkaufszentrum in Kahlenberg mitnehmen. Wir hatten uns für elf verabredet, aber sie kam nicht. Ich habe

dann bei ihr geklingelt, aber nicht sie machte auf, sondern dieser junge Mann. Er hat sich gleich als Hausherr aufgespielt und gemeint, Frau Schuster sei nach Dresden gezogen.«

»Zu mir hat er Leipzig gesagt«, mischt sich Herr Homuth ein.

Die Kriminalisten erfassen in den nächsten Stunden noch weitere Orte, an denen sich Elisabeth Schuster angeblich befinden soll: Neben Dresden und Leipzig war auch von einem längeren Krankenhausaufenthalt die Rede und von der Rückkehr in die hessische Heimat.

In den Kriminalisten wächst ein schrecklicher Verdacht. Sie fassen ihre Erkenntnisse in einem Bericht zusammen, und der Kommissariatsleiter informiert die Mordkommission.

Hauptkommissar Norbert Düren war von Anbeginn federführend an den Ermittlungen in Waldesruhe beteiligt. Im Sommer 2007 empfängt er mich in seinem Büro in der Polizeidirektion, um mir von dem Fall Schuster zu berichten, der die Kripo monatelang in Atem hielt. Einen solchen Fall vergisst man nicht, und Düren kann vieles aus der Erinnerung rekonstruieren.

»Dank der Arbeit der Kriminalisten vor Ort wussten wir anfangs Folgendes«, er blickt kurz auf seine Notizen, seine Gedankenstützen. »Frau Schuster war am 17. September 2003 zum letzten Mal von Nachbarn gesehen worden, als man sich für die Fahrt zum Einkaufszentrum verabredete. Sie war an ihrem Gehstock zur Familie Homuth gegangen, und auch andere Nachbarn hatten sie dabei gesehen. Nachdem die Verabredung getroffen war, kehrte Elisabeth Schuster in ihr Haus zurück. Auch dabei wurde sie beobachtet. Es muss so gegen 16.00 oder 16.30 Uhr gewesen sein. Danach verliert sich ihre Spur.«

»Dass sie am 18. mit einem Taxi wegfuhr, konnte also niemand bestätigen?«, frage ich.

»Nein, das hat niemand gesehen. Wir haben uns natürlich sofort bei sämtlichen Taxiunternehmen der Umgebung erkundigt: Am 18. wurde kein Wagen nach Waldesruhe gerufen. Teichmann hatte also gelogen. Und das war nicht seine einzige Lüge: Der Mann ist ein wahrer Märchenerzähler.«

»Aber wie ist er überhaupt auf das Haus in Waldesruhe gestoßen?«

Norbert Düren lächelt. »Er ist nicht drauf gestoßen, sondern eher gestoßen worden«, sagt er. »Teichmann ist bereits zu Lebzeiten bei Frau Schuster eingezogen. Als Untermieter.«

Jeder Tag ist wie der andere, leer und trostlos, also gibt es eigentlich keinen Grund, überhaupt das Bett zu verlassen. Dorothee Wendland, von ihren Freunden Doro genannt, öffnet zwar die Augen, aber was sie sieht, ist kein schöner Anblick. Sie hat auf der Klappcouch im Wohnzimmer geschlafen, wo man am Abend vorher gefeiert hat, so wie eigentlich jeden Abend, und nun stehen die Schnaps- und Bierpullen und die überquellenden Aschenbecher auf dem Glastisch, dessen Platte einen Sprung hat, weil Eddy, dieser Idiot, im Suff draufgefallen ist. Es riecht nach den schal gewordenen Bierneigen und vor allem nach kalter Zigarettenasche. Doro wird sofort schlecht, und Kopfschmerzen hat sie auch.

Stöhnend dreht sie sich um. Neben ihr liegt Eddy, der gerade zu schnarchen angefangen hat. Doro stößt ihn an, und als das nichts bewirkt, rüttelt sie an seinem Arm. Auch er schlägt nun die Augen auf. Sie sind verklebt und gerötet.

»Lass mich!« faucht er sie an. Seit vier Monaten sind sie nun zusammen, sind ein Paar. Doro kann nicht behaupten, dass sie ihn liebt. Aber er ist nun einmal da, und weil er da ist, behält sie ihn eben. Es ist ganz gut, jemanden zu haben, mit dem man abhängen kann, und es ist entschieden einfacher, die Zeit zu zweit totzuschlagen als allein.

Eddy tastet mit den Fingern auf dem zerschlissenen Teppich herum. Er findet nicht, was er sucht, und richtet sich auf.

»Keine Kippen mehr da?« will er wissen.

Doro schüttelt den Kopf. »Wir rauchen doch immer alles auf.«
Eddy brummt vor sich hin, dann springt er aus dem Bett und schlüpft in Jeans und T-Shirt. Wenn der Nikotinspiegel weiter sinkt, wird er unleidlich.
»Hast du Geld, Doro?«
»Frag Fränkie.«
Fränkie Teichmann ist seit anderthalb Monaten der Dritte in ihrem Bund. Weil er die Miete nicht mehr bezahlt hat, ist er von seinem Hausbesitzer aus der Wohnung geklagt worden; das hat sich zwar ewig hingezogen, aber irgendwann stand dann doch der Gerichtsvollzieher mit einem Räumungsbeschluss und ein paar Möbelträgern vor der Tür. Fränkie war obdachlos. Er hat seiner alten Freundin Doro, auf die er mal scharf gewesen ist, ein Ohr abgekaut, und irgendwie gelingt es ihm immer, sie um den Finger zu wickeln. Er kann einfach reden, reden wie ein Wasserfall. Doro hat ihn bei sich aufgenommen und im Kinderzimmer einquartiert, das sie sowieso nicht braucht. Der bekloppte Staat meint nämlich, sie würde sich um ihre zweijährige Tochter nicht genug kümmern, also hat das Jugendamt sie ihr weggenommen und in einer Pflegefamilie untergebracht. Doro darf sie einmal im Monat treffen, und das reicht ihr auch. Es ist ihr sogar manchmal zu viel, und sie geht gar nicht erst hin.
Eddy verschwindet aus dem Wohnzimmer und kehrt mit einem triumphierenden Grinsen zurück. Er präsentiert einen Zwanzig-Euro-Schein, und ungewaschen verlässt er die Wohnung. Eine Viertelstunde später ist er wieder da und stellt eine Plastiktüte auf den Tisch. Als er sie absetzt, hört Doro den feinen Klang gegeneinander schlagender Flaschen.
Doro und Eddy frühstücken erst einmal, das heißt, sie rauchen und trinken jeder ein Bier. Nun erscheint auch Fränkie, der wohl schon im Bad gewesen ist und ungeheuer frisch wirkt, aber er trinkt ja auch nicht so viel. Ein Bier am Abend und in Ausnahmefällen auch zwei, das genügt ihm.

Wie so oft schaut Fränkie mit einem Lächeln von oben auf seine Freunde herab. Manchmal ist er Doro wegen dieses ewigen Lächelns ein wenig unheimlich; sie hat immer das Gefühl, er denkt sich seinen Teil, und was er denkt, ist nichts Schmeichelhaftes. Trotzdem ist sie froh, ihn aufgenommen zu haben. Fränkie hat manchmal verrückte Einfälle, und vor allem: Er besitzt ein Auto. Das ist zwar ein alter Klapperkasten, aber es fährt.

»Na, was liegt an?« fragt Fränkie aufgeräumt.

»Frühstück«, sagt Eddy.

»Wie wär's mit einem kleinen Ausflug nach Tschechien?« erkundigt sich Fränkie. »In Ústí ist heute Flohmarkt, und da sind immer ein paar Leute, die Waffen verkaufen.«

Alte Waffen sind Fränkies Leidenschaft. Er sammelt Gewehre, Armbrüste, Säbel, Degen – alles Mögliche. Doro hat dafür kein Verständnis, und wenn er mit seinen Waffen hantiert, bekommt sie es manchmal sogar mit der Angst. Die Idee mit dem Ausflug gefällt ihr gut.

Fränkie geht voran in die Diele, um seine Jacke zu holen, während Doro und Eddy noch rasch austrinken wollen. Als Fränkie zurückkehrt, macht er eine finstere Miene. Er hält einen aufgerissenen Umschlag in der Hand und schleudert ihn ihr in den Schoß.

»Ich hab dir schon öfter gesagt, dass es Quatsch ist, den Kopf in den Sand zu stecken«, sagt er aufgeregt. »Jetzt haben wir den Salat.«

Das Schreiben trägt den Briefkopf der Hausverwaltung und ist datiert vom 12. August 2003.

Sehr geehrte Frau Wendland, hatte die zuständige Mitarbeiterin geschrieben, *durch Nachbarn wurde uns mitgeteilt, dass Sie einen Raum Ihrer Wohnung ohne unsere Zustimmung an eine dritte Person untervermietet haben. Wie Sie dem zwischen uns geschlossenen Mietvertrag entnehmen können, stellt dies eine missbräuchliche Nutzung der Mietsache dar. Daher fordern wir Sie auf, die unberechtigt einwohnende Person umgehend, spätestens jedoch bis zum 31. August 2003 der Wohnung zu verweisen. Im Weigerungsfall behalten wir uns rechtliche Schritte ausdrücklich vor.*

»Schöner Mist!« Dorothee lässt den Brief sinken.
»Das kannst du laut sagen«, erwidert Fränkie. »Also ändern wir das Programm: Erst zu Gerd, dann nach Waldesruhe.«

»Politisch korrekt bezeichnet man das Milieu, in dem Teichmann verkehrte, als randständig«, meint Hauptkommissar Düren mit dem Anflug eines Lächelns. »Alle waren arbeitslos, was ja keine Schande ist, aber sie bemühten sich auch nicht um Jobs. Man lebte in den Tag hinein, und nur den Gang aufs Amt absolvierte man mit einer gewissen Disziplin, schließlich wollte man ja die Stütze. Ansonsten Gleichgültigkeit, Mangel an jeglichem Interesse, dumpfes Abhängen. Teichmann stellte schon fast eine Ausnahme dar. Er hatte wenigstens ab und zu mal einen Hilfsjob auf dem Bau, nur war er eben ein Querulant und Quertreiber, und so verlor er seine Arbeit noch schneller, als er sie angetreten hatte. Und dann war da seine Sammelleidenschaft. Nicht nur Waffen sammelte er, sondern auch Autos. Schrottkarren, um genau zu sein. Das zeigt doch aber, dass seine Interessen ein wenig über das tägliche Brot hinausgingen – oder über die tägliche Ration Bier, Schnaps und Zigaretten.«
»Und er hat tatsächlich nicht getrunken?« möchte ich wissen.
»Nein, er nicht. Im Gegensatz zu etlichen seiner Kumpel war er kein Alkoholiker.«
Durch Dorothee Wendland war Frank Teichmann weitläufig mit derem Ex-Freund Gerd Schuster bekannt, dem mit 32 Jahren jüngsten Sohn der Elisabeth Schuster: Gerd war der Vater von Doros Tochter. Obwohl in diesem Freundeskreis der Älteste, passte seine Lebensweise exakt zu der von Dorothee, von Eddy, dem 26-jährigen, und auch von Teichmann, der seinerzeit wie Doro 28 Jahre zählte. Auch Schuster lebte von der Sozialhilfe, auch sein höchstes Ziel bestand darin, jeden Tag von neuem die Zeit totzuschlagen. Gerd hatte kein enges Verhältnis zu seiner Mutter, er besuchte sie noch seltener als seine große Schwester aus

Frankfurt, obwohl er nur zwanzig Kilometer entfernt wohnte. Nur wenn seine Mutter ihn am Telefon eindringlich bat, ihr bei wichtigen Arbeiten im Haus zu helfen, raffte er sich gelegentlich auf. Daher wusste er, dass die Sorge für das Haus seiner Mutter längst über den Kopf gewachsen war und sie es möglichst bald abstoßen wollte. Durch ihn erfuhr es Doro, von ihr wiederum Frank Teichmann. Er hatte das Haus sogar schon einmal in Augenschein genommen, ohne dass seine Freunde davon erfuhren. Das Haus gefiel ihm, denn von außen machte es durchaus einen adretten Eindruck. Schon bevor Dorothee das Schreiben der Hausverwaltung erhalten hatte, überlegte er immer wieder, wie er sich in Waldesruhe würde einnisten können. Nun war es akut geworden, denn er brauchte eine neue Unterkunft. Gerd sollte ihm dabei helfen.

Es muss Gerd Schuster einiges an Überzeugungsarbeit gekostet haben, bis er der vorsichtigen und eher zum Misstrauen neigenden Mutter seinen Kumpel Teichmann als Untermieter eingeredet hatte. Wahrscheinlich argumentierte er damit, dass Elisabeth Hilfe im Hause nötig hätte, und genau diese Hilfe könne sie von ihrem Untermieter erwarten. Nachdem er sie eine Weile bearbeitet hatte, stimmte Frau Schuster jedenfalls zu, und zur größten Überraschung der Nachbarn zog Frank Teichmann Ende August in das Haus in Waldesruhe ein.

»Der? Ihr geholfen?« Frau Homuth schüttelt den Kopf. »Keinen Finger hat er krumm gemacht. Wir haben uns weiterhin um sie gekümmert. Der hat doch den ganzen Tag an seinen Autos herumgebastelt. Und manchmal verschwand er morgens und kehrte erst spät in der Nacht zurück. Wir lagen dann schon im Bett, aber sein Auto war nicht zu überhören.«

Aber nicht nur wegen des Lärms seiner Autos oder weil er Frau Schuster nicht wie versprochen unterstützte, fiel Frank Teichmann den Nachbarn rasch unangenehm auf. Auch die überhebliche Art, wie er sich von Anfang an als Herr im Hause aufspielte, und seine mangelnde Rücksichtnahme gegenüber der kranken Frau, die sich darin zeigte, dass er ständig Freunde ins Haus lud und sie dort bis in den Morgengrauen feiern ließ, erweckte allmählich den Unmut der Nachbarn. Für tierliebe Menschen das Allerschlimmste: Kaum war Teichmann eingezogen, verschwanden die ersten freilaufenden Hauskatzen. Jedermann hatte sofort den Verdacht, dass da etwas nicht mit rechten Dingen zuging.

»Ich lasse mir nicht ausreden, dass unser Fränkie eine perverse Ader hat.« Hauptkommissar Weber ist nach einer halben Stunde zu uns gestoßen. Ich kenne ihn seit vielen Jahren, in denen wir für »Kripo live« zusammengearbeitet haben. Auch er war an den Ermittlungen in Waldesruhe beteiligt, ist jedoch mittlerweile in Pension. Wie viele Kriminalisten im Ruhestand kommt er aber ab und zu in seine alte Dienststelle, um »Kommissariatsluft« zu schnuppern. »Keine Ahnung, was er mit den Katzen gemacht hat. Vielleicht hat er sie gekreuzigt oder erschossen. Frau Homuth, ihr Mann und andere Zeugen haben nämlich ausgesagt, dass er nach dem Verschwinden von Elisabeth Schuster hin und wieder auf dem Grundstück rumgeballert hat. Und bei der Hausdurchsuchung haben wir Pornos gefunden, Mann oh Mann. Der reinste Sadismus!« Bereits einen Tag, nachdem die Mordkommission den Fall übernommen hatte, haben sich Weber und Düren nach Waldesruhe begeben, um Teichmann mehrere Stunden lang zu vernehmen. Er tischte ihnen alle die Geschichten auf, die er auch in der Nachbarschaft in Umlauf gesetzt hatte. Frau Schuster befinde sich im Krankenhaus – alle in Frage kommenden Kliniken wurden überprüft, aber das erwies sich als Fehlschuss. Frau Schuster sei nach Dresden gezogen, oder nach Leipzig – eine Anfrage bei den Einwohnermeldeämtern belehrte die Kriminalisten eines Besseren. Frau Schuster sei einfach so verschwunden, mit dem Taxi: falsch. Zu Fuß: unmöglich.

Auch zum angeblichen Hauskauf wird Teichmann befragt; insbesondere interessiert die Beamten natürlich, woher der Arbeitslose das viele Geld hatte. Von seinem Stiefvater geliehen, behauptet er. Auch das hält einer Überprüfung nicht stand.

»Wir sind ja häufiger mit Leuten konfrontiert, die uns das Blaue vom Himmel lügen«, sagt Norbert Düren. »Fast alle von ihnen haben aber ein Problem: Irgendwann verheddern sie sich im Gestrüpp ihrer Geschichten. Teichmann hatte sich bereits bei den ersten Vernehmungen in dermaßen viele Widersprüche verwickelt, dass wir ihn unter Mordverdacht festnehmen konnten. Anstandslos stellte uns der Ermittlungsrichter einen Haftbefehl aus und auch einen Hausdurchsuchungsbeschluss. Wir haben Haus und Grundstück mehrfach auf den Kopf gestellt, Möbel gerückt, Paneele von den Wänden gerissen, den Fußboden aufgebohrt, ja sogar zerrissene Briefe wieder zusammengepuzzelt. Was wir suchten, war neben Spuren einer Straftat auch die Leiche. Wir haben die Wälder durchkämmen lassen und den Fluss Zentimeter für Zentimeter abgesucht. Wir waren auf den Müllkippen der Umgebung, wir haben jede Güllegrube abgepumpt, wir haben unsere Kreise immer weiter gezogen: Nichts! Frau Schuster blieb verschwunden.«

Spuren einer Straftat fanden die Ermittler, verstärkt um die Tatortgruppe der Polizeidirektion, im Haus jedoch zuhauf. Im Wohnzimmer waren aus dem Sofa und dem Teppich große Stücke herausgeschnitten worden, die nie wieder auftauchten. Die Kriminaltechniker konnten jedoch umfangreiche Blutspuren sichern – von einem geschlachteten Aal, wie Teichmann erklärte, aber es war menschliches Blut mit einer weiblichen Chromosomenstruktur. Schmuck und andere Wertgegenstände, die Elisabeth Schuster niemals in Stich gelassen hätte, wurden ebenso entdeckt wie alle ihre Brillen. Frau Schuster war aber so stark kurz- und alterssichtig, dass sie das Haus ohne Sehhilfe nicht verlassen konnte; sie war ohne Brille schlicht orientierungslos.

»Bluttropfen entdeckten wir auch auf der Kellertreppe«, berichtet mir KHK Weber. »Aber dieser Keller war in einem so unbeschreiblichen Zustand ... Hans-Ulrich Schuster, der Ende der Neunzigerjahre verstorbene Mann von Elisabeth, war bis zur Wende in der LPG tätig gewesen, und der hat alles an Baumaterial mitgehen lassen, was er nur in die Finger bekam. Wenn er also mal ein paar Steine hatte, wurden sie vermauert. Im Keller, in der Garage, im Wintergarten - wo sie passten oder auch nicht passten. Die Kellerwände sahen wie ein Flickenteppich aus. Es roch muffig und nach Schimmel, denn beim Frühjahrshochwasser 2002 hatte der ganze Keller unter Wasser gestanden. Also wie gesagt: das reinste Chaos.«

»Das herrschte auch im ganzen Haus«, ergänzt Norbert Düren. »Man sah schon, dass die alte Frau ihr Leben nicht mehr organisieren konnte. Wir haben Tage, was sage ich, Wochen haben wir gebraucht, um uns durch das ganze Gerümpel zu quälen. Und zu der Unordnung, die eindeutig von ihr verursacht worden war, kam noch das Durcheinander hinzu, das von Teichmann und seinen Freunden stammte.«

Ein Tag gleicht dem anderen. Er beginnt, obwohl man ihn nicht gerufen hat, und er endet gut, wenn ein Vollrausch ihn krönt. Oder Sex. Wenn das Geld nicht reicht, um sich nach allen Regeln der Kunst zu betäuben, wird Eddy manchmal scharf. Er fällt über Doro her. Das mag sie.

Doch auch nach einer leidenschaftlichen Nacht ist es am nächsten Morgen - der immer um die Mittagsstunde beginnt - wieder wie immer. Es sind keine Zigaretten da. Es ist kein Geld da. Es stinkt nach Bierneigen und kalter Asche. Und Eddy schnarcht.

Der 21. September 2003 bringt jedoch eine radikale Veränderung. Es ist ein Sonntag, also der schlimmste Tag der Woche, weil an Sonntagen alles geschlossen hat, sogar der Zeitungsladen, wo es Tabak und Bier gibt. An einem Sonntag kann man nur »zur Tanke« gehen, aber die Tanke ist zu teuer. Doro und Eddy verbringen den Sonntag am liebsten im Bett.

Am 21. September werden sie jedoch aus ihrer Lethargie

gerissen. Es ist bereits kurz nach zwei, da ruft Fränkie an. Er klingt richtig euphorisch am Telefon und sagt, dass er das Haus in Waldesruhe gekauft hat. Für vierzigtausend Euro. Doro kann das gar nicht glauben; wenn sie vierzig Euro auf einmal sieht, kommt ihr das schon wie Reichtum vor. Aber egal. Bloß keine Fragen stellen. Fränkie lädt sie und Eddy ein, zu ihm nach Waldesruhe zu kommen. Das gefällt ihnen sofort. In einem richtigen Haus zu leben wie die Millionäre, mehr kann man nun wirklich nicht wollen. Und so ziehen Dorothee Wendland und Eduard König an diesem Tag Hals über Kopf nach Waldesruhe.
Der neue Hausbesitzer wird den Nachbarn immer unheimlicher. Sie tuscheln über ihn. Sie machen sich Sorgen: um sich, um ihre Katzen, auch um Frau Schuster.
»Ich habe dann die Katzenklappe arretiert«, sagt Herr Homuth später.
Die Polizei rief man nicht.
Frank Teichmann begrüßte seine Freunde überschwänglich. Er umarmte sie, und Doro bekam ein Küsschen auf die Stirn. Dann zeigte er ihnen sein neues Reich.
Doro und Eddy waren begeistert. Auch sie bemerkten die Unordnung, aber an Chaos waren sie gewöhnt. Dies hier war jedenfalls ein Haus. Ein Haus mit großem Grundstück. Ein Traumhaus. Und Fränkie lud sie ein, mit ihm hier zu leben. Die Freiheit zu teilen, die Haus und Grundstück gewähren, denn man kann tun und lassen, was man will. Kein Vermieter, keine Hausverwaltung schreiben einem Drohbriefe.
Fränkie hatte auch Bier gekauft und Würstchen für den Grill. Am Abend des Einzugstages des Paares stieg eine kleine Fete. Kurz vor Mitternacht, Eddy war bereits jenseits von Gut und Böse, setzte sich Fränkie neben Doro. Sie fürchtete schon, dass er sie »anmachen« wolle, aber er hatte etwas ganz anderes auf dem Herzen.
Frank Teichmann bat seine liebe Freundin Dorothee, einen Kaufvertrag für das Haus aufzusetzen, denn das könne er selbst nicht tun, da er bekanntlich Analphabet sei.
»Ab da muss sie doch misstrauisch geworden sein«,

sage ich. »Hat sie denn gar nicht gefragt, was aus Frau Schuster geworden ist?«
»Doch, hat sie«, sagt Norbert Düren. »Teichmann hat ihr und Eduard erklärt, dass Frau Schuster mit unheilbarem Krebs im Krankenhaus liege. Damit haben sie sich erst einmal zufrieden gegeben.«
»Und Dorothee hat den Kaufvertrag aufgesetzt?«
»Ja. Teichmann hat ihr eingeredet, dass der Kauf zwar per Handschlag erledigt worden sei, nun aber noch der Schriftform bedürfe. Aus einem Papiergeschäft hat er einen Mustervertrag beschafft, und den hat das Mädel dann abgeschrieben. Was sie dabei gedacht hat, bleibt ihr Geheimnis.«
»Wir Kriminalisten brauchen ja durchaus ein gewisses psychologisches Verständnis«, fügt Weber hinzu. »Aber manchmal stößt man damit an seine Grenzen. Wie in diesem Fall. Doro und Eddy haben die Blutflecke im Wohnzimmer bemerkt, denn die waren nicht zu übersehen. Ihnen hat Teichmann aber nicht wie uns die Story vom geschlachteten Aal erzählt, sondern von der massakrierten Katze. Die Katze der Frau Schuster sei ihm dermaßen auf den Geist gegangen, dass er sie sich eines Tages vorgenommen und sie abgestochen habe. Doro und Eddy haben ihm das sicher nicht geglaubt, aber sie haben einfach eine Decke über das Blut gebreitet und es sich dann auf dem Sofa bequem gemacht. In einer Vernehmung haben sie uns das so begründet: Das Sofa sei einfach der beste Platz zum Fernsehen gewesen. Nichts gegen die Psychologie, aber man kann sie nur auf Personen anwenden, die auch eine Seele haben.«

Die Kriminalisten der Mordkommission hatten mit Frank Teichmann einen wirklich schwierigen Verdächtigen vor sich. Immer wieder fuhren die Ermittler Weber und Düren, aber auch andere Kollegen aus ihrem Team in die Untersuchungshaftanstalt, um ihn zu vernehmen; mehr als zwanzig Mal. Jede seiner Angaben, selbst noch die absurdeste, haben sie sorgfältig überprüft. Immer mit dem

Ergebnis, das sie von vornherein erwartet hatten: Alles Lüge. Und trotzdem konnten sie ihm die Tat nicht beweisen, da die Leiche fehlte.
Irgendwann platzte Hauptkommissar Weber dann der Kragen.
»Wir saßen im Vernehmungsraum und Teichmann hatte schon wieder eine neue Variante aus dem Ärmel gezogen – er verfügte ja in der Untersuchungshaft über viel Zeit, seine grauen Zellen zu bemühen. Da habe ich mit der flachen Hand auf den Tisch geschlagen und ihm gesagt, er soll endlich mit dem Gequatsche aufhören, wir würden seine Aussagen ja doch widerlegen. Und er? Grinst mich an und erzählt etwas völlig anderes. Was wir natürlich nachgeprüft haben, was Norbert, mich und einen Kollegen zwei oder drei Tage gekostet hat, und logischerweise war es wieder eine Luftnummer.«
»Diese Leute haben so etwas wie Bauernschläue«, fügt Norbert Düren hinzu. »Ihr ganzes Leben baut auf diese merkwürdige Art von Gerissenheit auf. Damit kommen sie immer irgendwie durch. Und ob Teichmann wirklich ein Analphabet war, möchte ich bezweifeln. Ich habe ihm im Gefängnis – ich war da so oft, das war fast schon wie eine Ehe –, also im Gefängnis habe ich ihm einen Brief diktiert. Rechtschreibung Fünf, aber schreiben konnte er. Und bei einer späteren Vernehmung hat er mal zu mir gesagt: ›Ich habe die Erfahrung gemacht, dass es sehr nützlich sein kann, sich dumm zu stellen.‹ Das sagt doch eine Menge über seine Lebensphilosophie.«

Am 17. September 2003 ging es Eddy schlecht. Am Abend zuvor war er mit Freunden durch die Gegend gezogen, hatte mit ihnen mehrere Kneipen aufgesucht und zwei Mal Geld abgehoben; nun war sein Konto bereits Mitte des Monats völlig leer, und Doro würde ihn beschimpfen. Schlecht gelaunt öffnete er daher die Tür, als Fränkie gegen 18.00 Uhr klingelte. Der erkannte sofort, in welchem Zustand sich Eddy befand, und lud ihn auf ein Bier in das nächstgelegene Lokal. Schon bald ging es Eddy besser.

Frank Teichmann beklagte sich bitter über Elisabeth Schuster, die ihr Haus zwar verkaufen wolle, die angebotene Ratenzahlung aber ablehne. Er wolle das Haus jedoch unbedingt haben, denn ein eigenes Haus sei schon lange sein größter Traum. Dann forderte Teichmann Eddy auf, mit ihm nach Waldesruhe zu kommen, um der alten Frau einen gehörigen Schrecken einzujagen.
Anfangs ist Eddy von diesem Einfall überhaupt nicht begeistert, er würde lieber weitertrinken. Aber er lässt sich überzeugen, denn Teichmann verfügt über die Fähigkeit, andere Menschen mit einem Schwall von Worten auf seine Seite zu ziehen.
So gelingt es Frank Teichmann mit seiner Sprachgewandtheit und seinem oberflächlichen Charme, auch Eduard König zu manipulieren. Gemeinsam fahren sie am Abend des 17. September hinaus nach Waldesruhe. Es ist kurz nach 23.00 Uhr, als sie vor dem Haus der Frau Schuster eintreffen. Die Fenster sind dunkel, denn die kranke Frau pflegt früh zu Bett zu gehen.
Frank Teichmann verlässt den Wagen und geht zum Kofferraum, der immer voll mit Waffen ist, während Eddy im Auto zurückgeblieben sein will. Teichmann entnimmt dem Kofferraum eine Armbrust, umrundet das Haus und verschwindet so aus Eddys Blickfeld. Wenige Minuten später jedoch kehrt Teichmann zurück. Er legt die Armbrust wieder in den Kofferraum und nimmt stattdessen ein Vorderladergewehr an sich, ein antikes Stück, das mit Bleigeschossen geladen wird. Abermals verschwindet Teichmann hinter dem Haus, und dieses Mal muss Eddy auf seine Rückkehr länger warten. Er steigt aus dem Wagen und raucht eine Zigarette. Dann zuckt er plötzlich zusammen: Aus dem Haus dringt gedämpft der Knall eines Schusses. Weitere Minuten verrinnen. Eddy schaut sich ständig um, er ist nervös und ängstlich. Doch zu dieser Stunde ist in Waldesruhe niemand mehr unterwegs. Trotzdem wächst Eddys Unruhe, denn Fränkie ist noch immer in dem Haus, und obwohl es dem schmächtigen jungen Mann an Fantasie mangelt, rechnet er mit dem Schlimmsten.

Als Teichmann dann gegen 23.45 Uhr das Haus verlassen hat und Eddy in seinen Heimatort zurückbringt, kann er den Freund beruhigen. Er behauptet, nur die Katze der Frau Schuster erschossen zu haben, um ihr Angst zu machen und sie weich zu klopfen. Eddy glaubt ihm, vermutlich nicht nur, weil Teichmann wie immer so überzeugend wirkt, sondern auch, weil er es glauben will.

Während der polizeilichen Ermittlungen werden auch Eduard König und Dorothee Wendland ausführlich vernommen. Bei einer der Vernehmungen durch die Kriminalisten Düren und Weber berichtet Eddy schließlich, was sich aus seiner Sicht an jenem 17. September zugetragen hat. Um ganz sicher zu gehen, wird König noch mehrmals vernommen und immer wieder aufgefordert, den Abend und die Nacht zu schildern. Da er seine ersten Aussagen wiederholt, sind die Beamten sicher, dass er die Wahrheit sagt; aufgrund seiner geringen Intelligenz wäre Eduard König vermutlich gar nicht in der Lage, eine erfundene Geschichte nahezu identisch mehrmals wiederzugeben.

Teichmann jedoch will für den mutmaßlichen Tattag ein Alibi haben und erklärt, er wäre an diesem Tag in Tschechien gewesen und hätte bei einem Vietnamesen namens Huong ein Steinschlossgewehr gekauft. Diesen Huong gibt es wirklich, allerdings hat Teichmann den 21-jährigen Schleuser erst in der Untersuchungshaft kennengelernt, und dieser war am 17. September bereits seit drei Wochen inhaftiert.

Mit dem geplatzten Alibi und auch mit Eddys Aussage konfrontiert, versinkt Teichmann erst einmal in Schweigen. »Das hat er immer gemacht, wenn er sich in die Enge getrieben fühlte«, erzählt Norbert Düren. »Er sagte einfach nichts mehr. Aber da er im Verwahrraum genug Zeit hatte, über neue Versionen nachzudenken, kam er dann bei der nächsten Vernehmung mit einer noch unglaubwürdigeren Geschichte. Plötzlich hieß es dann, er habe das Haus als Schweigegeld bekommen, weil er von anderen Morden wisse. Er zog einen gewissen Mario aus dem

Ärmel, von dem vorher nie die Rede war und dessen Nachnamen er natürlich nicht kannte. Dieser Mario gehörte der Mafia an, und er sollte etwas mit dem Verschwinden der Frau Schuster zu tun haben.«

Trotz ihrer »schwer zu begreifenden Abgestumpftheit«, so die Vorsitzende Richterin beim späteren Prozess, wurde es Eddy und vor allem Doro in dem Haus in Waldesruhe bald unheimlich. Die vielen Gegenstände, die Elisabeth Schuster angeblich zurückgelassen hatte, und das Blut waren das eine. Aber dann lud Fränkie die Freunde zu Spritztouren ein und holte mit der EC-Karte der Frau Schuster Geld vom Automaten. Mehrere Überwachungskameras nahmen das Trio dabei auf, wovon sie allerdings zu diesem Zeitpunkt noch nichts wissen konnten. Die Aufnahmen gelangten schon bald in die Hände der Kripo, die feststellte, dass bereits am 19. September in einer Volksbankfiliale im Nachbarort von Waldesruhe eine erste Abhebung vorgenommen wurde. Mit von der Partie: Doro und Eddy.

Das Misstrauen von Dorothee und Eduard war jedenfalls geweckt. Als Frank Teichmann ihnen dann auch noch ausdrücklich verbot, den Keller zu betreten, wurde vor allem Doro himmelangst. Teichmann begründete sein Verbot mit giftigen Gasen, die sich angeblich in Folge der mehr als ein Jahr zurückliegenden großen Flut gebildet hätten, und gegenüber Dorothee äußerte er davon abweichend, es wimmele da unten von Ratten und Mäusen. Ein paar Tage nach ihrem Einzug telefonierten seine Freunde heimlich alle Krankenhäuser der Umgebung ab.

»Fränkie hat gepennt, und wir hingen stundenlang am Telefon«, sagt Dorothee Wendland vor Gericht. »Als wir ihm dann sagten, die Schuster liegt ja gar nicht in einer Klinik, da wurde er stinksauer.«

Trotzdem blieben Doro und Eddy noch einige Zeit in dem Haus wohnen. Erst als es zu Streitereien um die Begleichung der Strom- und Gasrechnung kam, zogen sie Anfang Oktober von einem Tag zum anderen aus.

Der Winter 2003/2004 nähert sich seinem Ende. Seit nahezu einem halben Jahr ermittelt die Mordkommission nun schon in Sachen Elisabeth Schuster. Alle Beteiligten, der Staatsanwalt eingeschlossen, sind der Überzeugung, dass Frank Teichmann die alte Dame aus Habgier getötet hat. Er hatte es auf das Haus abgesehen, und nach dem Mord hat er die Leiche irgendwo versteckt.

Und das genau ist auch Anfang April 2004 noch immer das entscheidende Problem der Ermittler. Sie haben eine große Zahl von Indizien zusammengetragen, die alle gegen Teichmann sprechen, aber die Leiche können sie nicht finden. Das Blut im Haus stammt zwar zweifelsfrei von Elisabeth Schuster, doch die gesicherte Blutmenge reicht nicht aus, um den Tod der Frau zu beweisen. Trotz aller Indizien könnte ein Strafverfahren vor Gericht genau daran scheitern.

Hauptkommissar Düren ist in diesem Winter sehr oft in dem Haus gewesen, manchmal allein und manchmal mit der Tatortgruppe. Düren kennt es mittlerweile wie seine Westentasche. Er hat es auf den Zentimeter genau vermessen lassen auf der Suche nach verborgenen Hohlräumen, er hat jeden der annähernd zwanzig Müllsäcke auf dem Grundstück umgewühlt und noch mal umgewühlt, er hat jedes Stück Bauholz, jeden Mauerstein, jeden Kieshaufen umgedreht. Auf dem Grundstück gibt es keine Leiche, nicht mal die einer Katze. Und trotzdem ist er überzeugt davon, dass die Tote hier irgendwo sein muss.

Am 9. April 2004 fordert er zum wiederholten Male einen Leichenspürhund an. Der Schäferhundrüde Roberto durchstöbert das Anwesen und findet nichts. Er wird ins Haus gelassen, schnüffelt im Wohnzimmer, schnüffelt in der Küche – auch nichts. Norbert Düren öffnet die Kellertür. Damit ändert sich alles.

Roberto wird ganz aufgeregt und rennt die Treppe hinunter, so dass ihm sein Hundeführer kaum folgen kann. Auch Düren und andere Mitarbeiter der Kripo folgen.

Roberto sitzt unter der Kellertreppe und scharrt mit der Vorderpfote am unverputzten Mauerwerk.

»Da stockte mir wirklich für einen Moment der Atem«, berichtet Norbert Düren. »Wir waren natürlich sofort sicher, was der Hund da gefunden hatte. Aber ich musste daran denken, dass ich monatelang durch das Haus gelaufen war, immer über die Leiche. Ein komisches Gefühl!«
Von der Spurensicherung wird sorgfältig der Putz aus dem Mauerwerk entfernt, und Stein für Stein wird es abgetragen. Als Erster blickt Düren in den Hohlraum unter der Treppe, der auf diese Weise freigelegt wurde. In der düsteren, feuchten Gruft sieht er die schwarze Abdeckplane mit den fingerdicken Verschnürungen, sieht er das Paket.
»Seltsamerweise fehlte der Leichengeruch«, sagt er mir. »Anders gesagt: Ich konnte nichts wahrnehmen. Der Hund mit seiner tausend Mal besseren Nase schon.«
»Jedenfalls im April«, fügt Weber hinzu. »Der Leichenspürhund war ja nicht zum ersten Mal im Haus. Er konnte aber zuvor nichts riechen, weil es zu kalt gewesen ist. Ich habe schon gesagt, dass beim Bau des Hauses ganz schön gepfuscht wurde. Der Keller war nicht einmal isoliert und wirkte so praktisch wie ein Kühlschrank. Als wir im April eine Außentemperatur von zwölf Grad gemessen haben, lag die Kellertemperatur immer noch bei nur plus drei Grad. Die Kälte hat die Leiche konserviert, und erst mit den allmählich steigenden Temperaturen begann die Verwesung. Sie war aber kaum fortgeschritten.«
Und Norbert Düren meint mit einem Lächeln: »Roberto hat sich das Kilo frischer Bockwurst, das er von uns bekommen hat, jedenfalls verdient.«
Nachdem das Paket aufgeschnürt war, wurde die Tote sofort in einem Leichensack aus schwarzem Kunststoff verstaut und in die Rechtsmedizin zur Autopsie gebracht. Während die Spezialisten der Spurensicherung jeden Quadratzentimeter des Kellers nach Hinweisen auf das Nachtatgeschehen absuchten, wurde Elisabeth Schuster obduziert.
Die Rechtsmediziner stellten fest, dass der alten Frau mit einem stumpfen Gegenstand der Schädel eingeschlagen

worden war, und erst danach wurde sie mit einem Kopfschuss getötet. In der Hirnmasse fand sich ein verformtes Bleistück. Das weiche Material einer Bleikugel verformt sich stark, wenn es den knöchernen Schädel durchschlägt. Damit trägt dieses Geschoss keine so individuellen Schartenspuren, wie sie ein Projektil beim Verschuss durch das Laufinnere erhält. Benutzt worden war eine eher unübliche Waffe, in Frage kam ein Vorderladergewehr, wie die Ermittler es später tatsächlich beim Täter fanden.

Unter der Kellertreppe mit eingemauert war ein Axtstiel, vermutlich der stumpfe Gegenstand, mit dem man Frau Schuster den Schädel eingeschlagen hatte. Allerdings befanden sich an ihm weder Fingerspuren noch Anhaftungen von Hautzellen, die für eine DNA-Analyse herangezogen werden konnten.

»Wir haben bei diesem Fall etwas gelernt«, erklärt mir Ruheständler Weber. »Es gab nämlich überhaupt keine DNA-Spuren an der Leiche und an der Leichenverpackung, was uns sehr gewundert hat. Bis wir darauf kamen, dass die alkalischen Bestandteile des Mörtels jegliche DNA zerstören, die ja eine Säure ist. Aber die klassische Fingerspur half uns weiter.«

»An dem Klebeband, mit dem der Kopf des Opfers umwickelt war, sicher um einen größeren Blutaustritt zu verhindern«, setzt Norbert Düren hinzu, »also dort gab es zwei Fingerabdrücke. Und diese Spuren stammten von Frank Teichmann.«

Mit dem Leichenfund konfrontiert, flüchtete sich der Beschuldigte in neue Märchen. Nun wollte er am 17. September 2003 von einer Einkaufstour in das Haus zurückgekehrt sein, und als er das Wohnzimmer betrat, habe Frau Schuster bereits tot auf dem Sofa gelegen. Doro und Eddy hätten ihn aufgefordert, die Leiche zu zersägen, was er jedoch abgelehnt habe.

Bei der nächsten Vernehmung änderte er seine Aussage, denn offenbar dämmerte ihm, dass es nicht sehr klug war, seine Freunde zu belasten. Jetzt hieß es plötzlich, er sei am Abend des 17. September mit Eddy und Doro zu dem

Haus in Waldesruhe gefahren, um Elisabeth Schuster unter Druck zu setzen. Der Mafioso Mario wurde wieder aus dem Ärmel gezogen: Dieser habe sich gemeinsam mit einem Albaner namens Mike in dem Haus aufgehalten, nachdem die beiden Frau Schuster ermordet hätten. Diesmal will Teichmann von Mario aufgefordert worden sein, die Leiche zu zersägen und fortzuschaffen. Er habe abgelehnt, aber Eddy begann angeblich in Panik, den Kopf der Toten mit Klebeband zu umwickeln, um das Blut zu stoppen.

»Ich sagte ihm dann, dass wir seine Fingerabdrücke auf dem Klebeband gefunden hätten«, berichtet Weber. »Er hatte in Nullkommanichts eine Erklärung parat. Nach der Aufforderung zum Zersägen der Leiche habe er sich nicht an den eigenen Kopf getippt, um auszudrücken: ›Bei dir piept es wohl!‹, sondern an den Kopf der Toten. An und für sich schon absurd, aber so ist dieser Fränkie eben. Ich konfrontierte ihn mit der Tatsache, dass wir die Fingerspuren auf der Innenseite des Klebebands gefunden hatten.«

»Und er?« frage ich.

»Er war in die Enge getrieben, also versank er wie immer in solchen Situationen in Schweigen.«

Im Januar 2005 eröffnete das Landgericht das Hauptverfahren gegen den Angeklagten Frank Teichmann. Da die Tat einiges Aufsehen erregt hatte, waren etliche Pressevertreter anwesend, und Teichmann lächelte in die Kameras. Auch dem Prozess folgte er in der Regel mit einem herablassenden Grinsen; nur manchmal zeigte er seinen Unwillen oder tuschelte angestrengt mit seinem Verteidiger.

Der Prozess zog sich über Monate hin, weil Teichmann dem Gericht insgesamt zwölf Versionen zum Tatgeschehen auftischte, wobei er sich selbst stets als Unbeteiligten darstellte. Er belastete seine Freunde, nicht nur Doro und Eddy, die als Hauptbelastungszeugen auftraten, sondern auch andere. Mal brachte er auch hier Mario und Mike ins

Spiel, ein andermal den Großen Unbekannten, dann wieder einen Freund, der längst tot war. Er präsentierte falsche Alibis, undurchsichtige Verbindungen zur Mafia, unglaubwürdige Tatmotive – anderer Personen natürlich, denn er hatte ja mit der Tat nichts zu tun.
Das Gericht gab sich große Mühe, alle seine Angaben zu überprüfen. Sogar ein Lokaltermin wurde angesetzt, bei dem die Prozessbeteiligten das Haus in Waldesruhe inspizierten. Und eines Tages wurden auch Mitarbeiter der Untersuchungshaftanstalt vor Gericht gehört.
Als sprachgewandter Blender hatte Teichmann versucht, sich auch mit den Justizvollzugsbeamten gut zu stellen. Er hatte das Gespräch mit ihnen gesucht, und dabei war ihm seine Geschwätzigkeit zum Verhängnis geworden, denn mehrfach hatte er Täterwissen offenbart. So hatte er zu einem Zeitpunkt, als die Leiche der Frau Schuster noch nicht gefunden worden war, von einem Beamten wissen wollen, ob man amateurhafte von professionellen Maurerarbeiten unterscheiden könne. Später hatte er dann einmal gefragt, ob die Polizei wohl von der Munition Rückschlüsse auf eine Waffe ziehen könne – nicht einmal die Mordkommission wusste da schon, dass Elisabeth Schuster erschossen worden war. Und am Ende hatte er sich sogar erkundigt, wie lange man wohl Sperma an einer Schlafdecke nachweisen könne.
»Wieso Sperma?«, frage ich überrascht.
»Wir haben Teichmann nie mit unserer Vermutung konfrontiert, die sich aus dieser Frage ergibt«, erklärt mir Norbert Düren, »denn dann hätte er sich komplett eingeigelt. Wir halten es aber für möglich, dass er auf die Leiche ejakuliert hat.«
»Der Typ ist sexuell abartig«, meint Weber. »Er hat auch Tiere getötet, Vögel an die Wand genagelt, Vogeljunge aus den Nestern genommen und ihnen die Köpfe abgerissen. Wir wissen von mindestens einer Katze, die er in seinen Rottweilerzwinger geworfen hat. Und einmal hat ihn der Bundesgrenzschutz an der tschechischen Grenze mit einem blutigen Schweinekopf im Kofferraum erwischt.«

Weber schüttelt den Kopf. »Bei diesem Menschen ist alles möglich.«
Das Gericht jedenfalls gelangte zu der Überzeugung, dass Frank Teichmann die 61-jährige Elisabeth Schuster aus Habgier getötet hat. Es folgte der Zeugenaussage von Eduard König, dass Teichmann gemeinsam mit ihm am Abend des 17. September 2003 nach Waldesruhe gefahren ist, und zwar bereits mit der Absicht, die kranke alte Frau zu töten, um sich in den Besitz des Hauses zu bringen. Zuerst sei er mit der Armbrust um das Haus gegangen, habe sich dann aber für das Vorderladergewehr entschieden. Er schlich sich durch die immer offene Garagentür in das Haus und begab sich in das Wohnzimmer, wo die vollkommen ahnungslose Frau Schuster auf dem Sofa schlief; da sie schwerhörig und auf ein Hörgerät angewiesen war, konnte sie ihn nicht kommen hören. Teichmann schlug ihr mit einem stumpfen Gegenstand auf den Kopf, bevor er sie mit dem Gewehr erschoss. Um den Blutstrom zu stoppen, umwickelte er den Kopf fest mit Klebeband, er schlug die Leiche in die Schlafdecke ein und trug sie hinab in den Keller. Als sich die Leichenstarre nach mehreren Tagen löste, wurde die Tote in Hockstellung gebracht, zusammengebunden und mit dicken Stricken in die Abdeckplane eingeschnürt. Trotzdem muss die Leiche noch etliche Tage im Keller gelegen haben, denn erst Anfang Oktober fuhr Frank Teichmann in einen Nachbarort, um Mörtel zu kaufen. Irgendwann in der ersten Oktoberwoche hat er das Leichenpaket dann in dem Hohlraum unter der Kellertreppe eingemauert.
Im Juni 2005 wird Frank Teichmann wegen Mordes aus Habgier zu lebenslanger Freiheitsstrafe verurteilt. »Sie und nur Sie sind der Täter«, sagt der Vorsitzende Richter in der Urteilsbegründung zum Angeklagten. »Sie wollten sich in den Besitz des Hauses bringen.«
Frank Teichmann hat bis zur Urteilsverkündung ernsthaft mit einem Freispruch gerechnet, so groß war sein Realitätsverlust. Als er dann allmählich doch spürte, dass es brenzlig für ihn werden könnte, hat er ohne Rücksprache

mit seinem Anwalt einen Befangenheitsantrag gegen das Gericht gestellt. Der Analphabet schrieb Briefe an den Bundesgerichtshof, an das Bundesverfassungsgericht und an den Europäischen Gerichtshof für Menschenrechte, er verfasste Eingaben an die Petitionsausschüsse des Land- und des Bundestages, er bombardierte Polizei und Staatsanwaltschaft mit Drohbriefen. Sogar einen öffentlichen Selbstmord kündigte er an, woraufhin die Sicherheitsvorkehrungen im Gericht verschärft wurden. Bis zum Ende spielte er sein Spiel, log er, drohte er, leugnete er seine Schuld, immer mit einem Lächeln auf den Lippen.
Es erstarb erst, als das Urteil verkündet war.

ISBN 978-3-360-01921-9

Umschlaggestaltung: www.buchgestalter.net, unter Verwendung eines Fotos von Getty Images
Druck und Bindung: Druckerei Finidr

Ein Verlagsverzeichnis schicken wir Ihnen gern:
Das Neue Berlin Verlagsgesellschaft mbH
Neue Grünstr. 18, 10179 Berlin
Tel. 01805/30 99 99
(0,14 Euro/min. aus dem deutschen Festnetz, abweichende Preise für Mobilfunkteilnehmer)

Die Bücher des Verlags Das Neue Berlin erscheinen in der Eulenspiegel Verlagsgruppe.

www.das-neue-berlin.de